GIUNTI EDITOR

IL CAMPIONE INNAMORATO

Alessandro Cecchi Paone
Flavio Pagano

Il campione innamorato

Giochi proibiti dello sport

PREFAZIONE
di Cesare Prandelli

CON UNA LETTERA
di Dino Meneghin

GIUNTI

Responsabile editoriale: Roberto De Meo

Redazione: Paolo Fabrizio Iacuzzi

Progetto grafico: Leonardo Di Bugno

Gli autori desiderano ringraziare Giorgia Callegaro, per il prezioso e paziente aiuto reso durante l'intera stesura di questo lavoro; Fabrizio Fiume, storico dell'Università di Bari, per la dotta e amichevole consulenza offerta; Paolo Fabrizio Iacuzzi per la competenza e la passione generosamente profuse nella revisione del testo.

Crediti fotografici
Archivi Alinari, Firenze: © Ullstein bild, pp. 174 e 175. Corbis: © Bettmann, pp. 116, 117, 139, 252, 253; © Matthew Polak/Sygma, p. 93. Getty Images: © Shashank Bengali/MCT/MCT, p. 223; © Tony Duffy/Allsport, p. 43; © Stu Forster, pp. 68 e 69; © Al Messerschmidt/WireImage, p. 201; © Ronald C. Modra/Sports Imagery, p. 200; © Robert Riger, p. 138; © Pascal Rondeau/Allsport, p. 92; © Paballo Thekiso/AFP, p. 222; © Bob Thomas, p. 42.

Via Bolognese, 165 - 50139 Firenze - Italia
Via Dante, 4 - 20121 Milano - Italia
www.giunti.it

Prima edizione: aprile 2012

Ristampa	Anno
6 5 4 3 2 1 0	2016 2015 2014 2013 2012

SOMMARIO

Prefazione
di Cesare Prandelli

Incontrando una persona nuova, non mi sono mai accorto se fosse gialla, bianca, nera o rossa; se fosse vestita bene o se fosse eccentrica. L'ho sempre e solo guardata negli occhi cercando di capire chi fosse senza pregiudizi o preconcetti. Questo mi ha aiutato molto nella mia carriera di sportivo e nella mia crescita di uomo.

Dai primi calci al pallone in parrocchia a oggi, non riesco a quantificare le persone che ho incontrato, e mai mi sono posto il problema di come venisse vissuta la loro sessualità. Sono sicuro che in molti la pensano come me; ma ciò nonostante nel mondo dello sport ancora resiste il tabù nei confronti dell'omosessualità.

Molte istituzioni sportive internazionali, prima di tutte la Uefa, si stanno impegnando a fondo nella lotta al razzismo, con risultati diversi paese per paese. Anche l'omofobia è razzismo, pertanto credo che sia indispensabile fare un passo ulteriore, affinché tutti gli aspetti legati all'autodeterminazione dell'individuo vengano maggiormente tutelati.

Credo comunque fermamente che la vera libertà possa essere raggiunta definitivamente solo se si vuole; non dipende da vittorie esterne ma interne, e la sessualità fa parte dei nostri comportamenti, fa parte della libertà di cui godiamo in questo mondo. La sessualità è qualcosa che siamo noi stessi.

Per questo auspico che ognuno viva se stesso e i propri desideri, i propri sentimenti nella maniera più libera possibile. Chiunque esso sia. Il genere più importante di libertà, infatti, è di essere ciò che si è davvero.

Se poi affrontiamo l'argomento nel mondo dello sport, cosa c'è di più bello che amare, fare il lavoro per cui siamo nati, gestire il proprio talento, essere sicuramente dei privilegiati? Perché rovinare tutto con la paura, che ti rende prigioniero di te stesso? Per questo tutti dobbiamo impegnarci affinché si rinforzi una cultura sportiva che rispetti l'individuo in ogni sua manifestazione di libertà, probabilmente partendo proprio dalle scuole.

La vera grande vittoria nella vita si ha nel momento in cui si è consapevoli di chi siamo fino in fondo e riusciamo ad amarci e ad amare proprio per quello che siamo. Sono sicuro che questa sia la partita più importante da giocare e che permetta di vincere su tutti i campi del mondo.

Per una cultura diversa dello sport

È l'amore il vero regno della libertà. Fatti salvi il rispetto di sé e degli altri e i limiti previsti dalle leggi, chi non può amare chi vuole e come sente non è libero, e non lo sarà mai. Ben lo sanno le dittature e le religioni, le quali passano più tempo a reprimere la vita privata degli individui che quella pubblica delle collettività. Oppure a imporre di mentire a sé e agli altri, adottando vite doppie o triple pur di salvare le apparenze dell'ipocrisia e avvelenando così con i semi della colpa e della paura, della vergogna e del ricatto l'esistenza sprecata di troppi individui. Anche nei paesi più liberi, laici e rispettosi della mutevolezza dei sentimenti e dei desideri umani, sono due i serbatoi dei valori e dei pregiudizi antichi che appaiono, da questo punto di vista, ancora inespugnabili: il mondo militare e quello dello sport. Entrambi riservati, fino a che è stato possibile, solo agli uomini.

Ma non c'è impalcatura maschilista capace di reggere all'urto dell'avvento di una tendenziale parità fra i sessi. Con l'arrivo delle donne, prima sui campi di gara, poi nelle caserme, è saltato in entrambi gli ambienti il coperchio di una pentola a pressione che custodiva sentimenti ribollenti e pulsioni inconfessate. Nel mondo civile non è più pensabile, di conseguenza, alimentare l'aggressività bellica e l'agonismo sportivo con le rimozioni e le negazioni, le rinunce e le sublimazioni. Non ci crede più nessuno, perché non è credibile che veri e propri vivai umani ad alto tasso di eccitazione fisica e mentale, di effervescenza muscolare e ormonale, possano essere il regno dell'astinenza e della castità, favorite dalla fatica e dal bromuro.

La nostra è per fortuna la prima epoca della storia, a partire dal periodo classico, che torna a riconoscere anche a chi si misura sui campi di gioco e di battaglia il diritto di non fare affidamento solo sulla tecnica e la concentrazione ma anche il diritto di vincere o di perdere col cuore e con i sensi, anche perché non c'è solo il senso del dovere.

Quel fiero demone che si chiama sesso non si accontenta più del misero sfogo mercenario concesso una volta alla truppa, né più tollera l'isolamento e il ritiro imposti agli atleti prima della gara. Soldatesse e atlete hanno insegnato ai colleghi maschi che anche loro possono e anzi devono, innamorarsi. Senza vergognarsi, senza sentirsi per questo più vulnerabili. Senza temere di indebolirsi sul piano della resa e della prestazione. Senza temere critiche e recriminazioni dei superiori e delle folle. Campioni e campionesse in amore, dunque. Ora le loro passioni non fanno più scandalo, anzi le loro gioie e i loro dolori, seguiti da milioni di persone, riempiono le cronache e l'immaginario del mondo occidentale, libero da quella cappa plumbea altrove tuttora imposta dagli stati etici e teocratici. Tranne che in un caso: che i loro amori non siano per qualcuno dello stesso sesso.

Di nuovo, in parallelo, sportivi e militari annaspano sulla soglia dell'ultima liberazione: quella del sentimento e del desiderio gay. Di ciò che questo significa per chi indossa la divisa, diremo un'altra volta. Qui ci occupiamo di calciatori e tuffatori, rugbisti e pugili, tenniste e nuotatrici. Se vi hanno insegnato che i maschi omosessuali in realtà sono femminucce e che le lesbiche sono mezzi uomini, preparatevi a restare a bocca aperta. Farete per la prima volta la diretta conoscenza di campioni di muscoli e cervello che non si vestono da donna, perché sfigurerebbero, e di campionesse rapide e leggere come il vento che non si vestono da uomo perché non vincerebbero. E invece, gli uni e le altre hanno vinto tutto, salendo ogni volta sui podi più alti. Tranne quando si sono nascosti, precipitando in privato nella polvere dell'infelicità. Quando al contrario, sempre più spesso, si sono pubblicamente esposti, hanno riscattato dalla depressione migliaia di ragazzi e di ragazze che fingono negli spogliatoi di non essere quel che sono per non subire umiliazioni e offese.

L'ultimo tabù, quello dell'omosessualità nello sport, ha infatti prezzi umani altissimi fra i più giovani, e conseguenze gravemente negative nella ricerca di nuovi campioni che, assai meno di prima, sopportano e sopporteranno l'obbligo della dissimulazione, della falsità e della doppiezza.

E infatti si moltiplicano ovunque nel mondo i coming out di campioni professionisti e dilettanti che rivendicano il diritto di essere bravi e omosessuali senza diventare sgraditi in allenamento e invisi alle tifoserie.

Tranne che in Italia – tanto per cambiare – dove, soprattutto nel calcio, presidenti e allenatori, sindacalisti e commentatori privi del coraggio di dirsi omofobi, quali sono, fanno muro negando l'esistenza stessa del terzo sesso negli spogliatoi o sconsigliando l'esternazione delle proprie sensibilità per non turbare i compagni o le compagne eterosessuali. E di chi da sempre è costretto a millantare finti partner per essere accettato, chi se ne occupa? Nessuno apparentemente. Ma lo sport, importante com'è da mille punti di vista, non può più far finta, neanche nel nostro paese, di essere un universo separato dal mondo che cambia e che migliora nel rispetto dei diritti umani e dell'uguaglianza fra tutti gli uomini e tutte le donne, quale che sia il mestiere che fanno.

State per leggere storie di idoli sportivi che hanno dovuto soffrire per l'amore, oltre che per l'onore delle classifiche. Perché non sono riusciti a dire quello che è giusto e normale dire, o hanno osato dire quello che alcuni ancora vorrebbero sentir taciuto. E cioè che desideravano e amavano un essere umano dello stesso sesso, non di rado un compagno o una compagna di gioco o di gara. Storie sempre più spesso a lieto fine, ma con un ultimo traguardo ancora insensatamente lontano, soprattutto se si considera giustamente lo sport, a ogni livello, luogo e occasione di educazione fisica e di miglioramento spirituale.

Ancora una volta dunque vinca il migliore, ma nel senso del più sincero e del più vero. Una volta per tutte sia fuori gioco chi impone handicap frutto dell'ignoranza e dell'intolleranza. E buona lettura a tutti voi.

Alessandro Cecchi Paone

Coming out
dentro e fuori
le rive del campo

I campioni non si fanno nelle palestre. Si fanno con qualcosa che hanno nel profondo: un desiderio, un sogno, una visione.

MUHAMMAD ALI

CAMPIONI E TIFOSI, TUTTI GAY?

L'epica dei nostri giorni

La psicologia oggi, e la saggezza da sempre, ci raccomandano che per vivere in armonia con gli altri dobbiamo prima di tutto imparare ad amare noi stessi. Ma, se è così, non siamo allora tutti un po' omosessuali? E la passione che ci lega a certi idoli dello sport non è l'altra faccia di quell'amore per noi stessi, che senza i nostri campioni non potremmo esprimere?

Lo sport è di tutti. È il simbolo stesso della libertà perché è l'occasione che ciascuno di noi ha di confrontarsi innanzitutto con se stesso. Si può essere soddisfatti per il semplice fatto di aver dato tutto, di essersi battuti senza risparmio. La vittoria e la sconfitta vengono dopo. Nessuno dovrebbe rimanere escluso da questa sfida esaltante. Le regole sportive dovrebbero giudicare solo l'ordine di arrivo, mai quello di partenza. Che vinca il migliore, certo, ma che chiunque possa partecipare alla gara. Invece, accanto a una robusta retorica, e a fronte di un impatto mediatico che, specie nel calcio, non ha eguali, i valori dello sport non sembrano incidere sulla cultura. Eppure lo sport è un cardine della società, e i suoi valori sono la misura di una civiltà.

Oscar Pistorius – detto *Blade Runner* per le speciali protesi in fibra di carbonio – correndo sulle gambe che non ha è arrivato a qualificarsi per le Olimpiadi di Londra 2012, passando per i Mondiali di Atletica 2011 nei quali ha partecipato alla staffetta 4x400 e contribuito così ad assicurare alla squadra sudafricana l'accesso alla finale e il primato nazionale. «Gli dèi mi proteggano – ha annunciato su twitter il 2 settembre 2011 – per me partecipare ai mondiali vale più che vincere l'oro». Ed è vero, perché è proprio in questo modo che Oscar ha vinto la sua vera sfida.

Lo stesso si può dire di un campione come Abebe Bikila, l'atleta etiope che invece, nella vittoria, cercava il riscatto del suo paese. È attraverso lo sport che i neri d'America hanno trovato l'opportunità di una rivalsa, e le donne di tutto il mondo quella di far valere il proprio diritto a scendere in campo. Sì, lo sport fa miracoli. E appartiene a tutti: è questo il miracolo più grande. Il Palio di Siena è l'orgasmo di un istante in cui rivive puntuale una rivalità secolare di piccole, semplici contrade: eppure vincerlo vale più di un mondiale. Il cardiopatico che riesce a completare la maratona di New York vince una battaglia immensa arrivando ultimo, e il bambino che mette ai piedi, per la prima volta, le scarpette da calcio si ubriaca con un sorso d'infinito, come un uccello che dispiega le ali nel vento.

È il sapore della sfida che dà un senso alla vita. Lo sport ha l'intensità di una guerra, ma una guerra in cui possiamo amare senza riserve la nostra bandiera, perché è coperta soltanto di sudore e non di sangue. Lo sport è l'epica dei nostri giorni, e i campioni ne sono gli eroi leggendari. Sono loro che portano a compimento il sogno di tutti, il desiderio di sentirsi per un istante immortali, sono loro che ci conducono dove noi non potremmo mai arrivare.

Sono dèi che non vivono sulle cime dell'Olimpo, ma al di là delle linee bianche che delimitano un campo sportivo. Linee che – a ben guardare – sono le rive di un mare sconfinato e misterioso, e che dividono due mondi: realtà e fantasia. Da un lato le gesta dei campioni, dall'altro la spericolata eccitazione dei tifosi. Campione e spettatore s'inseguono eternamente, come un dio e il suo adepto: ed esattamente come avviene nella religione, l'inseguimento trascende ogni logica. Gli dèi dello sport si manifestano con un gol balisticamente impossibile, con un fulminante knock-out all'ultima ripresa o con la «staccata» ritardata di un millesimo di secondo, prima della curva in cui avviene un sorpasso che sembra – che è – una magia.

Il crepuscolo degli dèi

Eppure non esiste tempio che non possa essere abbattuto, e al campione-idolo può capitare di finire nella polvere. La folla che lo ha amato, di colpo lo abbandona, gli si rivolta contro. La sua statua è rovesciata, come quella di un re da scacchiera che venga sconfitto. Finché è in gloria, il campione può permettersi tutto. È lui che scrive la Storia. È lui che detta le regole, è lui che le muta o le infrange. A lui è consentito qualunque capriccio. Perché ci porta per mano oltre i confini della realtà, verso quegli istanti di delirio che fanno perdere la testa. Il tifoso perdona tutto al suo idolo, persino un rigore sbagliato. Ma c'è una cosa che non gli perdona: il tradimento supremo, la rivelazione della sua umanità. Perché allora l'illusione finisce, e l'oggetto del nostro amore non è più il ponte che ci congiunge con l'infinito.

Se il campione prova a varcare «le sacre rive del campo» al contrario, se prova a tornare nel mondo reale da comune mortale, lo attende un giudizio spietato. Dovrà fare i conti con un mondo in cui non è più lui a dettare le leggi. Ce lo insegna la Storia più grande: farsi uomo, per un Dio, è sempre rischioso. Lo aspetta una croce. Eppure quel desiderio può essere irresistibile. In gioco ci può essere la propria identità, la propria vita, quell'immenso sistema multimediale fatto di sensi, pensieri, emozioni, razionalità e inconscio, per mezzo del quale comunichiamo con gli altri. La biologia lo chiama sesso, la metafisica lo chiama amore. Ma le definizioni contano poco. Nulla. Il mistero resta, ed è quel mistero la chiave di ogni individuo, campione o meno che sia. La chiave della sua mente e del suo cuore, della sua felicità e del suo dolore.

La folla che gremisce lo stadio vuole sognare, e il campione l'accontenta. Spaccia alla luce del sole la droga dei suoi gol, dei suoi primati scanditi sul filo dei millesimi, trascina con sé i tifosi verso l'emozione impalpabile e travolgente della gloria. Il tocco divino sfiora il capo di tutti. Per un attimo, mentre esplode il boato del pubblico, nessuno più sugli spalti è semplicemente un uomo, ma tutti fanno parte di un sogno. Poi la partita finisce. I riflettori si spengono, e il campione rimane solo su quel mare che, all'improvviso, si è fatto buio e deserto.

Solo, come il pugile Jake La Motta, quando nei memorabili titoli di testa del capolavoro di Martin Scorsese, *Raging Bull* («Toro scatenato»), con indosso un accappatoio che somiglia straordinariamente a un saio, si scalda saltellando sul ring accompagnato dalle note struggenti dell'intermezzo sinfonico della *Cavalleria rusticana* di Pietro Mascagni e sferra pugni contro un avversario immaginario. Quell'antagonista interiore, contro il quale il campione si deve confrontare ogni giorno. Perché ha una vita, il campione. Una sua vita, che non è quella di un dio. Lo sa, l'ha sempre saputo anche se, qualche volta, specchiandosi negli occhi infuocati dei tifosi, forse per un istante ha creduto davvero di essere un dio. Invece è una persona. Glielo ricorda l'età che avanza, l'ombra minacciosa della sconfitta che non lo molla mai, il ginocchio dove ha fatto mille infiltrazioni e che ora non funziona più. E glielo ricorda, soprattutto, il cuore. Perché anche ai campioni capita d'innamorarsi, e magari non dell'amore vorace e lussurioso che infiamma un volitivo dio pagano, ma di quello tenero e struggente che, all'improvviso, può inondare il più semplice dei cuori. S'innamora, e mai come in quel momento si accorge che la gente lo osserva, che gli occhi del mondo sono puntati su di lui e che il loro sguardo, in un istante, è diventato indecifrabile.

Cosa accade, allora, se a far battere il suo cuore è un altro uomo? Cosa succede se, a far battere il cuore di una campionessa, è un'altra donna? Si applaude all'uomo che ha avuto un infarto e ora corre per quaranta chilometri, si applaude fino alle lacrime chi, perse le gambe, s'inventa due protesi e va alle olimpiadi. Ma che cosa accade se un atleta, campione o meno che sia, invece di un record infrange un tabù?

UOMINI AL CONFINE

Un autolesionismo inutile?

Il coming out è una delle maniere più drammatiche di oltrepassare quel confine insidioso che separa la realtà e la fantasia, la normalità e la leggenda, i campioni e i pedoni, un confine che abbiamo già chiamato «le rive del campo». In Italia questa espressione, che indica una scelta deliberata, è spesso confusa con *outing*, che significa invece l'esposizione dell'omosessualità di qualcuno da parte di terze persone senza il consenso dell'interessato.

LeBron Raymone James, classe 1984, eloquentemente soprannominato King James o The Chosen One («il re» o «il prescelto»), l'*enfant prodige* della Nba fa una sconcertante dichiarazione, e la riporta il quotidiano inglese *The Guardian* in un articolo di Tom Lamont su omosessualità e sport, rilanciando una polemica accesa dal mensile statunitense *The Advocate*: «Un gay ti distrugge lo spirito di gruppo. Ti rovina lo spogliatoio. Fare la doccia, viaggiare col pullman della squadra, parlare... tutto diventa complicato. Invece bisogna potersi fidare dei propri compagni! Per non parlare degli insulti che gli atleti omosessuali si beccano sul campo durante la partita». Ma questo ragazzone di colore, più di due metri di altezza e più di un quintale di peso, stella dei Cleveland Cavaliers e poi dei Miami Heat, che a meno di diciotto anni si è visto offrire un contratto da quattro milioni di dollari a stagione, non è certamente il solo a pensarla così.

A conferma di quanto sia rischioso, e potenzialmente autolesionistico, dichiarare la propria omosessualità, ci sono le parole di un altro cestista: John Ekwugha Amaechi. Questo titano di quasi due metri e dieci per centoventi chilogrammi, che vive ora nel Regno Unito dove fa il conduttore radiofonico ed è impegnato in politica, è stato il primo giocatore professionista di basket a fare coming out. A suo giudizio, con la sua pubblica dichiarazione non ha ottenuto affatto i risultati sperati: «Il mondo dello sport professionistico è totalmente chiuso, pieno di pregiudizi, e del tutto disinteressato alle questioni sociali». Un mondo nel quale fare certe esternazioni può diventare un calvario.

Anche se la pallacanestro è uno sport molto popolare, il suo impatto sociale non è neanche paragonabile a quello del calcio. È il calcio lo sport planetario, ed è varcando le rive del campo di calcio che un campione ha veramente addosso gli occhi del mondo. Quelli di tutto il mondo. Proprio come è accaduto per Marcus Urban, l'ex talento della Bundesliga che smette di giocare nel 1993, a soli ventitré anni, e decide di dichiarare pubblicamente quell'omosessualità di cui era consapevole da sempre, dal momento che – come spiegò lui stesso – sentiva di essere attratto da persone del suo stesso sesso fin da quando era bambino. Marcus comincia a giocare a calcio a sette anni, e a quell'età ovviamente non vive nessun disagio. I guai cominciano dopo, quando si rende conto che i suoi gusti sessuali e il suo talento per il pallone non potrebbero convivere facilmente. Che non è possibile, insomma, diventare un calciatore professionista e, insieme, essere gay.

Ben presto per lui inizia la vita dell'infiltrato, la latitanza interiore. Lui è l'intruso, il diverso che deve fare la massima attenzione a non farsi scoprire, quello che deve tenere segreta la propria identità a tutti i costi. La paura di essere individuato diviene un'ossessione. Marcus sta attento a tutto ciò che dice, a ogni gesto che fa. È insomma un *hide player*, quel «giocatore nascosto» che darà il titolo alla sua autobiografia. Quando il biondo Marcus, dai grandi occhi chiari e gli zigomi sporgenti, si chiede che cosa deve fare, quando osa soltanto affacciarsi all'ipotesi di annunciare al mondo «Scusate, c'è una cosa che vi vorrei dire, io sono gay», gli tremano le gambe. E dopo gli viene voglia di spaccare tutto e di sbattere la testa contro il muro, come fanno le orche marine quando impazziscono nelle vasche dei circhi acquatici, private della libertà e tormentate da ammaestratori che le costringono a ripetere sempre le stesse azioni all'infinito. Anche lui si sente così. Costretto a recitare una parte imparata a memoria, costretto a rinunciare al dono che Dio gli ha fatto: l'ambitissimo talento di saperci fare sui campi da calcio. Gli tocca in qualche modo la sorte del *Visconte dimezzato* di Calvino: o gay, ma lontano dal mondo del pallone, oppure campione, ma lontano da se stesso.

Sono i tempi della Ddr, e la pressione psicologica sui giocatori da parte del regime è enorme. Tutto è militarizzato e tutto è ricondotto a una rivalità esasperata con l'altra metà della Germania, con l'Occidente, con qualunque cosa si trovi «oltre il giardino», al di là della cortina di ferro. Poi il muro di Berlino cade e la Ddr smette di esistere. Crollano i confini visibili, ma quelli invisibili – i più insidiosi – restano. Urban ha diciotto anni. In quello stesso anno il suo allenatore riunisce la squadra e fa un discorsetto da sergente dei Marines: «Ora siete maggiorenni e, se vi va, potete portarvi una ragazza in camera. Il contrario, in effetti, mi deluderebbe molto».

I giocatori si sentono fieri di ricevere questo rude *imprimatur* virile da parte del loro allenatore. Mormorii, risatine, colpetti di gomito. Ma, quella che per tutti i suoi compagni rappresenta una situazione di goliardia, è invece per Marcus l'inizio di un incubo. Da quel momento è chiaro che sarà necessario spingere il bluff al di là di quanto abbia mai immaginato di dover fare. E infatti, dopo qualche anno, crolla. Non ce la fa più a reggere quella parte, è venuto il momento di rivelare quale sia il suo orientamento sessuale, e farlo è una liberazione. È come respirare dopo aver trattenuto il fiato fino a sentire gli occhi schizzare fuori dalle orbite. Al momento di fare coming out, di «venir fuori», di tornare in un certo senso a nascere, Marcus sa bene di non essere affatto l'unico gay del calcio tedesco, e lo dice senza mezzi termini. Dice che ce ne sono molti altri, tra i quali almeno tre sono atleti tedeschi notissimi sulla scena internazionale. Nessuno però si fa avanti e, malgrado si affermi da più parti che la società ormai non è più «ostile agli omosessuali», secondo Marcus quella è soltanto una mera apparenza. Un'apparenza dettata dalle parole, immensi pascoli di parole sui quali si può andare a ruminare frasi alla moda per sentirsi progressisti, illuminati, magari per apparire spregiudicati e al passo con i tempi.

Alla fine, la previsione di Marcus su come potrebbe essere il calcio del futuro, non è tanto rosea: «Nel calcio *devi* essere un macho. Se un giocatore in attività afferma di essere gay, tradisce il codice del campo. Quel *codice* non scritto in virtù del quale gli atleti devono per forza essere eterosessuali».

L'armata del silenzio

Da una parte c'è il coming out come gesto epico, stile «un uomo solo al comando» (per citare le parole dette, a proposito di Fausto Coppi, da Mario Ferretti nella leggendaria radiocronaca della tappa Cuneo-Pinerolo, durante il Giro d'Italia del '49), l'allungo irresistibile di chi ha la forza e il coraggio di prendere la verità di petto e venire prepotentemente allo scoperto dichiarando la propria omosessualità; ma dall'altra c'è l'armata del silenzio, l'esercito dei muti composto da quei tanti che questo coraggio e questa forza non riescono a trovarla. E allora un aiuto, esattamente al contrario di quanto sostiene LeBron, può arrivare proprio dai compagni. Perché una squadra è una squadra, una piccola legione dove chi ci sta a fianco in campo è pronto a rimanerci anche nella vita. Il compagno di squadra è quello che ti difende se subisci un fallo, quello che ti dà una pacca sulla spalla quando fai un errore clamoroso e magari la partita intera è compromessa, quello che senza riserve divide con te la vittoria, e senza rimpianti divide la sconfitta. Quello che non si tira indietro neanche se l'aiuto ti serve al di là delle «rive del campo»: pronto a fare la sua parte fino in fondo, anche se la sfida è di quelle che si preannunciano durissime, perché l'avversario non è un'altra squadra, ma il mondo intero.

È questo «profumo di squadra» che si sente nelle parole di Sean Avery, il giocatore di hockey che gay non è, ma che sa bene quanto nel suo mondo, quello della Nhl (la lega professionistica di hockey su ghiaccio del Nordamerica), l'omosessualità sia una realtà. Il trentunenne canadese dell'Ontario, oltre un metro e ottanta di statura per novanta chili di muscoli esplosivi (ora nelle file degli agguerritissimi New York Rangers), dichiara di essere disponibile a sostenere, con tutta l'autorità della sua prestigiosa carriera, il coming out di qualunque giovane hockeista.

Ma questa notizia – il suo invito, come dicono gli spagnoli, a «salir del armario», a venire allo scoperto – non ha affatto l'eco che ci si aspetterebbe: «Se c'è un ragazzo in Canada o altrove – riporta il *Toronto Sun* il 3 febbraio del 2011 – che ama veramente lo sport, e che desidera continuare a praticarlo ma è preoccupato di fare coming out, io lo invito ad alzare il telefono e chiamare Donald Fehr (direttore esecutivo della Lega Hockey statunitense), per prenotarmi un biglietto. Gli sarò accanto negli spogliatoi, e sarò lì con lui mentre dirà ai suoi compagni di squadra che è gay».

Già, gli spogliatoi. Il tempio di una squadra. E una squadra di hockey, poi: questo non rappresenta certo un particolare trascurabile. Perché, se si vuol fare una classifica degli sport da macho, sicuramente l'hockey su ghiaccio merita di stare ai primi posti. I giocatori, corazzati come guerrieri medievali, volano su pattini a velocità che possono raggiungere i cinquanta chilometri orari, e gli urti sono come incidenti d'auto. L'elenco degli infortunati, durante l'interminabile campionato fra Stati Uniti e Canada (la sola *regular season* prevede ottantadue gare, poi arrivano i play off), sembra quello dei caduti di una campagna militare. Un gioco quasi brutale, insomma, ma affascinante, perché avviene a una velocità che a volte supera quella del pensiero: i rovesciamenti di fronte sono fulminei e gli sviluppi di ogni azione sono vertiginosamente imprevedibili. Eppure, proprio da questo mondo di duri, da questo sport super-professionistico, arriva un *assist* prezioso: «Non vedo grossi problemi ad accettare il fatto che ci possa essere un atleta apertamente gay nello sport professionistico», aggiunge Avery: «Sicuramente nella Nhl ci sono giocatori gay, ma è altrettanto chiaro che nessuno di loro ha il coraggio di uscire allo scoperto».

Che ci siano giocatori gay di hockey, del resto, è cosa certa, oltre che statisticamente ovvia. È tuttavia uno scandalo quando, nel 2006, viene portata sullo schermo una storia tratta dal bestseller *Breakfast with Scot* (2007) di Michael Downing, che racconta la storia tormentata di una coppia omosessuale alle prese con l'adozione di un ragazzino undicenne. I due protagonisti del film-tv, un giocatore professionista di hockey, che fa parte dei gloriosi Meaple Leafs di Toronto (la società, alla fine, decide di permettere l'uso delle proprie maglie ufficiali durante le riprese), e l'avvocato della squadra vengono nominati tutori del piccolo Scot, che rivela di possedere la medesima inclinazione sessuale dei genitori. Nella fase dello sviluppo, l'identità sessuale dei ragazzini è tuttavia ancora *in fieri*, e così i due protagonisti si chiedono se sia proprio la loro convivenza a influenzare le scelte del figlio. Don Cherry, giornalista sportivo popolarissimo in Canada, nel corso di un'intervista televisiva, commenta così la fiction: «Sapevo che la Nhl voleva ammorbidire un po' la sua immagine virile, ma *questo*, francamente, mi sembra un po' troppo».

In effetti, sono soltanto due i casi di coming out nel mondo dell'hockey su ghiaccio, ed entrambi sono avvenuti a fine carriera. «Farlo prima sarebbe un suicidio» ha detto Tom Cavanagh, che nel film interpreta la parte del giocatore spagnolo: «Lo sport è uno degli ultimi baluardi della tradizione. Ci sono regole non scritte, che somigliano a quelle di un circolo molto esclusivo. E l'hockey non fa certo eccezione».

Qui ci si imbatte fatalmente in uno dei luoghi comuni più diffusi della mentalità omofoba: il gay sarebbe delicato, quasi inerme. Ma perché essere omosessuali sarebbe incompatibile con la pratica di uno sport duro? Sarebbe decisamente interessante vedere se Don Cherry avrebbe avuto il coraggio di dire in faccia, nella Grecia antica, a un componente del Battaglione sacro dei tebani, che la guerra è roba da eterosessuali. Già, e per spiegare cosa siano quelle truppe scelte non ci sono parole migliori di quelle di Plutarco nella *Vita di Pelopida*: «Il battaglione è un gruppo che si è consolidato con l'amicizia, radicata in un reciproco amore che non si scioglie mai. Ed è invincibile, poiché gli amanti, per paura di apparire meschini agli occhi dei propri amati, e gli amati per lo stesso motivo, affrontano volentieri il pericolo per soccorrersi a vicenda». Soldati leggendari.

Soldati con i quali è decisamente sconsigliabile venire alle mani...

DONNE AL CONFINE

Guerra di nervi

La grande tennista Amélie Mauresmo fa coming out durante uno dei tornei più prestigiosi del circuito Wta, l'Open d'Australia. È il 1999, e le conseguenze del suo gesto diventano subito negative. Perde gli sponsor, e solo la vibrante protesta del pubblico francese li induce in seguito a fare marcia indietro. Ma sono prima di tutto le sue stesse rivali a complicarle la vita, scatenando una surreale lotta, a metà tra gli scontri divini di Venere e Pallade e le risse da taverna tv, stile *Big Brother*.

I tempi cavallereschi dell'interminabile disfida tra Chris Evert e Martina Navratilova sono lontani solo pochi anni, eppure appartengono già a un'epoca perduta per sempre. La chiassata sotto i riflettori è una tentazione cui è difficile resistere. Gli atleti hanno preso confidenza con i media, e l'arte di usarli come un'arma collaterale fa sempre più parte del gioco: «La Mauresmo? È una che va in giro con la sua amica, è un mezzo maschio» (*Sportsillustrated.cnn.com*, 29 gennaio 1999), è il commento di Martina Hingis, che sarà la sua avversaria nella finale degli Open d'Australia nel 1999. Tuttavia, appena le agenzie danno eco alla sua dichiarazione, la Hingis corregge il tiro: «Non ho mai detto quello che voi (giornalisti) sostenete. La Mauresmo è un'eccellente giocatrice, e devo batterla sul campo, non altrove». I giornalisti di lingua tedesca, tuttavia, non mollano. Le parole esatte della Hingis, in conferenza stampa, sono state inequivocabili: «Sie ist ein halber Mann» (è un mezzo maschio).

In semifinale la Mauresmo batte Lindsay Davenport che, commentando a caldo la sconfitta, a sua volta ribadiva ruvidamente il concetto: «Mi è sembrato di giocare contro un uomo». A sorpresa, il ritornello viene nuovamente ripreso dalla Hingis che – pur smentendo di aver detto che l'avversaria è «un mezzo maschio» – spiega: «Amélie fa un sacco di topspin. Insomma, non è che lei sia un uomo, ma... ti bombarda come un uomo: è il modo in cui gioca. È questo che abbiamo detto io e Lindsay».

Il clima psicologico della finale – inutile dirlo – è da *Sfida all'O.k. Corral*, il leggendario western del 1957. La Hingis vince nettamente, in due set, 6-2 e 6-3. Domina l'avversaria fisicamente (a dispetto di quanto lei stessa poi afferma), ma probabilmente la domina prima di tutto psicologicamente. La pressione creata sulla Mauresmo è enorme, fra il pubblico che le punta addosso i binocoli e i giornali che disquisiscono sulla sua mascolinità, soppesando ogni sillaba.

A parte simili guerre di nervi, volontarie o meno che siano, l'universo femminile appare più aperto di quello maschile nei confronti dell'omosessualità. L'omosessualità femminile non mette in discussione il mito priapesco della virilità e della fertilità. Infatti persino gli uomini, custodi di questi tabù, appaiono più tolleranti se a essere omosessuale è una donna.

In termini sportivi – almeno in Occidente – l'omosessualità femminile appare prima di tutto come un «problema tecnico». Un maschio non ha limiti nell'ipertrofia dei propri muscoli, e quindi delle proprie prestazioni. Può essere maschio a piacimento. Ma se una donna diventa un trans ovvero «donna all'ennesima potenza» – per dirla con le parole di Piero Marrazzo, l'ex Governatore della Regione Lazio (*Corriere della Sera*, 17 agosto 2011) – allora scantona nella mascolinità. Il maschio come superdonna è un'idea interessante e porta a una rivisitazione clamorosa del mito della virilità, ma Marrazzo intende forse il contrario: mettere in evidenza proprio la femminilità da geisha dei transessuali, e non la loro fisicità.

Tuttavia in termini sportivi la questione, pur avendo sfumature meno vaghe, resta di definizione molto delicata. Se la potenza di una donna diventa «ennesima», per la legge sportiva non è più una donna. Non è certo il caso della Mauresmo, eppure basta alludere alla potenza del suo gioco, tirare distrattamente in ballo la sua inclinazione sentimentale e sessuale per fare di lei «un mezzo maschio». In un'intervista rilasciata alla tv australiana *Channel 7*, l'allenatore della Mauresmo, Christophe Fournerie, si dice «molto arrabbiato» per le osservazioni di Martina Hingis. E la tennista naturalizzata svizzera, con un imperturbabile rovescio da fondo campo, gli replica: «Lo sono anch'io».

Parole vagamente simili esprime anche Flavia Pennetta, la grande e bellissima tennista pugliese che qualcuno chiama «Pennettova» in onore della sua grinta e che porta sul polso tatuate tre M – «Mejor del Mundo Mundial» – la scherzosa definizione delle sue amiche spagnole. Parlando delle colleghe, la «Pennettova» spara un bel dritto all'indirizzo di Serena Williams: «È davvero un animale». Dunque «bellezza e preparazione atletica sono in contrasto?», le chiede l'intervistatore. E lei: «Gioco a tennis, e per farlo devo essere forte, anche se qualcosa in femminilità si perde. Odio la mia pancia ad esempio, l'addominale obliquo, che sembra quello di un uomo. Ma mi serve per le rotazioni, e devo tenermelo così» (*Max.rcs.it*, 2 febbraio 2010). *De anima et corpore*, insomma: una sola cosa, eppure inconciliabili.

Guerra di sessi

Nel rapporto tra i sessi sembrano non esserci vie di mezzo: se non c'è amore, c'è rivalità. Questo incontro-scontro, l'eterna «guerra dei sessi», nella quale si nasconde una vera e propria competizione naturale, non può non far pensare all'impresa di Billie Jean King, la grande tennista del passato, capace di un'impresa unica nella storia dello sport. Una leggenda che realizza il sogno segreto (e normalmente proibito) di ogni donna, di ogni femmina: battere un maschio, batterlo «fisicamente».

La King è un tipo tosto. È la prima atleta a guadagnare oltre centomila dollari in un anno (siamo nel 1971). Ma le disuguaglianze nei premi, tra atlete e atleti, restano notevoli. Se fosse un uomo, a parità di vittorie, guadagnerebbe molto di più. Nel 1972 vince gli Open degli Stati Uniti, ma riceve quindicimila dollari in meno del vincitore maschile, Ilie Năstase. E a quel punto dichiara che, se le vincite non saranno livellate, lei non parteciperà più ai tornei. Detto fatto: nell'anno successivo, gli Open degli Stati Uniti sono il primo grande torneo a offrire uguali vincite in denaro ai giocatori e alle giocatrici.

Tuttavia l'impresa della King non è questa, né quella di aver vinto i principali tornei di tennis del mondo. La ragione vera per cui il suo nome passa di diritto alla Storia è che la King stravolge, rovescia, straccia, ridicolizza «nientepopodimeno» che... le leggi naturali. Il 20 settembre 1973, allo Houston Astrodome, scendono in campo per battersi in «singolar tenzone» una tennista e un tennista. Maschi contro femmine. E l'evento – che ha il sapore selvaggio di una sfida per il primato sul branco, ma nel quale è una femmina che osa sfidare il maschio dominante – è prontamente battezzato *Battle of the sexes*. L'adesione del pubblico è oceanica: sono oltre trentamila gli spettatori in campo e cinquanta i milioni di telespettatori collegati da trentasette nazioni.

Lo sfidante è il grande Bobby Riggs, a suo tempo numero uno del mondo, definito da Jack Kramer nella sua autobiografia, *The Game: my 40 years in tennis*, «il più sottovalutato tra i grandi del tennis». Pur non essendo più un giovanotto, lancia una sfida decisamente succulenta: «Batterò qualsiasi giocatrice di tennis, perché il tennis femminile è talmente inferiore a quello maschile che, anche se non sono più in carriera, posso battere tranquillamente anche la numero uno del mondo». In effetti alle parole seguono i fatti, e Riggs massacra sul campo un'altra grande di quegli anni, Margaret Court, con un inappellabile 6-2, 6-1.

Ma questa volta, nella sfida di Houston, contro di lui c'è una combattente nata, Billie Jean King, una che di guerre se ne intende (dei sessi o meno che siano); e soprattutto sa bene che, per vincere, ciascuno deve usare le proprie armi. Per cui, regola numero uno: mai accettare la sfida sul terreno altrui. Dopo aver analizzato a fondo la partita che Riggs ha vinto contro la Court, Billie stabilisce che per spuntarla deve soprendere il suo avversario, spiazzarlo completamente. E così fa: la sua è una spericolata partita d'attacco, una strategia che le permette di aver ragione di Riggs con un secco 6-4, 6-3, 6-3. «Avremmo fatto un balzo indietro di mezzo secolo se non avessi vinto quella partita», disse dopo il match la King: «Il danno per il circuito tennistico femminile sarebbe stato enorme, e soprattutto avrei danneggiato l'autostima di tutte le donne del mondo».

La resistenza maschile rispetto a quell'evento è talmente ostica che si arriva al punto da mettere in giro voci, totalmente infondate, per cui le regole dell'incontro sarebbero state modificate per consentire alla King di vincere: una sola palla di servizio a disposizione di Riggs e concessione (cavalleresca) alla King di includere nel campo utile anche i corridoi utilizzati per il doppio.

Gli uomini si prendono comunque la loro rivincita e nel 1992, in una nuova *Battaglia dei sessi*, questa volta fra la Navratilova e Jimmy Connors, il tennista s'impone, dopo un combattutissimo primo set, per 7-5, 6-2.

I confini del corpo

Il coming out può venire tuttavia anche imposto dalle circostanze, e non essere il frutto di una libera – per quanto spesso sofferta – scelta da parte dell'atleta. E il confine da attraversare può trovarsi addirittura all'interno del proprio corpo.

Caster Semenya, la campionessa del mondo degli ottocento metri, sottoposta a test ordinati dalla Federazione internazionale di atletica (Iaaf), viene giudicata uno «pseudoermafrodita». Un individuo che – per inibizione della sintesi o dell'azione del diidrotestosterone (Dht) – può avere pene e testicoli nettamente più piccoli, e presentare un abbozzo di vulva. In genere gli pseudoermafroditi non hanno ginecomastia, ma presentano una carenza di caratteri sessuali secondari quali la barba, la peluria corporea, il timbro profondo della voce, pur avendo una sessualità e una fertilità normale. La notizia, riportata l'11 settembre 2009 da *Repubblica*, era già apparsa sul quotidiano australiano *Sydney Morning Herald*, ma i portavoce della Federazione si rifiutarono di darne conferma, replicando che i risultati dovevano essere prima vagliati dai loro esperti.

La polemica, naturalmente, si è subito spostata sulla validità delle prestazioni sportive della Semenya, e sulla legittimità della medaglia d'oro conquistata dalla giovanissima atleta ai Mondiali di Berlino. Da un lato c'è chi non la pone in discussione, perché la Semenya è «nata così»; dall'altro c'è chi invoca la sua squalifica, perché la costituzione biologica dell'atleta costituisce «un vantaggio discriminante nei confronti delle sue avversarie».

L'iter medico, ovvero l'accertamento dei nasuti dottori della Federazione internazionale per stabilire il sesso della Semenya «al di là di ogni ragionevole dubbio», dura quasi un anno, finché nel luglio del 2010 giunge la fumata bianca: «Caster Semenya può tornare a gareggiare». Donna, sì, ma... forse no. E tutti a contemplare, scuotendo la testa, i quadricipiti un po' troppo sviluppati, il taglio mascolino della mascella. Tutti a frugare nei «misteri» del suo corpo, a chiedersi cosa abbia «sotto». Comunque sia, l'atleta che viene fermata perché definita «creatura di sesso imprecisato» non ha barato, e può dunque concorrere nelle gare femminili.

Il confine, stavolta quello che separa i sessi, non solo non è stato attraversato di nascosto, ma non è stato attraversato affatto. A fare le carte della mappa genetica di Caster è stata Madre Natura. Dunque, tutti sugli attenti. Sia fatta la sua volontà. E sui dettagli della vivisezione viene steso finalmente un velo di riserbo. Una conclusione che sa di tragica beffa, che ha un retrogusto profondamente amaro, dal momento che di riservato, in realtà, non c'è stato nulla. Al termine della perquisizione che ha passato al setaccio la sua vita privata, resta una ragazza colpevole solo di essere se stessa, ma che il mondo ha stuprato cento volte con le sue domande morbose: «Chi sei?», «Ma di che sesso sei?», «Ma sotto che c'hai?». In un attimo, mentre le vestali della purezza atletica soppesano dottamente i suoi genitali, la piccola Caster viene trasformata in un «personaggio», ammantata con un'aura di pseudo-segretezza, come una spia o un'aliena, da una cortina morbosa suscitata dai media. Data in pasto alle chiacchiere della gente.

Ma gli atleti sono pellacce dure, sono abituati a stringere i denti, a combattere e a sudare. Il 6 luglio 2010 la *Gazzetta dello Sport* riporta la dichiarazione di Jacob Semenya, padre di Caster: «Mia figlia mi ha detto che i problemi sono risolti», e poi, con parole semplici, ma nelle quali vive tutta la verità dell'amore di un padre per la figlia, aggiunge: «Insomma, lei mi ha detto che è felice...». Una felicità che la stessa Caster ribadisce in quanto, per persone come lei, gareggiare vuol dire vivere: «Non vedo l'ora di tornare in pista, di correre. L'unica cosa che voglio è buttarmi finalmente alle spalle questa vicenda».

E infatti, ai Mondiali di atletica 2011 che si svolgono a Daegu (Corea del Sud), Caster è al suo posto: in pista. Conquista la finale degli ottocento metri, aggiudicandosi la gara precedente con uno scatto imperioso. Anche nella gara che vale l'oro la strategia è la stessa. Percorsi seicento metri, la Semenya – dopo la consueta strategia attendista – mette la freccia e si allarga. Inserisce il turbo e parte. Regge il ritorno delle avversarie per tutto il curvone, e quando imbocca il rettilineo è in testa. Un rettilineo che, tra le incitazioni del pubblico, la sta portando verso qualcosa di più che la fine di una corsa: la sta portando di nuovo verso se stessa. Non sta correndo Caster: sta gridando. Sta gridando a tutti «sono qui, sono ancora qui!». E come sempre – come ha sempre fatto e farà – in pista è pronta a dare l'anima. Quando si accorge che la russa Mariya Savinova la sta raggiungendo, stringe i denti e cerca, fino all'ultimo respiro, di respingerne l'attacco. Per un attimo le due atlete sono appaiate, ma negli ultimi metri la Savinova accende i reattori. La sua falcata ampia ed elegante sfiora il terreno con una leggerezza che quasi ne nasconde la potenza micidiale. La russa supera e va a vincere con il tempo di 1 minuto, 55 secondi e 87 centesimi. Per battere la campionessa uscente ha dovuto realizzare il miglior crono della stagione. Ma, alla fine della gara, la Semenya è sorridente, e quel sorriso le riaccende una luce anche negli occhi. «Sono soddisfatta, questa medaglia d'argento mi rende felice», dice ai microfoni di Rai Sport. Ma lancia anche un messaggio eloquente alle avversarie: «Per ora va bene così, adesso c'è da pensare alle olimpiadi...».

Tutti allora si chiedono che cosa si nasconda nel corpo della Semenya. E nessuno si domanda che cosa invece le si nasconda nel cuore. Ma intanto lei sorride, e allora va bene così.

Giocatrici o giocatori?

La vicenda della Semenya viene ricollegata a quella di due giocatrici della Nazionale di calcio femminile della Guinea Equatoriale: le sorelle Salimata e Bilinguisa Simpore (*La Gazzetta dello Sport*, 18 novembre 2010). Nel calcio africano (ma certo non solo in quello) accade di tutto, dalla corruzione ai passaporti falsificati, ma il caso delle Simpore è ben più appetitoso per il bar sport planetario: c'è il sesso di mezzo, e il prurito si fa irresistibile. Vuoi vedere che le due sorelle sono fratelli? Ma che c'avranno sotto?

Due anni prima la Nigeria aveva perso la finale della Coppa d'Africa proprio contro la Guinea Equatoriale, e la colpa della sconfitta era stata attribuita al fatto che, *sic et simpliciter*, alcune giocatrici della Guinea fossero in realtà giocatori. Alla base di tutto c'è la prestanza delle due Simpore, il viso dai tratti mascolini, tale da indurre al dubbio circa la loro effettiva identità sessuale: «Basta un contrasto, per capire cosa sono», hanno affermato le giocatrici della Nigeria. Ma poi, alla vigilia del Mondiale femminile 2011, dopo aver incontrato nuovamente le avversarie della Guinea in Coppa d'Africa, e questa volta battendole, le nigeriane sono tornate a puntare il dito: «C'è in gioco l'immagine di un intero continente». Comunque sia, le sorelle Simpore ai mondiali di calcio non ci sono andate, grazie all'affermazione del capitano del Ghana, Florence Okoe che, dopo una constatazione *de visu* negli spogliatoi, emetteva questa sentenza: «Maschi sono». Forse questa era una fortuna, perché in ogni caso avrebbero dovuto pagare un prezzo troppo alto per quel biglietto: anche se alla fine dell'indagine le avessero dichiarate donne, il calvario medico-mediatico da sopportare sarebbe stato terribile, con tutto il mondo a sussurrare «Ma che ci avranno sotto...?!».

Nel frattempo in Nigeria è in corso una vera e propria campagna antilesbismo. Una crociata, anzi, dal momento che infine è stato scomodato pure il Padreterno. Il fenomeno, dai tratti francamente sconcertanti – propone in termini grotteschi anche la ricaduta culturale dell'evangelizzazione – ha avuto ampia eco prima dei Mondiali di calcio femminili 2011, vinti dal Giappone ai danni degli Stati Uniti, in una partita vibrante risolta soltanto ai calci di rigore. L'allenatrice della Nigeria, Eucharia Uche, ha rilasciato dichiarazioni durissime contro le lesbiche (*The New York Times,* 21 giugno 2011), sostenendo che, da quando ha in mano le sorti della nazionale nigeriana, dà l'esempio sbattendo fuori le giocatrici omosessuali «alla minima voce contro di loro». A suo dire il fenomeno dell'omosessualità femminile nel calcio è «lurido» ed è «profondamente sbagliato sul piano non solo morale, ma anche spirituale». Per questo, insomma, va combattuto prima di tutto sul piano religioso.

Ed ecco che lo spogliatoio diventa una congrega, e i ritiri e gli allenamenti vengono scanditi da salmi e preghiere per consentire alle atlete di aver adeguatamente cura non soltanto del corpo, ma anche della propria anima. «L'omosessualità è diffusissima – ha tuonato la Uche – e sono giunta alla conclusione che per stroncarla abbiamo bisogno dell'aiuto divino». Nel marzo dello stesso anno, il quotidiano nigeriano *The Daily Sun* riporta altre impennate celesti della Uche, in occasione del convegno *First Seminar on Women Football in Nigeria: Challenges and Prospect*. La Uche afferma di essere inflessibile nel combattere l'omosessualità: «Le atlete sono arrivate a Dio da poco, in passato non avevano avuto questa opportunità. Molte di loro vivevano nell'oscurità, ma ora hanno compreso la Verità», e sono «assetate delle cose di Dio, consapevoli che il calcio può dare loro gloria e successo, mentre l'omosessualità le può rovinare. Ora vanno a messa, e organizziamo riunioni di preghiera». Infine, fieramente, conclude: «I risultati dei nostri sforzi si vedono: posso assicurarvi che il lesbismo, per quanto riguarda le Super Falcons, appartiene soltanto al passato».

MARTE E VENERE, ETERNO PSICODRAMMA

Una relazione sfuggente

Durante il Sei nazioni 2011 si verifica quello che appassionati e commentatori considerano all'unanimità un «episodio storico»: al Flaminio di Roma, la Nazionale italiana di rugby batte quella francese. Una vittoria prestigiosa, che fa godere il doppio dal momento che avviene ai danni degli «odiati» rivali di sempre. Sia detto per inciso: forse qualcuno ricorda ancora la battuta emblematica di Giampiero Galeazzi, dopo le Olimpiadi del 2008: «Non abbiamo vinto più medaglie della scorsa edizione, ma ne abbiamo vinte più dei francesi, quindi il nostro dovere l'abbiamo fatto».

La Francia, superpotenza mondiale del rugby, cade dunque travolta da un'irresistibile rimonta degli Azzurri (e nel 2011 è stata mancata d'un atroce soffio l'opportunità di battere anche l'Inghilterra, nell'esordio all'Olimpico) proprio nell'anno in cui lo Stivale festeggia il 150° dell'Unità, dandoci l'opportunità – con tempismo perfetto – di portarci per la prima volta a casa il Trofeo Garibaldi, coppa interna al torneo, in gioco solo nella sfida tra i cugini latini, così come la Calcutta Cup è ogni anno in palio tra inglesi e scozzesi. La gioia, comprensibilmente, esplode. Sugli spalti come sul campo. Mentre i francesi increduli, con le orecchie basse, sfilano via seguendo il funerale dei propri sogni di gloria, gli italiani ululano senza ritegno la loro felicità. Più che una partita, sembra sia finita la guerra. I giocatori si abbracciano festanti, si baciano, si stringono l'uno all'altro con gli occhi umidi di lacrime per l'emozione dell'impresa appena compiuta.

Due di loro, in particolare, vengono immortalati da una fotografia che li ritrae avvinti, distesi uno sopra l'altro, sull'erba del Flaminio. In un parco pubblico, una simile scena darebbe luogo a occhiate, pettegolezzi, colpi di tosse, e molto di più. Magari se passa una squadraccia di adolescenti-picchiatori si finisce alle mani. Ma forse la squadraccia di adolescenti rapati e tatuati si terrebbe forse prudentemente alla larga da due marcantoni di due metri per due. Invece lì, sul campo, al di là delle rive di quel verde mare di sogni, non solo quella scena di confidenza virile appare lecita ma addirittura gioiosa, esaltante. Due studenti (dello stesso sesso) che si abbracciassero sull'erba di un'aiuola, coprendosi le guance e la fronte di baci perché hanno appena superato il primo esame all'università, incorrerebbero immediatamente nella censura morale, e magari – se di stazza conveniente – si prenderebbero pure le botte dei naziskin di turno: se le prenderebbero perché gay. Ma due campioni, due vincitori, due gladiatori – come la retorica rugbistica nostrana ama definire i propri beniamini – sono al di sopra di certe congetture. Loro incarnano un'Idea e, finché calcano il campo, hanno un sesso solo, metaforicamente, come gli dèi. Tuttavia, fuori dal campo, persino a loro toccherebbe stare attenti.

Anima e corpo vivono in una relazione sfuggente, per certi versi ambigua. Un'ambiguità che lo sport esalta, potenzia fino al cortocircuito: forza e leggerezza, potenza e agilità, coraggio e pazienza, muscolarità e leggerezza. Lo sport chiede all'atleta una sintesi di Marte e di Venere, e la chiede indifferentemente agli uomini e alle donne. Forse è anche per questo che la storia dello sport e quella dell'omosessualità si specchiano una nell'altra sin dalla notte dei tempi, in un rapporto che conosce momenti di scontro brutale e altri di armonia perfetta.

Quello che viviamo ai nostri giorni è uno dei periodi più controversi in cui, a un apparente libertarismo senza precedenti, si contrappone un autentico neo-scurantismo. Più che l'affermarsi di un principio di tolleranza, nella società sembra farsi spazio un principio di assuefazione. La presunta «diversità» viene accettata spesso in quanto inevitabile, e non accolta come legittima. Se da un lato si sbandiera il diritto dell'individuo ad autodeterminarsi nel solo rispetto dell'analoga libertà altrui, dall'altro il bisogno di schemi di pensiero elementari – che aumenta in maniera esponenziale, in un mondo caotico come quello contemporaneo – fa crescere la paura irrazionale di tutto ciò che è «altro»: sia il colore della pelle o la religione, sia la provenienza geografica o la lingua... e non solo dunque la scelta sessuale.

Il risultato di tutto questo, tenetevi forte, siamo noi, vertiginosamente sospesi sul baratro che separa parole e fatti. Figli, o forse padri – e già in quest'incertezza si intravede la fragilità della nostra identità – di una società che, per sapere che cosa pensa, deve aggrapparsi al risultato di un sondaggio.

«Se ci fosse il mio compagno a tifare per me...»

Se lo sport – a dispetto dei suoi più sacri princìpi – è un regno dell'omofobia, le olimpiadi sono una delle sue roccaforti più inespugnabili. Il barone de Coubertin non si limita a fregare a un predicatore americano il celeberrimo motto delle olimpiadi, «L'importante è partecipare, non vincere», ma avendo una visione marcatamente militarista dell'educazione sportiva, nonché rigorosamente maschilista dell'evento che cerca di resuscitare, cerca di tenerne le donne fuori.

Un'impronta di quel guizzo di austerità iniziale, che non è certo opera del solo de Coubertin, resiste ancora. Nelle olimpiadi è possibile qualunque gioco di potere, tutto si accomoda se in ballo c'è il denaro, ma la facciata di pseudo-decoro borghese è sacrosanta. Ancora alle Olimpiadi di Atene del 2004, su oltre diecimila atleti partecipanti, solo una decina sono gay o lesbiche dichiarati. Idem nel 2008. Una presenza «in tracce», come si direbbe in chimica, sicuramente di gran lunga inferiore a quella delle olimpiadi di due o tre millenni fa.

Come si apprende dalle pagine del *Sydney Morning Herald*, Matthew Mitcham è stato il primo atleta olimpico a fare coming out, alla vigilia dei Giochi olimpici di Pechino del 2008 e, di fatto, l'unico gay dichiarato a prendervi parte. «Vorrei che Lachlan, il mio compagno, fosse sugli spalti a fare il tifo per me», dichiara in quell'occasione.

Mitcham viene da un momento difficile. Logorato dallo stress, ha dovuto affrontare una profonda crisi depressiva che aveva messo seriamente a rischio la sua carriera. Ma ora si è ripreso, e a Pechino si presenta in gran forma. Nel trampolino da tre metri non riesce ad andare oltre la semifinale, ma nella gara dalla piattaforma da dieci metri, dopo una combattutissima lotta contro il beniamino di casa, Zu Luxin – al quale recupera ben 34 punti nell'ultima serie di tuffi – il ventenne australiano si aggiudica di prepotenza l'oro, totalizzando 537,95 punti. Il suo tuffo finale, con un coefficiente di difficoltà di 3,8, viene valutato dai giudici 112,10 punti.

E Lachlan, in quell'irripetibile momento di gloria, sugli spalti c'è. Nell'esultanza della vittoria Matthew e il suo compagno si abbandonano a entusiastiche effusioni, ma la Nbc decide di censurare le immagini. Le critiche, subite per questa scelta dalla tv americana, spingono il suo presidente, Gary Zenkel, a manifestare pubblicamente tutta la propria costernazione per l'accaduto e tutto il suo «profondo dispiacere» perché si è persa un'occasione importante per raccontare la storia umana di un così grande campione. Così grande, in effetti, che nello stesso anno le Poste australiane emettono un francobollo celebrativo col suo ritratto.

adidas

1998
Il nomade nero che sedusse il ragazzo
JUSTIN FASHANU

Ogni volta che un bambino prende a calci qualcosa per strada, lì ricomincia la storia del calcio.

JORGE LUIS BORGES

Come vuole il luogo comune, l'America è avanti di vent'anni. Eppure nel Maryland, ancora nel 1998, era in vigore una legge «antisodomia», secondo la quale chiunque avesse con il proprio partner rapporti sessuali «contro natura», compresi quelli orali, era punibile con il carcere. La legge non era espressamente riferita ai rapporti omosessuali ma intendeva disciplinare le pratiche sessuali in generale, a prescindere dal tipo di relazione che intercorresse tra i partner: un rapporto orale tra coniugi consenzienti – per intenderci – era un atto fuori legge. E poteva condurre a una pena molto severa.

Proprio in quell'anno, il 1998, sul finire di marzo, un ragazzo di diciassette anni di Ashton Woods, frazione residenziale di Ellicott City, nel Maryland, si presentò alla polizia accompagnato dalla madre. Intendeva denunciare uno stupro. Uno stupro che aveva subito lui stesso, da parte di un uomo di colore. «Mi ha fatto ubriacare, e poi mi ha violentato», furono le sue parole. La vittima conosceva il nome del suo aggressore: Justin Fashanu.

Il calcio negli Stati Uniti non è uno sport popolare, e nessuno immaginava quale straordinario personaggio si celasse dietro quel nome un po' esotico. Ma appena la polizia cominciò a documentarsi, il passato di Fashanu venne fuori. Si trattava di una ex star del calcio, di un atleta così famoso che i tifosi di colore – ai bei tempi – l'avevano soprannominato «Black hero», perché era stato il primo giocatore nero del Regno Unito il cui ingaggio avesse raggiunto il milione di sterline.

Ma il motivo della sua fama era legato prima di tutto a un gesto rivoluzionario: Justin era stato il primo calciatore professionista al mondo ad aver dichiarato di essere omosessuale, spingendo la rivista *The pink panther* a inserirlo nell'elenco degli eroi gay: il suo «Yes, I'm gay», lapidario e micidiale, aveva messo di colpo lo sport più popolare del mondo davanti a una realtà da sempre rimossa e taciuta. L'effetto era stato devastante, specie (ma ovviamente non solo) sulla conservatrice e compassata società britannica, dove un residuo vittoriano, come in certe ostinate soluzioni chimiche, creava ancora l'ambiente ideale perché certi tabù biblici potessero sopravvivere indisturbati, ovvero resuscitare al momento opportuno, come i dinosauri di *Jurassic Park*.

Mamma guyanese e papà nigeriano, Justin era nato il 19 febbraio 1961, a Londra. I genitori divorziarono dopo poco, e – insieme al fratello John, che aveva un anno meno di lui – venne affidato prima a un orfanotrofio e poi dato in adozione a una famiglia della *middle class*. Il suo talento per il calcio si rivelò subito. Aveva stoffa, e aveva un gran fisico. Presto fu segnalato al Norwich City, con cui firmò il primo contratto da professionista. Era stato preso per giocare con la giovanile, ma nella stessa stagione esordì in prima squadra, conquistandosi il posto da titolare a suon di gol.

Tutto nella sua vita sembrava accadere in fretta, e due anni dopo, nel 1980, la sua carriera raggiungeva il culmine: nella partita vinta contro il Liverpool, Justin segnò una rete così spettacolare da aggiudicarsi il premio assegnato dalla Bbc per il miglior gol dell'anno. Fu un'azione rapida e spettacolare.

Justin si allungò sulla fascia destra. Un compagno che si trovava sulla tre quarti riceveva da centro campo e lo serviva immediatamente con un mezzo pallonetto. Justin, spalle alla porta, era appena fuori dell'area di rigore. Controllò di sinistro alzando il pallone, con un guizzo si liberò della marcatura e si voltò. Inquadrò la rete. Nel tempo di un respiro scorse un piccolo varco sulla destra del portiere e prese la mira. Il portiere era piazzato bene, al centro del suo tempio di otto piedi per otto iarde, della cui sacra inviolabilità era il solo e unico custode: allargò le braccia e fletté le gambe, pronto a intercettare qualunque bordata. Justin colpì al volo, ancora di sinistro, la sfera che lui stesso aveva alzato in palleggio l'attimo prima. Un tiro di collo pieno che le impresse un effetto micidiale. La palla sembrò impennarsi, troppo carica di una spinta centrifuga che la gettava fuori bersaglio, ma a un tratto, come ubriacata dalla forza della pedata che aveva ricevuto, cambiò direzione. Aggirò l'ultimo difensore del Liverpool – saltato nel vano tentativo di deviare la palla di testa, o almeno di ridurre lo specchio della porta – e riapparve davanti al portiere. Spiazzato dal movimento del compagno, che involontariamente lo aveva disorientato, il portiere accennò a tuffarsi a sinistra, ma ebbe un'esitazione. Seguì con gli occhi il pallone. Lo seguì con gli occhi della mente, col radar dell'istinto: «Va fuori... va fuori...!». No. La palla, quasi fosse telecomandata, modificò ancora di un nulla la sua rotta e puntò dritta verso l'incrocio dei pali. E all'improvviso il portiere si ritrovò solo. Non c'era più il diaframma della difesa a separarlo dal pallone, da quel tiro impossibile che minacciava la virtù del suo tempio. I suoi compagni erano voltati verso di lui, e così pure gli avversari, il pubblico. Il portiere raccolse tutte le sue forze, risucchiò nelle gambe l'energia di ogni singola fibra muscolare, e la scaricò di colpo spiccando un balzo disperato. Nello sforzo la sua schiena s'inarcò, il braccio destro si tese fino allo spasimo, ma il pallone – sfiorato appena dalle punte delle dita – centrò l'unico spiraglio della porta rimasto sguarnito e, sibilando nell'aria come una freccia mentre il portiere battuto ricadeva pesantemente sull'erba, s'insaccava scatendando il delirio della folla.

I compagni di Justin gli corsero incontro esultando. Lui si lasciò festeggiare, ma restava in silenzio, composto. Solo, con l'indice dritto che oscillava, sembrava idealmente ammonire chi non aveva avuto fiducia in lui. Quella prodezza straordinaria, rafforzata da una media di quasi una rete ogni due partite sotto le insegne dei Canaries, lo aveva definitivamente portato alla ribalta.

L'estate successiva Brian Clough decise che lo voleva con sé, al Nottingham Forest. Lo voleva a tutti i costi, e infatti la società dovette sborsare un milione tondo di sterline per accontentarlo. Eppure, da quel momento, il vento cominciò a cambiare. I rapporti con il tecnico s'incrinarono rapidamente. Fashanu non segnava più. Nessuno riusciva a capire il motivo di questo calo inatteso e improvviso. E la sua vita privata era sempre più chiacchierata.

Benché fidanzato con una bella ragazza, Justin frequentava locali per omosessuali, e gli implacabili giornali scandalistici inglesi cominciavano ad affilare le unghie. A quel punto Brian Clough sbottò. Era un uomo di sport, uno alla vecchia maniera, di quelli con l'aria da sergente dei marines. Definì Justin un «fottuto finocchio» e, nella sua autobiografia, *Walking on water* («Camminando sull'acqua»), riferì un dialogo con il giocatore:

«"Dove vai, se vuoi una pagnotta?", gli chiesi.

"Da un fornaio…", rispose Justin.

"E dove vai, se invece vuoi un cosciotto d'agnello?"

"Da un macellaio…"

"Bene: tu hai una fidanzata, mi spieghi allora perché continui ad andare in quei fottuti locali per froci? Non voglio più sentirla questa storia!"».

La pressione su Justin diventò terribile. I giornali lo perseguitavano in cerca di notizie scandalistiche, di scoop a sfondo sessuale che facessero impennare le tirature, e intanto le frange razziste dei tifosi cominciavano a prenderlo di mira. «Tornatene nella foresta, scimmione!», gli gridavano dagli spalti, in una pioggia di bucce di banana. Justin finì in prestito al Southampton, e il cambiamento d'aria, forse la lontananza da Clough, sulle prime sembrò fargli bene. Migliorava, la sua falcata era di nuovo ampia, elastica. Riprendeva a svettare nelle elevazioni, era più tonico nei contrasti.

Si fece poi avanti il Notts County, rilevandolo dal Nottingham Forest per sole centocinquantamila sterline. In sessantaquattro partite Justin segnò venti reti ma, in quella dell'ultimo giorno di dicembre 1982, subì un infortunio al ginocchio. La cosa sembrò subito piuttosto seria. Justin era disperato. Cominciava ad assaporare la solitudine del campione, e cercò conforto nella fede. Provò ad avvicinarsi alla Chiesa evangelica ma, se Dio accoglie tutti, non necessariamente così è la Chiesa: il tentativo di Justin di trovare qualcuno che lo ascoltasse ebbe il solo risultato di aumentare la sua frustrazione.

Per difendersi le tentò tutte. Provò persino ad annullarsi totalmente, fingendo di instaurare relazioni eterosessuali. Ma questo continuo sforzo per tenere in piedi un'immagine di sé, compatibile con le esigenze dei media e le aspettative dei tifosi, consumò inesorabilmente le sue energie nervose.

Nel 1985 passò al Brighton & Hove Albion, ma il suo prezzo scese ancora: centoquindicimila sterline. E i problemi al ginocchio continuarono. Fash, come lo chiamavano affettuosamente i suoi fan, volò negli Stati Uniti per sottoporsi a un intervento chirurgico e nel 1988 fu di nuovo in campo. Ma, soprattutto, tornò a segnare. Il gol è una liberazione per un attaccante, una redenzione, un'erezione metafisica di tutto il suo Io. Nella vittoria ci può essere un velo di malinconia, ma l'attimo del gol è gioia pura che rigenera, è un sorso di eternità. Le sue batterie cominciarono a ricaricarsi, e si sentì pronto per il gran ritorno in Inghilterra.

Il Manchester City si interessò di lui, ma l'affare non andò in porto. Justin provò col West Ham, ma inutilmente. Seguirono trattative con l'Ipswich Town, con il Leyton Orient... Niente, tutti lo volevano e nessuno lo pigliava, così Justin accettò per disperazione l'unica proposta concreta che ebbe: quella del Southall. Una squadra di dilettanti, che gli offrì il doppio ruolo di allenatore-giocatore.

La carriera di Justin Fashanu era già al tramonto. Come una farfalla, Justin aveva vissuto un solo giorno. Ma, come una farfalla, con un battito d'ali poteva scatenare una tempesta. Aveva la stoffa del campione, e stava per fare il contropiede più clamoroso della sua vita. Il suo gol più spettacolare, quello destinato a far scaturire il boato più grande. Era il 22 ottobre del 1990, quando il quotidiano *The Sun* pubblicò in esclusiva un'intervista con l'ex stella del Manchester City. Il titolo era una bomba: *Yes, I'm gay*. Justin dette un colore epico alla sua dichiarazione. Affermò di essere solo il primo, quello che apre la strada, ma che molti altri lo avrebbero seguito. Accennò – in una avventurosa metafora evangelica – a un gruppo di dodici calciatori professionisti, della cui omosessualità era certo, che erano pronti a fargli eco. Ma l'unica eco che le sue parole raccolsero fu il silenzio. A piovere, a far rumore, erano invece le critiche. «Justin si è venduto al *The Sun*», si disse. «L'ha fatto solo per soldi».

Il contraccolpo della sua dichiarazione fu tremendo. Il fratello John – gran calciatore anche lui, quell'anno in forza al Wimbledon ma sul punto di passare all'Aston Villa – lo rinnegò pubblicamente. Gli amici lo isolarono, la stampa lo mise alla gogna. Il coming out del centravanti di origine nigeriana dominò per giorni la scena. Ma l'ostilità non arrivava solo dal mondo sportivo. La comunità nera britannica prese le distanze, e si spinse anzi ad accusarlo apertamente quale autore di un gesto indegno: «Ci ha coperto tutti di vergogna. Un affronto terribile, un danno d'immagine enorme: è stato davvero patetico, imperdonabile».

Le reazioni omofobiche, dentro e fuori il mondo del pallone, ebbero un effetto psicologico devastante su Justin. E lui fuggì di nuovo, di nuovo in America. Fashanu ormai era uno zingaro, un nomade del pallone. Cambiò club continuamente. Cercò ovunque il posto giusto per lui, ma non lo trovò. Giocava un po' qua, un po' là, poi andava via. Alla fine venne arruolato dagli Hearts of Midlothian, e la sua carriera sembrò addirittura sul punto di riprendersi ancora. Ma c'era un nemico con cui non aveva ancora finito di fare i conti. Un nemico che non era fuori di lui, ma dentro: la sua rabbia. La rabbia che lo tormentava da quando era venuto al mondo, la rabbia che non riusciva più a sfogare sui campi di gioco. Odiava quel mondo che l'aveva respinto, ma forse odiava di più se stesso, perché non era stato capace di farsi amare. Quella misteriosa carica di dolore e di autodistruzione, che alcune anime portano con sé, lo spingeva puntualmente a gestirsi male, ad andare sopra le righe, a far diventare negative anche le opportunità migliori. Era un re Mida al contrario. Tutto ciò che toccava, fosse anche oro puro, diventava un problema, un ostacolo.

Il suo comportamento extrasportivo si fece sempre più spericolato. I giornali scandalistici acquistavano dal suo agente storie su personaggi di spicco della politica che avrebbero intrattenuto relazioni sessuali con lui. Finché, nell'aprile del 1994, l'aver fatto il nome di Stephen Milligan gli fu fatale. Milligan – già giornalista del *The Economist* e della Bbc – era un membro del Parlamento, e il suo cadavere era stato ritrovato poche settimane prima in circostanze decisamente particolari. Apparve subito chiaro infatti che era morto durante una pratica di *breath control*, una pericolosa asfissia autoerotica che consiste nell'indursi il soffocamento al fine di sollecitare alcune terminazioni nervose che renderebbero l'orgasmo più intenso. Le parole di Justin vennero interpretate come il tentativo spregiudicato di cavalcare il clamore di quella morte, e fu scacciato dagli Hearts per comportamento disonorevole.

Chi conosceva Justin personalmente, attribuì la sua smania di apparire al bisogno di un continuo riscatto per le discriminazioni subite. Anche un campione può far parte del «popolo dei non-visti», ed era così che Fashanu si sentiva. Il suo era un bisogno ancestrale di essere accettato come individuo, prima che come atleta. Ma il comportamento stravagante ed episodi come quello della breve relazione con l'attrice Julie Goodyear (bisessuale dichiarata e personaggio chiacchieratissimo), se da un lato lo tenevano aggrappato alle copertine dei tabloid, dall'altro non lo aiutavano certo a rientrare sulla scena del calcio da protagonista.

Dopo altre peregrinazioni in giro per il mondo, arrivò per Justin Fashanu il momento di appendere per sempre le scarpette al chiodo. Si trasferì nel Maryland, dove il presidente di una nuova squadra, il Maryland Mania Club, gli aveva offerto la panchina di allenatore. Non era certo il massimo da un punto di vista professionale, ma Justin sembrava finalmente aver trovato la sola cosa che ormai gli stava a cuore: un po' di pace. Il peggio sembrava passato.

Ma non era così. Anzi. Alle nove e mezzo di sera del 24 marzo 1988, un martedì, su Howard County, tra Baltimora e Washington, calava il silenzio. Faceva ancora freddo da quelle parti, dove a perdita d'occhio si estendevano terreni arati e foreste, inframmezzati da centri commerciali, residence di lusso e campi da golf. Fashanu abitava al numero 8465 di Oakton Lane, ad Ashton Woods, nell'appartamento 2C. Era in corso una festicciola tra amici, e l'atmosfera cominciava a scaldarsi.

Si beveva, si chiacchierava, si fumava marijuana. Gli ospiti di Fashanu erano giovani, per lo più ragazzi tra i sedici e i diciotto anni, e avevano nomi che sembravano rubati ai personaggi di una soap: Mike, Steve, Tiffany, Carol... Nel living c'era un televisore acceso, e ogni tanto i ragazzi buttavano l'occhio sull'incontro di calcio che stava andando in onda. Cominciavano a essere un po' intontiti dall'alcool (così gradevolmente illegale per i minorenni), dal fumo e dalle risate, e Fashanu teneva banco, con il suo carisma naturale, il sorriso che si apriva da un orecchio all'altro, luminoso e convincente, l'accento inglese che, lì nel cuore del Maryland, suonava così dolce. Già, il Maryland, nel cui stemma, sotto lo scudo, campeggiava dal 1632 un motto scritto in italiano antico, che non sembrava lasciar dubbi sul modo di vedere la vita da parte dei padri fondatori di quello stato: «Fatti maschii, parole femine».

Al successo sociale di Fashanu non mancava nessun ingrediente importante: era decisamente un bell'uomo. Era alto oltre sei piedi, vale a dire circa un metro e novanta; e anche se si era un po' appesantito rispetto ai tempi della Premier League non aveva perduto il suo aspetto atletico. Era muscoloso, possente, un tipo vigoroso per natura. Ed era simpatico, allegro, uno di quei tipi che sembrano sempre disponibili e spensierati. I suoi giovani amici americani non sapevano nulla del suo passato. Ignoravano che era stato una stella, anzi una meteora del calcio, arrivando persino a vestire la gloriosa maglia dei bianchi d'Inghilterra, nella categoria under 21. Insomma, non immaginavano neanche quali vertiginose promesse e quali cocenti delusioni avesse ricevuto Justin dalla vita; e poi loro erano animali da college, il loro cuore batteva per il basket, per il baseball, per il football. Così, mentre guardavano distrattamente la partita di calcio alla tv, il loro commento era unanime: «Soccer sucks...» (che schifo il calcio…), e giù un altro sorso di birra e altre risate, mentre la canna passava di mano in mano.

Nel gruppo c'era anche un certo DJ. Aveva diciassette anni e tutto il magnetismo di una gioventù rigogliosa. Era alto, con gli occhi azzurri e il fisico scolpito. Uno di quei belli che sembrano circondati da un confine invisibile e invalicabile. Un'aura magica che li rende affascinanti e impossibili. Persino il suo nome era misterioso: DJ. La «J» stava per *junior*, ma che nome nascondeva quella «D»? David? Danny? Chissà... Si discuteva di pesi, e il ragazzo si vantava dei suoi primati sulla panca, dove con i pettorali sollevava duecento libbre, praticamente il peso di Fashanu.

A un certo punto DJ chiese di fare una telefonata, e Justin gli indicò il telefono in camera da letto. Mentre DJ parlava con sua madre, Justin entrò e si sedette sul letto accanto a lui. DJ non ci fece neanche caso. Era seccatissimo. Sua madre pretendeva che lui tornasse immediatamente a casa e lo stava investendo con una raffica di domande: voleva sapere se aveva bevuto, con chi era, dov'era, che cosa stesse facendo… A quel punto, all'improvviso,

Justin gli mise una mano sulla coscia. Era indubbiamente un approccio. Ma DJ, malgrado fosse già su di giri per la lite con la madre, non perse la sua calma apollinea. Ribatté alla madre che si trovava semplicemente a una festa e che non capiva davvero perché dovesse andarsene così presto. Quindi tagliò corto con la telefonata. Poi si rivolse a Justin: «Sorry, I prefer women», disse semplicemente. Ma quella mano sui jeans, mentre litigava con sua madre, gli aveva procurato un piccolo cortocircuito emotivo: erano due situazioni davvero ardue da conciliare mentalmente... Allora Justin si scusò, la buttò sullo scherzo, e dichiarò che non ci avrebbe più provato.

Il party finì un'ora dopo. Non era ancora mezzanotte, quando i ragazzi cominciarono ad andar via. Era ora di tornare a casa. Justin propose a DJ di rimanere, di bere ancora una birra. Non era poi così tardi, e DJ – dopo avere un po' esitato – acconsentì. Non aveva nessuna voglia di darla vinta a sua madre. E poi Justin, a parte l'episodio un po' sconcertante di poco prima, era l'interlocutore ideale per DJ. Non era certo come sua madre, che lo perseguitava con le sue regole asfissianti e i suoi continui rimproveri. Justin aveva tanta esperienza, sapeva ascoltare, capiva sempre tutto al volo e sapeva sempre rispondere con le parole giuste. Era magnifico parlare con lui. Quasi senza che se ne accorgessero, si fecero le due del mattino. DJ si sentiva stanco davvero, ma ormai era troppo ubriaco per andarsene a casa. Justin lo invitò a rimanere a dormire da lui, e DJ si sistemò sul divano. Che bello passare la notte fuori, violare le regole, sentirsi libero...

Non è facile stabilire che cosa avvenne realmente nelle ore successive. Secondo le dichiarazioni che DJ rilasciò alla polizia, verso le otto del mattino si era svegliato di soprassalto e si era reso conto di trovarsi non sul divano, ma nel letto di Fashanu, con le mutande calate. «He was fellating me...» (Lui me lo stava succhiando...), affermò. Il ragazzo disse di aver cercato di ribellarsi, ma di non essere riuscito a sfuggire a quell'improvvisa aggressione. Dopo aver subito lo stupro, DJ era tornato a casa e, in lacrime, aveva raccontato tutto alla madre inorridita. Poi, spinto da lei, si era fatto coraggio e aveva deciso di denunciare il suo aggressore.

Dall'esame rettale risultarono segni evidenti di penetrazione. Vennero cercati sul corpo di DJ peli pubici del suo aggressore e campioni di materiale organico che sarebbero serviti per l'esame del Dna. Eppure, qualcosa non quadrava. La vicenda, che sulle prime era sembrata chiara come il sole, pian piano cominciava a farsi ambigua. La polizia tendeva a credere alla versione di DJ, tuttavia qualcosa spingeva gli investigatori a tenere ancora il freno tirato. A quel punto però la notizia arrivò alla stampa, e il passato segreto di Fashanu scoppiò all'improvviso, micidiale come una mina antiuomo. Non c'era più tempo per riflettere, per valutare. Il titolone era già pronto, la sentenza pure: *Ex star del calcio stupra un ragazzo.* Ed era uno di quei titoli elastici, che rimbalzano da tutte le parti come le palline di gomma dura con cui giocano i bambini. Vittima: *minorenne, maschio, bianco*. Aggressore: *adulto, maschio, nero*. Una miscela esplosiva.

Fashanu venne interrogato. Appariva tranquillo, collaborativo. Confermò che il ragazzo era stato da lui quella notte, ma sostenne che avevano flirtato e che avevano avuto sì rapporti sessuali, ma senza alcuna violenza. Sembrava del tutto sicuro di sé, al punto da accettare di rilasciare le proprie dichiarazioni senza essere assistito da un avvocato. «Accetta di farsi prelevare un campione di sangue per l'esame della scientifica?», gli chiese il detective. Fashanu acconsentì.

Dalle testimonianze rese dagli altri ragazzi presenti al party, venne fuori che Fashanu aveva spinto DJ a bere alcolici, ma la versione del ragazzo restava traballante: se era tipo da alzare duecento libbre con i pettorali sulla panca, come mai non era riuscito a difendersi? E se aveva già ricevuto un approccio sessuale da parte di Fashanu, perché era rimasto lì a dormire?

Il tribunale ordinò la perquisizione dell'appartamento di Fashanu. Erano passati pochi giorni dalla denuncia di DJ, e arrivò una sorpresa che forse era la nuova svolta delle indagini: dopo aver ostentato assoluto autocontrollo e sicurezza, Fashanu era fuggito. Se qualcuno gli aveva creduto, ora più nessuno era disposto a farlo. Fuggendo, si era accusato da solo. Nell'appartamento non c'era più alcuna traccia né di lui né delle sue cose. Nulla. Era come svanito.

La stampa intanto, spolpato l'osso Fashanu, si avventava su DJ. E lui, da ragazzo tranquillo che era, cominciava a farsi irascibile. Abboccava alle provocazioni, reagiva in maniera scomposta, ringhiava digrignando i denti. Sembrava sull'orlo di una crisi di nervi. Invece per Fashanu era iniziata la latitanza. Era riuscito a tornare in Inghilterra ma, come in molti altri campi, anche in quello dell'omofobia il suo paese vantava grandi tradizioni. Molti i personaggi illustri processati e condannati per omosessualità. Oscar Wilde è l'esempio probabilmente più noto, ma ce ne sono parecchi: per esempio Alan Turing, il matematico geniale che, nella sfida tra cervelloni umani ed elettrici, violò durante la Seconda guerra mondiale i codici segreti nazisti scritti con la macchina Enigma. In Inghilterra, in fondo, il «delitto di sodomia» era stato abolito solo nel 1967 e ad attendere Justin in patria non c'era la solidarietà che sperava. Tutti sapevano della sua vicenda e, anche se non c'era stata ancora l'incriminazione formale, il verdetto popolare era stato già emesso.

Justin non aveva più amici, la famiglia lo aveva messo al bando. Il marchio di Caino gli segnava la fronte. Cambiò nome, usando quello di sua madre da nubile, e si diede alla macchia come un animale braccato. Sosteneva di essere vittima di una macchinazione e di un ricatto, ma nessuno era disposto ad ascoltarlo, nemmeno il suo ex agente, sul quale in passato aveva sempre potuto contare. Il 2 maggio si recò al Chariots Roman, una sauna gay nel quartiere londinese di Shoreditch, nei pressi di Liverpool Street. Alcuni frequentatori sostennero di averlo visto «di buon umore, per nulla depresso dalla situazione che stava vivendo».

Ma quella sera stessa, in uno dei tipici, vertiginosi sbalzi di umore che attraversava, Justin telefonò al fratello John che, appena sentì la sua voce, gli attaccò il telefono in faccia.

Quell'affronto scatenò in Justin una crisi depressiva senza precedenti. «Desidero dichiarare che non ho mai e poi mai stuprato quel giovane. Io e DJ abbiamo avuto un rapporto basato sul consenso reciproco, ma la mattina seguente lui mi ha chiesto dei soldi. Quando io gli ho risposto "no", lui mi ha detto: "Aspetta allora, e vedrai"», scrisse Justin nel suo memoriale.

La mattina del 3 maggio 1998 il corpo senza vita di Justin Fashanu venne ritrovato in un garage di Shoreditch, il nome di un quartiere di Londra che secondo alcuni deriva dal fatto che un'amante di Eduardo IV, Jane Shore, vi morì in un fosso, ma che più verosimilmente proviene da «sewer ditch», cioè fogna. Oggi Shoreditch è un quartiere alla moda dell'East London, ma in passato era sobborgo esterno alla città, dove c'era il canale di scolo di un acquitrinio. E quel nome, «la fogna», assumeva un tragico significato simbolico, alla luce del gesto estremo di Justin. L'ex speranza del football d'oltremanica, il sorridente campione incompiuto, si era impiccato con un filo elettrico dopo aver scrupolosamente preparato tutto la sera prima, quando aveva forzato l'ingresso del garage. In tasca aveva un biglietto nel quale ostinatamente, disperatamente, continuava fino all'ultimo a respingere le accuse che gli erano state rivolte: «Non voglio dare altri motivi di imbarazzo ai miei amici e alla mia famiglia. Spero solo che almeno Gesù mi accolga, e che anch'io possa infine trovare pace».

Justin Fashanu, una delle più grandi promesse non mantenute della storia del calcio, aveva fatto notizia ancora una volta. L'ultima. «Lo abbiamo abbandonato tutti», disse John, suo fratello: «Credo che nessuno di noi, in famiglia, avesse accettato il fatto che fosse gay. Ma se dico "noi", forse è solo perché non ho la forza di dire "io"». Un giornale inglese realizzò un'inchiesta, appurando che su Fashanu non pendeva più da tempo alcun mandato di cattura, e che la polizia del Maryland aveva lasciato cadere le accuse per mancanza di prove. Gli esami tossicologici indispensabili per verificare o confutare l'accusa di avere narcotizzato il giovane, forse per una semplice negligenza, non erano stati nemmeno eseguiti.

Troppo tardi. Per i fan di un tempo, il Black Hero, Fash, il ragazzo pieno di talento che correva in mezzo al campo con la stessa maestosa falcata con cui i suoi antenati avevano solcato la savana africana, non avrebbe mai più calcato l'erba di uno stadio. Aveva girovagato come uno zingaro, ma il suo posto nel mondo, Justin, non l'aveva mai trovato. E allora se n'era andato via.

Seduzione e bellezza nel mondo antico

La nostra meta non è trasformarci l'un l'altro, ma conoscerci, imparando a vedere e a rispettare nell'altro ciò che egli è: il nostro opposto e il nostro completamento.

HERMANN HESSE

KALÒS KAI AGATHÒS

Di pari passo, col mito

«Bello e buono»: queste sono le due qualità che nell'antica Grecia l'atleta, considerato alla stregua di una divinità, deve incarnare. Così lo definisce Luciano, ancora nel II secolo d.C.: «Se tu ammirassi, seduto tra gli spettatori, le prodezze di quegli uomini, la bellezza dei loro corpi, la robustezza mirabile, le prove straordinarie, la forza imbattibile, il coraggio, l'emulazione, lo spirito indomabile, l'impegno inesauribile che essi profondono per raggiungere la vittoria, non cesseresti di lodare, di acclamare, di applaudire».

Bellezza e integrità morale sono qualità essenziali nel mondo sportivo dei padri delle olimpiadi. Ai campioni è concesso il supremo onore di una statua che li renda immortali. Una statua che loro portano a Olimpia, presso il santuario di Zeus. Vincere vuole anche dire ricevere in dono le panatenaiche, grandi anfore destinate a contenere l'olio degli ulivi sacri ad Atena, dea in onore della quale si svolgono ogni quattro anni i giochi. Il tutto in un clima di strettissimo connubio col mito, che vuole Eracle, il simbolo della forza virile per eccellenza, essere l'inventore delle olimpiadi.

Ma con l'aspirazione all'ideale – in un'armonia oggi sconosciuta – convive la prassi della vita quotidiana degli atleti. Allenamenti, naturalmente, per migliorare nelle varie discipline: la corsa, il salto in lungo, il giavellotto, il lancio del disco, il pentathlon, le gare ippiche, il pugilato, il pancrazio... E poi gli oggetti con cui prendere confidenza: come il disco da lancio e i pesi, che vengono utilizzati per potenziare i muscoli, oppure gli strigili, strumenti metallici dalle punte ricurve che servono per raschiare l'olio dal corpo.

Nel *gymnasium* nasce il moderno concetto di «spogliatoio». E nasce tra i vapori delle terme, tra i massaggi, nel rapporto profondo e ambiguo che lega l'adolescente all'uomo adulto, l'allievo all'allenatore: è la «pederastia», scuola di vita vista come un passaggio essenziale nell'evoluzione e nell'educazione sentimentale di un fanciullo. La parola deriva dall'unione di *pais* («il ragazzo») con *erastes* («l'amante»). Uomini e ragazzi che trascorrono insieme molto tempo affinché l'esperienza dei più anziani possa trasferirsi nei più giovani, nel campo dell'arte della guerra, degli sport e della filosofia. La palestra è il luogo di tutto questo, il luogo della «pederastia», che non ha dunque nulla a che vedere con l'accezione attuale della stessa parola.

Il corpo collegato alla mente

La nudità è una condizione normale per chi pratica sport nel mondo antico, il presupposto stesso di quel culto della bellezza e dell'eros. «Nelle città dove si pratica maggiormente la ginnastica, fiorisce l'amore», scrive Platone. «Ginnastica», parola che viene dal greco *gymnos*, significa «nudo». Anche l'abitudine di ungere il corpo con olii ha tra i suoi scopi quello di esaltare la bellezza del corpo. L'acquisto dell'olio era anzi una delle voci più significative nel bilancio di una palestra. L'olio aiuta il lottatore a sfuggire a una presa, ma ha il merito – non secondario nella visione greca dello sport – di porre in evidenza ogni minimo dettaglio della muscolatura. L'olio crea un gioco di riflessi che esalta le forme, e tutt'ora i culturisti ne fanno uso, per valorizzare ulteriormente le ipertrofie esibite nelle competizioni.

Con ogni probabilità, il culturismo sarebbe parso ai Greci un'attività demenziale: il corpo si disgiunge dalla mente, e questo viola un principio sacro. La loro filosofia – che nella visione sempre pragmatica dei Romani sarà brillantemente sintetizzata in uno tra gli adagi più famosi al mondo, «mens sana in corpore sano» – è basata sul principio opposto: il fine dello sport è porre in armonia il corpo e la mente, anzi dimostrare la continuità assoluta che vi è tra la parte materiale del nostro essere e lo spirito che la abita. Affermare attraverso la bellezza del gesto atletico che, in fondo, mente e corpo sono la stessa cosa.

Il rapporto fra un allenatore e i suoi atleti si spinge a un livello di confidenza estremo e ha spesso una dimensione erotica, il cui grado di intensità è tuttavia variabile. Cicerone, descrivendo le abitudini degli Spartani, sostiene che è difficile individuare il limite di questi rapporti, e d'altro canto, nel dialetto ateniese, l'espressione «farlo alla spartana» indica la sodomia. Alcune incisioni raffigurano un uomo maturo mentre con una mano sfiora il mento di un giovanetto e con l'altra i suoi genitali. Accettare o respingere queste attenzioni è una scelta libera e individuale. Quasi sempre il rapporto si sublima, rifuggendo dalla penetrazione. In alcune pitture su vasi appare il tema dell'adulto con il pene fra le cosce del giovane, mentre i due si abbracciano sfiorandosi con la fronte. Raramente appare il sesso anale e le fonti letterarie suggeriscono che sia diventato più comune in epoca tarda.

LA PERFEZIONE HA UN SESSO?

Sensualità in fiore

In questa visione di prestanza sportiva e culto della bellezza, le radici del tema dell'omosessualità affondano tuttavia in un passato remoto, nel quale la memoria umana sfuma nel mito.

Sarebbe Giacinto (la radice *giaik* significa in greco «rosso cupo»), figlio di Amicla e Diomeda (o, secondo altri, di Pierio e di Clio), a essere amato da Febo Apollo e a ispirare la statua a soggetto sportivo più famosa della storia: Il *Discobolo* di Mirone, il simbolo stesso di quella perfezione così disperatamente inseguita e sognata. Nel libro X delle *Metamorfosi*, Ovidio descrive l'episodio della gara tra il dio e il giovane Giacinto, e le sue tragiche conseguenze. Leggiamolo nella traduzione di Giovanni Cipriani:

Febo e Giacinto si spogliano e, tutti luccicanti d'olio,
danno inizio a una gara di lancio col disco.
Per primo Febo, dopo averlo soppesato, lo scaglia nell'aria
e quello, irrompendo nel cielo, squarcia le nubi che incontra.
Solo dopo lungo tempo ricade per il peso sulla crosta
della terra, mostrando quanto può la perizia unita alla forza.

Sùbito, spinto dal gusto del gioco, senza ragionare,
il fanciullo del Tènaro corre a raccoglierlo; ma la durezza
del suolo all'urto fa rimbalzare il disco proprio contro il tuo volto,
Giacinto. Impallidì il ragazzo e accanto a lui il nume,
che sorregge il corpo afflosciato e cerca in qualche modo,
tamponando la brutta ferita, di farti rinvenire,
di trattenere la vita che fugge con impiastri d'erbe.
Ma non c'è arte che giovi, non c'è rimedio per quella ferita...
«Frodato del fiore di giovinezza, tu, Ebàlide, ti spegni,»
dice Febo, «ed io vedo questa tua ferita che mi accusa.
Specchio del mio dolore, questo sei! Colpevole della tua morte
è questa mano mia, a ucciderti io sono stato!
Ma è una colpa la mia? Sempre che si possa chiamare colpa
l'aver giocato, o chiamare colpa l'averti amato.
Oh, se potessi almeno pagare con la vita e con te
morire! Ma poiché la legge del destino me lo vieta,
sempre nel cuore t'avrò e sempre sulle mie labbra sarai.
Ti celebreranno i miei canti al suono della lira
e in te, rinato fiore, porterai scolpiti i miei lamenti.

Apollo cerca di salvare il giovane adoperando ogni arte medica, ma tutto è vano. Decide allora di mutare l'amato in un fiore dall'intenso colore, purpureo come il giovane sangue che è stato versato.

La cultura sportiva rende con immediatezza straordinaria il sentire di un'epoca. Lo sport si riflette nella società di cui è espressione. Ma la società, malgrado si vada affermando sempre più la tendenza alla manipolazione dei valori sportivi, cerca a sua volta nello sport la conferma dei propri modelli e l'esorcizzazione delle proprie paure.

Ma sport vuol dire prima di tutto campioni, e infatti anche quella del campione è una figura antica, una delle poche che nel tempo siano riuscite a rimanere aggrappate all'idea primigenia del divino. Un campione, in un certo senso, è ancora oggi un piccolo dio. La sua perfezione è fatta di bellezza: una bellezza che deve essere seduttiva e accessibile a tutti, alle donne come agli uomini. E dunque si pone un interrogativo: la perfezione può avere un sesso?

I Greci risolvono tutto ammantando la potenza virile con un velo leggero di soavità femminile. Il «macho greco», se così lo si può definire, è maschio bello e di gentile aspetto. Esattamente come appare nel *Discobolo* di Mirone, realizzato intorno al 455 a.C., e considerato unanimemente l'immagine per antonomasia della sublime armonia del corpo. Tutto nel *Discobolo* è in un equilibrio perfetto. Le linee essenziali della scultura formano un arco da cui scocca una freccia: un insieme di triangoli, curve e tratti coglie l'attimo del movimento e, insieme, la fissità dell'eterno. Mirone rappresenta il corpo dell'atleta nel momento della massima tensione, ma sul volto del discobolo non c'è traccia di sforzo. La sua espressione rivela piuttosto concentrazione, quasi una sorta di composto rapimento interiore. La torsione del corpo, in una composizione «a ruota», è piena di vigore, eppure il gesto appare delicato, lieve, onirico. L'opera è racchiusa in uno schema preciso, formato da quattro triangoli sovrapposti. Il primo tra la base e i polpacci; il secondo tra la coscia destra e il polpaccio sinistro, con il vertice formato dalla piega interna del ginocchio; il terzo nello spazio creato tra la coscia destra, il braccio sinistro poggiato sul ginocchio e dal torso; l'ultimo triangolo è definito dalle linee del costato e del braccio sinistro che regge il disco, con vertice il capo. La torsione del busto mostra il petto dell'atleta all'osservatore, mentre il braccio destro sollevato all'indietro, con le spalle e il braccio sinistro forma quell'arco teso che sottolinea la tensione di tutta la figura. Forza e delicatezza, potenza e leggerezza, si fondono senza attriti, in un'armonia ineguagliabile. L'umano e il divino, la potenza e l'azione, il maschile e il femminile convivono.

Atene-Roma, solo andata

La statua del *Discobolo* era in bronzo, ma l'originale è andato perduto. L'opera pervenuta a noi è una copia romana (detta «Lancellotti»). Ma a Roma, che conquista, assorbe e in qualche modo riduce in pillole la cultura greca (un po' come l'America ha fatto con quella europea), le cose vanno diversamente. L'ideale ambiguo e onirico della bellezza ha ormai perduto, almeno in parte, la propria magia. La parola «omosessuale» comincia a diventare anche un insulto, ma non è ancora legata all'idea di una vera e propria discriminazione.

Esattamente come oggi, l'omosessualità è assolutamente trasversale rispetto alla società, è un'inclinazione che tende a manifestarsi con frequenza nell'uomo di potere. Lo stesso Giulio Cesare, il condottiero per eccellenza, è notoriamente bisessuale. Tutti a Roma sono a conoscenza del debole che provava per Nicomede IV, re di Bitinia, alla cui corte era stato giovane ambasciatore di Roma. Una passione che scatena l'ironia dei suoi oppositori politici, uno dei quali un giorno, pubblicamente, lo saluta appellandolo «regina di Roma». Cicerone, archetipo dell'uomo politico dalla battuta mordace, precursore di quello stile che ispirerà tanti personaggi della scena internazionale fra le due guerre mondiali – e primo fra tutti Winston Churchill – si spinge ancora oltre: poiché Cesare è intento a elencare dinanzi al Senato i benefici ricevuti da Nicomede, lo interrompe con voce tonante: «Lascia perdere, Cesare, ti prego: sappiamo bene che cosa lui ti ha dato, e cosa tu hai dato a lui».

NARCISO CONTRO OLIMPIA

Nasce lo «Spirito dello Sport»

Parlare di perfezione vuol dire inevitabilmente riandare col pensiero a un mito che ha attraversato meravigliosamente immacolato la Storia. Un mito dalle radici remote, ma attuale più che mai: il mito di Narciso, simbolo misterioso della solitudine della bellezza perfetta. Quella bellezza che il mondo greco ha cercato incessantemente, e ha trovato, forse, non in una singola espressione ma in quel concetto corale di gara, bellezza e spiritualità che è alla radice di una delle loro più straordinarie invenzioni: le olimpiadi.

Nelle olimpiadi, quasi di nascosto, all'ombra della gigantesca statua d'oro di Giove, viene celebrata la bellezza dell'umanità stessa, non dei singoli individui. Il concetto è così spontaneo da apparire inconsapevole. Non è un'invenzione, ma la foce impetuosa di un fiume di pensieri e di sentimenti. Le olimpiadi sono sacre, al punto che qualunque ostilità, qualunque guerra cessa, affinché possano essere celebrate. Sono un rito. Non ci sono sponsor, né esclusioni politiche, né incombe l'attentato terroristico a fare strage di schiere di turisti con in testa un cappello con visiera e in mano il bicchiere di carta con le insegne della Coca-Cola. Le gare sono talvolta spietate, come avviene nel pancrazio, ma questo non intacca la loro purezza morale. Anzi, le rafforza. Non ci sono giri di parole nel rappresentare ogni sfumatura dell'animo umano. La crudeltà ha lo stesso titolo della generosità, la forza ha il medesimo peso della grazia e della poesia.

È questo il miracolo: le olimpiadi celebrano la verità. E si permettono di farlo fondendola con la bellezza. Gli atleti, nel loro insieme, danno vita al grande spettacolo dell'umano. E il pubblico fatto esclusivamente di «soli uomini» (un *imprinting* pesantissimo, che solo oggi le donne cominciano a superare realmente) partecipa in maniera viscerale. I campioni vengono idolatrati, sfiorano la divinizzazione, ma è lo spirito della manifestazione a trionfare realmente. Uno spirito capace di riunire in sé il senso della guerra e dell'amore, e che ancora oggi – più o meno inconsapevolmente – sopravvive: lo «Spirito dello Sport».

La solitudine della bellezza

La poesia vive di intimità, ed è nei versi dei poeti che abita Narciso. Alla grandiosità corale delle olimpiadi si contrappone la singolarità dell'individuo: la sua lotta si consuma nella solitudine, è una lotta fatale con se stesso che pone il mondo intero sullo sfondo. La versione ellenica del mito è una sorta di racconto morale in cui il superbo e insensibile Narciso viene punito dagli dèi per aver respinto tutti i suoi pretendenti di sesso maschile. Il racconto è insomma pensato come una storia di ammonimento rivolto ai giovani.

In una versione scoperta nel 2004 tra i cosiddetti «Papiri di Ossirinco», che precede la versione di Ovidio di almeno cinquant'anni, Narciso ha molti innamorati che costantemente respinge, fino a sfinirli. Solo un giovane ragazzo, Aminia, non si dà per vinto, tanto che Narciso gli dona sprezzante una spada perché si uccida. Aminia, obbedendo al volere di Narciso, si trafigge davanti alla sua casa, avendo prima invocato il dio per ottenere una giusta vendetta. Una vendetta che si compie quando Narciso, contemplando in una fonte la sua bellezza, resta incantato dalla sua immagine riflessa, innamorandosi perdutamente di se stesso. Pentitosi, Narciso prende la spada che ha donato ad Aminia e si uccide a sua volta. Dalla terra sulla quale viene versato il suo sangue spunta un fiore sconosciuto, che prende il suo nome.

Nella versione di Ovidio, è invece la ninfa montana Eco a innamorarsi di Narciso, figlio di Cefiso, una divinità fluviale, e della ninfa Liriope. Cefiso circonda Liriope con i suoi corsi d'acqua e, avendola così intrappolata, la seduce e la possiede, facendole dare alla luce un bambino di eccezionale bellezza. Liriope consulta il profeta Tiresia, il quale le predice che Narciso avrebbe raggiunto la vecchiaia soltanto «se non avesse mai conosciuto se stesso». A sedici anni Narciso è talmente bello che ogni abitante della città, uomo o donna, giovane o vecchio, si innamora di lui. Ma invano. Un giorno, mentre il giovane è a caccia di cervi, la ninfa Eco lo segue di nascosto. Vorrebbe parlargli, ma non può farlo per prima, perché è costretta a ripetere sempre le ultime parole di ciò che le viene detto; è questa la punizione di Giunone perché Eco, con la sua loquacità di un tempo, l'ha distratta con interminabili racconti dando modo alle altre ninfe, amanti di Giove, di nascondersi. Quando Narciso si accorge di essere seguito, volge lo sguardo intorno scrutando la selva e grida: «Chi è là?». «Chi è là...», risponde Eco. Infine la ninfa si mostra, e cerca di abbracciarlo. Narciso, però, la scaccia ordinandole di lasciarlo solo. Eco, affranta, si ritira in solitudine, gemendo per le valli il suo amore infranto, e consumandosi nel dolore fino al punto che di lei non rimane altro che la voce. Nemesi, ascoltando i suoi disperati lamenti, decide di punire quel fanciullo tanto avvenente quanto crudele. Fa sì che, mentre è nel bosco, Narciso s'imbatta in una piccola pozza d'acqua cristallina, sulla cui riva si china per bere. Per la prima volta nella vita, riflessa sulla superfice di quello specchio, Narciso vede la sua immagine ma, credendo sia quella d'un bellissimo ragazzo che lo sta a sua volta fissando, se ne innamora. Quando comprende che quell'immagine riflessa è lui stesso, e che non otterrà mai quell'amore, si lascia morire, struggendosi di dolore. La profezia di Tiresia si compie: quando le Naiadi e le Driadi vogliono prendere il suo corpo per collocarlo sul rogo funebre, al suo posto non trovano altro che un fiore: il narciso.

Giochi di specchi per atleti

Spirituale o materiale, il culto della perfezione sopravvive ancora oggi. Sopravvive nella ricerca della prestazione insuperabile, così come dell'insuperabile bellezza. Anche l'atleta odierno, infatti, ostenta la perfezione del proprio corpo. Non un poema, ma magari un calendario o uno spot pubblicitario, ci raccontano il ventre a tartaruga o il lombo prestante di un rugbista o ci mostrano il seno indifferente alla gravità e il lungo quadricipite della coscia perfetta di una nuotatrice, levigata da infinite vasche.

Ma la ricerca della perfezione è da sempre un cammino di solitudine, e forse nella società mediatica lo è ancora di più. L'idolo vive imprigionato tra le pareti invisibili della sua stessa popolarità. L'immagine che i media costruiscono di lui, è quella in cui è costretto a specchiarsi quando ha sete. Tuttavia, quello della solitudine è uno specchio pericoloso per tutti. Anche il centravanti per passione, quello della solita squadretta di periferia, cerca la sua perfezione. E anche lui, forse lui soprattutto, può essere un fiore. Un fiore senza nome, ma che porta nel suo profumo la stessa storia antica.

WALES
European Cup 2010

2009
Fare coming out con i fratelli di rugby
GARETH THOMAS

Il pacchetto di mischia è la mia famiglia.

MAURO BERGAMASCO

In Galles il rugby è una religione sul serio. E quando «un dio» fa coming out, cioè un bel giorno prende e dice «sono gay», ci si potrebbe aspettare che si scateni l'inferno. Quel 19 dicembre 2009 a parlare fu Gareth Thomas, classe 1974, pilastro dei Cardiff Blues, dei Lions e della Nazionale gallese, della quale era (si è ritirato nel 2011) il giocatore che vantava il maggior numero di *caps*: oltre cento partite. Un metro e novantadue centimetri per cento chili, «Alfie» era un giocatore potente, veloce, dallo scatto bruciante e dalla penetrazione irresistibile. Ma anche uno che usava la testa, oltre naturalmente quel misterioso istinto della meta che solo pochi posseggono. Uno versatile, che poteva ricoprire il ruolo di ala, di centro, di tre quarti o di estremo: e uno che segnava. Nel calcio verrebbe chiamato un bomber: le mete realizzate in incontri internazionali furono più di quaranta, ciò che lo colloca tra i primi dieci migliori realizzatori di tutti i tempi. Insomma, uno che il rugby ce l'aveva nel sangue, nelle ossa, nell'anima.

Già, il rugby. Uno sport strano, elementare e insieme pieno di sottigliezze. Rude e tuttavia estremamente raffinato. Tanto per cominciare, una squadra di rugby raccoglie la più varia umanità che si possa immaginare. Nel basket sono tutti alti, come nella pallavolo.

Nel calcio l'altezza varia, ma il rapporto col peso, entro certi limiti, resta il medesimo. Nella pallanuoto tendono tutti al colossale, un po' come nel football americano e nell'hockey. Nel rugby, no. In una squadra di rugby a quindici giocatori c'è quello di due metri e dieci e quello sotto il metro e settanta, e c'è anche quello che non capisci quale sia il numero che esprime i chili e quale i centimetri.

C'è lo scattista, così tecnico che quando lancia lo sprint irrigidisce le mani con le dita tese, come i velocisti veri. C'è quello potente che, quando abbassa la testa e parte, gli devi solo sparare un siringone di sonnifero come si fa con gli elefanti, per abbatterlo. C'è il pilone col collo che gli sporge all'esterno delle orecchie e che, dopo una vita sul campo passata a spingere, un giorno finalmente gli fai vedere il pallone e gli dici «ecco, è per quest'uovo pieno d'aria che hai combattutto tutta la vita...», perché lui magari manco l'aveva capito. Ma c'è anche il mediano d'apertura, con le sue lunghe leve, la falcata elastica, che in mezzo secondo – braccato da avversari affamati di placcaggi – deve sapersi inventare qualcosa per risolvere la situazione.

In una squadra di rugby c'è posto per tutti. O quasi, perché Gareth Thomas, inchiodato, asfissiato dalla solitudine del campione, già da un pezzo cominciava a pensare che forse un posto per lui non c'era. Per lui, e «per quelli come lui». Un principio fondamentale del rugby è che il gioco non deve fermarsi mai. La palla non deve mai morire. Il gioco deve ardere nel campo come il fuoco sacro in un tempio. Le squadre pulsano, devono pulsare come organismi viventi, in un continuo contrarsi e distendersi. Nelle fasi di gioco «chiuso», avviene una lotta segreta, quasi sotterranea ma, quando questo lavoro da minatori è finito, il pallone riappare, prezioso come il metallo più raro strappato alle viscere della Terra, improvviso come un raggio di sole che squarcia le nubi. Allora di nuovo il gioco «si apre», e si va all'attacco, con la linea dei tre quarti che si lancia alla carica contro i bastioni della difesa avversaria, mentre il pallone vola a largo di mano in mano, più veloce del pensiero.

Quante volte Gareth aveva vissuto quegli istanti irreali, quel sogno che ti abbaglia mentre corri sul campo, quando l'urlo dello stadio esplode ed è come una raffica di vento che ti gonfia le vele dell'anima. I volti contratti degli avversari, il sibilo del respiro con i polmoni gonfi allo spasimo, i muscoli che ti fanno male perché stai spremendo da ogni cellula l'ultima goccia d'energia. Tutto per avere quel centimetro in più, quel secondo in meno, per schivare con un ultimo cambio di passo la mano che si tende a placcarti, ad afferrare almeno un lembo della tua maglia, quella maglia che addosso è più tua della pelle. Tutto per potersi infine tuffare in quel sogno che sta oltre la linea dei pali, nell'area di meta, quel limbo fatato che sta al di là e insieme al di qua delle «rive del campo».

Eppure per molto tempo, per anni, ogni volta che era sceso in campo Gareth aveva lasciato ben chiusa nell'armadietto degli spogliatoi una parte di sé. Finché, un giorno, aveva deciso di dire basta a quella finzione: «Sono un giocatore di rugby – annunciò con fierezza – e sono omosessuale. Non credo che ce l'avrei mai fatta a dirlo, se non fossi riuscito prima a guadagnarmi sul campo la stima dei compagni, degli avversari, della gente». Una frase per certi versi agghiacciante: «Alfie» aveva avuto bisogno di «conquistarlo» il diritto a essere se stesso. Un diritto – evidentemente – che non tutti possono acquisire semplicemente venendo al mondo. Aveva avuto bisogno di sentirsi le spalle coperte, di scavarsi una trincea di gloria per prepararsi a sostenere il bombardamento che quella sua rivelazione avrebbe potuto scatenare.

Il rugby è uno di quegli sport che la gente considera da duri, e Gareth Thomas ne era sicuramente una delle incarnazioni più emblematiche. Come si dice nell'ambiente rugbistico, prendendo spunto da una celebre frase riferita a un'altra leggenda della palla ovale, Jean Pierre Rive, terza linea della Nazionale francese, era uno «che mette la testa, dove altri non avrebbero il coraggio di mettere un piede». Ma il rugby è anche uno degli sport rimasti più legati a una sensibilità antica, quasi primitiva (del resto, è tenere la palla con le mani a essere istintivo, non certo giocarla con i piedi), dove si perpetuano riti che hanno viaggiato nel tempo conservando intatto il loro sapore tribale. Riti che mirano a imprimere e fortificare il senso di appartenenza alla squadra, che esaltano il legame di sangue tra i giocatori.

Un rito ha bisogno di un tempio, e in tutti gli sport di squadra ce n'è uno che è ancora più importante di quello rappresentato dal terreno di gioco: lo spogliatoio. Tanto più il gioco è rude, tanto più quel luogo è sacro e inviolabile per i non iniziati. Le telecamere del network Sky, che ormai per contratto possono varcare le soglie degli spogliatoi, permettendo al pubblico di spiare i giocatori prima della partita, compiono in verità un sacrilegio. Perché è lì, nello spogliatoio, che nasce lo spirito di squadra, è lì che vive veramente e che arde come un fuoco votivo: in quel luogo appartato, spesso sotterraneo, dove si trascorrono gli istanti sospesi prima della battaglia, dove si compie la muta segreta che trasforma i comuni mortali in atleti. Il luogo dal clima temperato dove si sta nudi, tra i vapori dell'acqua calda delle docce che sembrano quelli del *calidarium* delle antiche terme romane. Un mondo, lo spogliatoio, dove la distinzione sessuale è da sempre rigorosa, rigida: da una parte stanno i maschi, dall'altra le femmine. Eppure dove l'ambiguità (nel senso letterale della «bivalenza») regna sovrana.

Certo anche Gareth avrà conosciuto le pratiche, tra il goliardico e il sacerdotale, che avvengono in una squadra, dietro le quinte della partita. Nello spogliatoio, appunto. Le avrà subìte, quando calcava i primi passi da allievo; e le avrà poi celebrate, una volta divenuto decano e druido di quei riti. Pratiche di vera e propria iniziazione, dai nomi evocativi.

La prima volta che un giocatore partecipa a una trasferta, c'è quella principale: appartieni alla squadra, sei della squadra. È il «battesimo». Da qualche parte lo chiamavano «salasso». E la parola rende l'idea, perché il salasso può avere una sua brutalità. Può consistere per esempio nello schiaffeggiamento, da parte di tutti gli anziani, del giovane culo della matricola che, colpo dopo colpo, si arrossa e qualche volta si piaga. O può consistere nell'«impiccagione», in cui il pene e i testicoli vengono legati insieme in un piccolo cappio fatto con il laccio di una scarpetta, cui i veterani danno a turno un piccolo strappo. Quel dolore, quell'atto di sottomissione, che si mescola con risate a volte un po' sataniche, serve a temprare il legame tra il nuovo arrivato e lo spirito eterno della squadra. La sessualizzazione della pantomima è sempre molto forte, sul solco antico di quel rapporto ambiguo e sensuale che legava nell'antichità l'uomo maturo al ragazzo, il maestro al principiante, l'allenatore all'allievo.

Anche l'abitudine alla nudità, la comunione nella doccia, la confidenza fisica spinta agli estremi – una confidenza che nel rugby fa parte del gioco stesso – corrobora quello spirito di fratellanza. Nella mischia chiusa i giocatori si «legano» tra loro. I piloni cingono la vita del tallonatore, che a sua volta cinge loro le spalle. Le due seconde linee infilano la testa tra i fianchi dei compagni della prima, passando il braccio in mezzo alle gambe dei piloni per afferrarne saldamente il pantaloncino. Le terze linee poggiano a loro volta sulle seconde, spingendo con le spalle contro i glutei dei compagni: è così, per embricazione, che un pacchetto di mischia diventa un organismo vivente, una cosa sola. Frutto di quella compattezza, e della spinta, sarà magari un avanzamento clamoroso, la conquista di metri preziosi e forse addirittura la realizzazione di una meta. Una meta «di spinta», ottenuta alla fine di una pura prova di forza: qualcosa che scatena un'adrenalina incomparabile. Una lotta vinta sul piano puramente fisico. Niente strategie, niente fortuna: due pacchetti di mischia che si affrontano sotto la pioggia, nella nebbia o sotto il sole, come bufali che combattono a cornate per il predominio sul branco. Roba primitiva insomma, roba di quando la Terra era giovane, e la natura scoppiava di energia.

Nel rugby – quando si va a marcare – l'esultanza è per tradizione più contenuta rispetto a uno sport, come il calcio, dove il gol si festeggia come un evento miracoloso, come il realizzarsi di qualcosa che per natura è imprevedibile, anche perché in effetti nel gol la fortuna conta molto più che nella meta. Ma, quando si segna, i giocatori sono sempre felici, e allora si baciano, si abbracciano. La pacca sul culo è la norma. E nell'entusiasmo generale il bacio, che i guerrieri si scambiano dopo aver segnato, cade dove cade. Su una guancia, sulla fronte, tra i capelli.

Non di rado l'autore della segnatura finisce a terra travolto dai festeggiamenti dei compagni, e per qualche istante si scatena un'ammucchiata di felicità. Anche qui si verifica la stessa cosa: essere tutt'uno con i propri compagni, che è il senso primo di ogni compagine. La meta è della squadra. Appartiene a tutti, e tutti appartengono alla squadra. Più è importante l'incontro, più gli atleti sentono questo bisogno di stare vicini. A volte, quando in campo c'è la Nazionale, si tengono per mano.

«Non voglio essere etichettato come un giocatore omosessuale», disse Gareth nell'intervista rilasciata al *Daily Mail*: «Io sono una persona». Tre anni prima, durante il periodo in cui si era trasferito a giocare in Francia, nel Tolosa, si era separato dalla moglie Jemma. Erano stati sposati per quattro anni, poi la crisi: «Il rugby è uno sport duro, forse il più macho tra quelli maschili, e questo determina una certa immagine dei giocatori. È un gioco brutale, per certi versi. E questo in fondo mi ha aiutato. Il rugby è sempre stato la mia passione, la mia stessa vita: sentivo che stavo rischiando tutto, e avevo paura. Voglio solo dire che essere gay può capitare. Può capitare, come qualunque altra cosa. Quello che sono quando chiudo la porta di casa mia non ha nulla a che vedere con quello che ho fatto in campo. È un compito ingrato essere il primo giocatore di rugby a livello internazionale che rompe il tabù, ma statisticamente è ovvio che non sono l'unico. Sarei veramente felice che di qui a una decina d'anni, l'omosessualità o meno degli atleti non fosse più un argomento interessante per nessuno».

Un giorno Gareth era impegnato proprio negli allenamenti della Nazionale. A guidarli c'era Scott Johnson, l'ex campione australiano e allenatore di belle speranze, approdato *ad interim* alla guida di un Galles che stava attraversando un momento di crisi. La squadra si preparava ad affrontare il Mondiale del 2007, e Johnson sapeva che, per ottenere il meglio da quei giocatori, doveva prima di tutto conoscerli a fondo. Uno per uno. Guardò i suoi ragazzi sforzandosi di comprenderli come persone, prima ancora che come atleti, e cominciò a notare che Gareth pareva ogni tanto sentirsi spaesato, a disagio. «In qualche modo – racconterà il giocatore – Scott avvertì che c'era bisogno di scambiare due chiacchiere a quattr'occhi. Mi invitò a seguirlo in infermeria, chiuse la porta, e io alla fine vuotai il sacco. Avevo tenuto nascosta dentro di me la mia verità come un segreto imbarazzante, come una colpa. Quando Scott mi diede l'occasione di aprirmi, io lo feci: e fu una liberazione».

Il suggerimento di Johnson era semplice. «Parlane con i tuoi compagni», gli disse: «Sono i tuoi compagni: fidati di loro». Già, i compagni. Quelli che in campo ti difendono se un avversario ti dà un colpo scorretto, quelli che dividono con te il sudore, l'affanno, la tensione, la speranza. Quegli altri quattordici ragazzi che corrono con te sul campo fino a sentire scoppiare il cuore, pronti a dare tutto per la squadra di cui fanno parte. «Tutto ciò che è più alto dell'erba, dev'essere falciato», recita un proverbio rugbistico gallese. Ma, sebbene lo spirito del rugby pretenda questo carattere indomito dai suoi adepti, rimane uno sport dove la purezza sopravvive: l'attenzione al lato umano, il rispetto, l'umiltà.

Thomas accettò il consiglio. Allora prese il coraggio a due mani – come fosse l'ovale – e decise di lanciarsi verso la meta. Era la corsa più importante della sua vita. Sì, aveva deciso di fidarsi. Avrebbe parlato con i suoi compagni. Eppure anche se lui era uno di quelli che «mettono la testa dove gli altri non metterebbero un piede», aveva paura. In fondo non sapeva neanche esattamente perché, ma la provava. Una paura mista a disagio, che diventava terrore all'idea di essere respinto. Dinanzi a emozioni così profonde si ritorna bambini, e i timori, le angosce, sono di nuovo quelli ancestrali dell'infanzia: mi accetteranno? Mi vorranno? Giocheranno con me? C'è un posto nel mondo per me, o dovrò restare da solo?

Per confidarsi, Gareth scelse due vecchi compagni di mille battaglie, compagni con cui aveva diviso il sole e la pioggia, la vittoria e la sconfitta: Stephen Jones, mediano d'apertura, e Martyn Williams, terza linea. Un quintale di muscoli a testa. Li invitò a bere insieme qualcosa, come tante altre volte. Si dettero appuntamento, ma Thomas – che era un po' nervoso – arrivò molto prima. Lì, mentre aspettava nel locale, la tensione cresceva. E con questa cresceva anche la voglia di mandare tutto a monte, di dire all'improvviso «no, meglio se non se ne fa niente», di rimandare. Ma Gareth resistette, e alla fine Martyn e Stephen arrivarono e si sedettero al suo tavolo. Ogni tanto qualcuno, riconoscendoli, sorrideva da lontano. Oppure si avvicinava a salutarli, tendendo la mano, con le solite frasi di queste circostanze: «Ricordo ancora la tua meta contro i...», «Che partita! Dio, che partita fu quella!», «È un onore stringerti la mano!». I tre rispondevano con cortesia, il pubblico ha sempre diritto alla sua parte di attenzione, ma ormai era il momento di fare ciò che andava fatto.

Thomas guardò i due compagni negli occhi, poi si lanciò a testa bassa: «Amici, io sono gay». Dopo aver parlato, quasi quasi avrebbe voluto riavvolgere il nastro: «Dio! Che ho fatto!». Abbassò lo sguardo e si passò nervosamente la mano sui capelli rasati. Per un attimo, nel cuore di Gareth, il tempo si fermò. Martyn bevve un sorso di birra che valeva mezzo boccale, si pulì le labbra col dorso della mano, poi fece un ruttino sommesso. Cose da pub, cose da rugbisti, nessuno ci fa tanto caso... Ma non disse nulla. Stephen lo guardava. Come mediano d'apertura era abituato a valutare le situazioni in una frazione di secondo. Era un tipo lucido, freddo. Fissò l'amico intensamente, poi con un'espressione stupita mormorò: «Posso farti una domanda? – Gareth fece timidamente cenno di sì – Ma perché non ce l'hai detto prima?». Anche Martyn sembrava in effetti un po' deluso. Era un avanti, e gli avanti raramente sono tipi intellettuali... Non è gente che ti fa grandi discorsi. Così dette a Gareth una pacca sulla spalla (che avrebbe rovesciato una persona normale) e fece eco al compagno: «Già, perché non l'hai detto prima?». Poi, con un altro sorso, svuotò il boccale.

Mai come allora Thomas si sentiva parte della sua squadra. Lì, tra i suoi compagni, lui era soltanto una persona: era al sicuro come in nessun altro posto al mondo. In mezzo a loro era semplicemente Gareth, e nient'altro. Che fosse ricco o povero, bello o brutto, omo oppure etero, non gliene fregava niente a nessuno. Erano amici. Un'amicizia reciprocamente conquistata con la lealtà, la fedeltà, il valore, la solidarietà. Gareth aveva una gran voglia di piangere. La gioia che provava era immensa. E non voleva altro che scaricare finalmente tutta la tensione che l'aveva attanagliato per anni. In famiglia, infatti, la situazione era più complicata.

Comunque sia, c'era ancora un dubbio da sciogliere: la risposta del pubblico. «Sai, la gente è strana», dice la famosa canzone di Mia Martini, e un po' è vero. Come avrebbero reagito i tifosi? Come i suoi compagni o piuttosto come sua moglie, che aveva considerato il suo coming out come un tradimento? Certo, anche per lei era dura. Un matrimonio che sembrava felice, e che invece andava a monte. Non era per niente facile: «Mi sentivo solo, e terribilmente depresso. Avevo enormi sensi di colpa. La mia vita stava andando in pezzi. Io e Jemma ci stavamo separando, e avevo molta paura del futuro. Avevo paura di essere un gay single. Avevo paura di perdere in un momento tutto ciò per cui avevo sempre lottato».

Spesso, nei momenti più bui di quella lunga e tormentata gestazione, Gareth se ne andava a passeggio lungo le scogliere nei pressi della sua casa fuori città, dove si ritirava per riflettere, o anche semplicemente per trovare un po' di pace. «Guardavo il mare – disse ricordando quei tempi – «e in certi momenti avevo una gran voglia di saltar giù, e di farla finita». Per fortuna non lo fece. La sua vera partita era appena incominciata. E la sconfitta sarebbe stata il non aver avuto fiducia nei suoi compagni, nei suoi «fratelli di maglia». Questo avrebbe voluto dire perdere tutto ciò per cui aveva lottato.

Con l'ovale tra le mani o meno, Gareth Thomas è uno che scende in campo, sempre. Lo dimostra il fatto che, il 20 febbraio 2012, ha annunciato su twitter il suo primo servizio fotografico in nudo integrale per promuovere una campagna in favore della lotta al cancro alla prostata. E poi, da buon rugbista, Gareth sa bene che non bisogna mai avvilirsi, perché – come ha scritto qualcuno – «in fondo la vita è ovale, proprio come un pallone da rugby: e non puoi mai sapere come sarà il prossimo rimbalzo».

La storia di Gareth Thomas sta per diventare anche un film. Le riprese inizieranno alla fine del 2012, e a interpretare il magico Gareth sarà uno specialista delle «pellicole di sfondamento»: Mickey Rourke. Meticoloso come sempre, l'attore è già alle prese con una dieta ferrea e, a quanto pare, è disposto persino a ricorrere all'aiuto del bisturi, per essere in condizione di rappresentare nel migliore dei modi sul grande schermo la figura (e il fisico scolpito) di questo atleta eccezionale.

Medioevo di fratelli, santi e cavalieri

I templari c'entrano sempre.

UMBERTO ECO

LIUTO, SCACCHI E ARTE DELLA GUERRA

Alle origini del campione

Il Medioevo è generalmente considerato l'epoca omofoba per eccellenza. Eppure, «il cavaliere» è in gran parte il discendente dell'atleta ideale del mondo greco. Tuttavia, seppure vi sia una certa continuità e le prime notizie del termine «sport» (o meglio «desport») risalgano alla Francia del XIII secolo, le differenze sono enormi. Il cavaliere, come l'atleta olimpico dell'età classica, riunisce – o tenta di riunire – qualità fisiche e morali. Bellezza e integrità. Ma il contesto culturale si è trasformato in maniera radicale.

Già Novaziano (220-258 d.C.), il vescovo al quale si attribuisce la stesura di un piccolo trattato, il *De spectaculis*, ha parole di questo tenore: «Sono ripugnanti queste gare in cui un uomo giace sotto un altro, e ci si avvinghia spudoratamente! Uno potrà anche vincere in una simile lotta, ma la decenza ne uscirà comunque sconfitta... Uno salta, ignudo, un altro getta con tutte le proprie forze un disco metallico nell'aria: io dico che tutto ciò è pazzia». E conclude con un ammonimento severo: «Che i cristiani allontanino la vista e l'udito da simili spettacoli insensati, pericolosi e di cattivo gusto».

Eppure, nel cavaliere, la Storia ci consegna l'ultimo esempio di virtù atletica che vive in un autentico odore di leggenda. La nascita, e soprattutto l'affermazione, degli sport di squadra è ancora di là da venire, e il cavaliere viene forgiato per un'esistenza individuale, solitaria. La solitudine accompagna spesso il cammino di chi eccelle, quasi per una spietata legge naturale, e anche oggi spesso il talento si paga con la stessa moneta. Comunque sia il cavaliere, perfettamente rappresentato – talvolta con ironia – dalla figura del cavaliere errante, sta alla radice di tante figure a venire: da quella dell'avventuriero a quella del campione sportivo. Il gioco degli scacchi, il liuto e l'arte della guerra, sono i capisaldi della sua educazione. Suprema aspirazione è l'ideale: amore compreso. Quell'amor cortese, inventato dagli uomini, che fa pensare come la sensibilità maschile sia più incline a idealizzare i sensi. A nutrirsi di una metafisica dell'amore, che a una donna forse non può che apparire una scemenza. A dispetto di tanta letteratura d'appendice e di innumerevoli luoghi comuni, sono gli uomini che hanno ideato e coltivato, all'ombra del complesso di Edipo, l'amore platonico. E fosse stato per le donne, l'amor cortese con ogni probabilità non sarebbe mai esitito. Perché un po' di chiacchiere fanno piacere ma, dopo, il cavaliere deve posare la spada e il liuto, e sapersi dar da fare. In ogni caso, queste sono congetture, perché gli indizi sulla sessualità nel Medioevo sono riferiti soprattutto ai comportamenti maschili, data la subalternità pressoché assoluta della donna all'interno di quel sistema sociale.

Omosessuali per cristiani, musulmani ed ebrei

Il primo autore che condanna ufficialmente l'omosessualità nel Medioevo è lo scrittore cristiano san Pier Damiani, che nel *Liber Gomorrhianus* mette in evidenza il dilagare della pratica omosessuale tra gli ecclesiastici. Nel Medioevo l'omosessuale non ha un'identità definita in quanto tale. È concepibile che l'omosessualità sia praticata, ma non che sia il frutto di un definito orientamento sessuale. La sodomia, per esempio, è un atto sessuale compiuto da maschi, e in nessun caso può essere visto come l'espressione di un legame affettivo tra persone dello stesso sesso.

Essendo una «abominevole pratica», la sodomia viene condannata. Questo si inserisce in una più ampia condanna di ogni pratica sessuale – eccetto i rapporti tra marito e moglie – non finalizzata alla procreazione. Sono rigorosamente vietati i rapporti al di fuori del matrimonio, e nel fare l'amore è proibito porsi in «posizioni innaturali». I rapporti orali e anali, così come la masturbazione, costituiscono un crimine oltre che un peccato. In effetti, l'ampia attenzione e la produzione di manuali dedicati ai suggerimenti per i confessori, lasciano intendere che simili «peccati» siano abbondantemente praticati.

Si è a lungo creduto che l'omosessualità, al contrario del paganesimo (da «pagus», villaggio, e dunque una religione sviluppatasi fuori delle città), si sia sviluppata nei centri urbani più grandi. Esattamente come avviene oggigiorno, e per le medesime ragioni. Essere omosessuale in una grande città, dove c'è l'inconveniente che se crepi per strada nessuno ci fa caso, dà il vantaggio che oltre a morire, puoi però anche vivere come ti pare. Tuttavia la lettura dei testi penitenziali d'Irlanda (paese privo, all'epoca, di centri urbani di rilievo) permette di riscontrare che non è così. Le città costituiscono un ambiente favorevole, è vero, ma l'omosessualità è diffusa ovunque. In Italia, dove i centri urbani sono al contrario numerosi e popolosi, l'omosessualità è molto diffusa. Per esempio, stante la tendenza degli uomini a prendere moglie piuttosto tardi, le autorità fiorentine pensano bene di istituire bordelli municipali nell'intento di tenere i giovani alla larga dalla tentazione di sperimentare le «pratiche omosessuali».

Sono gli stessi monasteri, allora come oggi, a fornire un *habitat* ideale per lo sviluppo di una cultura omosessuale, e sono frequenti i casi di scrittori cristiani che si scagliano contro la diffusione dell'omosessualità tra i monaci. Anche se ci sono personaggi come sant'Anselmo e sant'Aelredo di Rievaulx, che hanno lasciato versi pieni di passione e struggimento in cui cantano il loro amore verso altri confratelli e auspicano un duraturo legame affettivo: come avviene tra sant'Anselmo e il monaco Osbern di Gloucester, autore di un raffinatissimo dizionario etimologico della lingua latina. Benché negata nei suoi presupposti, insomma, l'omosessualità medievale non è affatto priva di implicazioni sentimentali.

Quasi tutte le società dell'epoca considerano deplorevole l'idea di un maschio adulto che accetti un ruolo passivo in un rapporto sessuale. Le strategie poste in atto per contrastare questo peccato consistono nel depenalizzare i rapporti tra adulti e adolescenti (permettendo il ruolo passivo fino a una certa età), come nell'antichità, o nell'accettare socialmente la presenza di uomini adulti travestiti. Entrambe queste strategie servono a preservare la «virilità» di uno dei due partner.

Detto per inciso, sia la cultura cristiana che quella islamica odierne condannano simili comportamenti, che tuttavia nelle società islamiche sono ampiamente diffusi. Si pensi al fenomeno riscontrabile fra i talebani, nel loro odierno Medioevo, in cui i «bacha bereeshe», i «ragazzi senza barba (nell'accezione di «sbarbatelli») vengono tenuti in stato di schiavitù dai capi mujahidin. Si vestono da donna, danzano, animano le feste. Una pratica antichissima, che fa infuriare i custodi del Corano e li induce a invocare la lapidazione per i colpevoli: per punire i loro peccati sessuali – s'intende – non per aver trasformato un ragazzo in un animale domestico. Possedere il ragazzo più bello e più leggiadro nel ballo, quello dal tratto più nobile e dalle movenze più seducenti, è un segno di distinzione, di prestigio. E, per stabilire quale sia, a chi appartenga, vengono organizzate delle vere e proprie gare. Un bel «bacha bereeshe» è come una fuoriserie, qualcosa da esporre per esibire la propria potenza e ricchezza. Spesso i loro padroni li preferiscono alle mogli, e sono causa di feroci liti familiari. «Mi piace giocarci ogni notte», ha confessato sorridendo il padrone di un «bacha». Talvolta i ragazzi sono consenzienti rispetto al proprio ruolo, ma quasi sempre è stato loro orrendamente imposto fin dalla preadolescenza. La polizia dell'Afghanistan del Nord, dove il fenomeno è particolarmente diffuso, cerca in ogni modo di contrastarlo. Le pene sono severe, ma si è ben lontani dal debellarlo.

Nel Medioevo vero, quello di mille anni fa, in tutta Europa la situazione è piuttosto omogenea. Nel Nord i rapporti omosessuali vengono ammessi finché l'uomo svolgeva il ruolo attivo rispetto al giovanetto. Tra gli ebrei spagnoli sono tollerati, ma devono limitarsi a baci e carezze. Anche in Francia si parla di sodomia in termini distinti dai rapporti omosessuali adulto-adolescente, ed è probabile che la minore severità nei confronti dei rapporti con adolescenti si basi sul precedente costituito dai modelli letterari greco-romani.

Tra roghi e cori da stadio

Un altro ambiente in cui, nel Medioevo, sono frequenti i rapporti omosessuali è quello dei giovani cavalieri. Vengono selezionati, cresciuti e addestrati in ambienti rigorosamente maschili. Si condividono tutti i momenti della vita quotidiana, le aspirazioni, i timori, le speranze. Non è un problema trovare partner sessuali, alternando ruolo attivo e passivo.

Il senso di questa distinzione tende nel tempo ad attenuarsi, ed è proprio nell'ambiente cavalleresco che i rapporti omosessuali assumono una connotazione moderna. Il cavaliere – come abbiamo detto – è il campione sportivo di mille anni fa. È un simbolo, ma non vive evidentemente problemi d'identità, pur lasciando scorrere dentro di sé una miscela di morbidezza e di rigore, da altri temuta come un veleno. Scacchi, liuto e arte della guerra. Razionalità, cuore e potenza. Poesia, ideali e botte da orbi in battaglia. Coraggio come filosofia di vita, lealtà, e rispetto religioso della parola data. Insomma, tutto un canone di comportamento, di vita, nel quale c'è posto per ogni sfumatura.

La forza, a dispetto delle armi brutali e delle armature addirittura paradossali che contraddistinguono i guerrieri di quell'epoca, non si disgiunge dalla leggerezza. Lo spadone (pesante anche dodici chili) non è un simbolo fallico fine a se stesso, ma un'arma che, quando si abbatte sul nemico, esprime col suo colpo micidiale il peso della Giustizia e della Verità; un'arma che, tuttavia, diventa leggera quando a stringere l'elsa sono le mani pure di un eroe senza macchia. Al tempo stesso, però, il cavaliere non ha timore d'imbracciare il liuto per cantare con voce sottile un amore infelice, né teme, prima della battaglia, di scambiare un ultimo, tenero sguardo con il compagno prediletto attraverso la grata della celata che gli copre il viso. È lo stesso sguardo che altri guerrieri, in epoche lontane tra loro, si sono scambiati: dalle coppie di amanti del «battaglione sacro» tebano che conoscono la morte ma non la resa, passando per Alessandro il Grande ed Efestione, per Eurialo e Niso, su su fino ai templari e all'epoca moderna, con quegli spericolati assaltatori – ma accadeva anche tra i semplici fanti – che popolano le trincee della Grande guerra di eroismo e di sangue, ma anche di segrete storie d'amore.

Nel Medioevo l'omosessualità viene condannata sempre e ovunque. E punita con pene durissime, fino ad arrivare al supplizio della morte sul rogo. È proprio sui roghi destinati agli omosessuali, dove tra le fascine ardenti si aggiungono ramoscelli di finocchio selvatico, che nasce uno dei sinonimi più spregiativi della parola «omosessuale».

Gridare «finocchio» a un ragazzo che corre in mezzo al campo non è solo un gesto abietto di razzismo, ma significa permettere che nelle nostre grida di scherno riecheggino quelle di coloro che, nel Medioevo, sono stati bruciati vivi perché colpevoli di aver amato un'altra persona.

ORDINE (E DISORDINE) DEI TEMPLARI

L'ambiguità corre sul filo

La comunità cavalleresca si muove sul filo, sottile come una lama, dell'ambiguità. E questa ambiguità raggiunge l'apoteosi quando la spiritualità degli ordini si lascia ispirare apertamente dalla religione, e si ammanta di una misoginia solenne e voluttuosa.

È il caso dei Cavalieri del Tempio. Il cavaliere di quest'ordine leggendario è un combattente formidabile e spietato. È un cacciatore di leoni. La guerra e la caccia sono i capisaldi della sua formazione atletica, l'equivalente di ciò che per il gentiluomo del Settecento sarà l'arte della scherma, o per il giovane della Belle époque la ginnastica. Sono le attività che, in un mondo che non ha ancora concepito, o riconcepito, il concetto di sport, costituiscono l'attività fisica per eccellenza. In qualche modo, di quel campione medievale che abbiamo tratteggiato in precedenza, il cavaliere cenobita, l'uomo che medita i misteri cristiani stringendo l'elsa di uno spadone, è la sintesi più intensa. Forza fisica e forza morale, saldezza del corpo e dello spirito, viaggiano appaiate, in un dualismo che ispira tutta la Regola del Tempio.

La *Regola* comprende settantasei articoli, in latino e in francese, per essere accessibile a chiunque. Ispirata da Bernardo di Chiaravalle, parente di Ugo de Payns – fondatore dell'ordine – risulterà flessibile nel tempo. Arriverà infatti a contare un numero di articoli quasi dieci volte superiore ai settantasei iniziali. Si apre con un'esortazione ai cavalieri laici: «Voi che avete fin qui condotto la vita dei cavalieri secolari, che non ha la propria causa in Cristo e che avete abbracciato solo a vostro vantaggio, seguiate ora coloro che Dio, per grazia della sua compassione, ha tratto dalla massa dei dannati e, nella sua grande pietà, ha destinato alla difesa della Santa Chiesa. Unitevi a loro, da ora e per sempre».

Gli articoli dal nono al sedicesimo descrivono i doveri dei templari, simili a quelli dei monaci cistercensi. Seguono le norme sull'abbigliamento e i colori da utilizzare (bianco per il cavaliere – con una croce rossa sulla spalla – nero per il sergente). Siamo nel cuore di simbolismi elementari e immensi: il bianco vuol dire purezza, ma anche il segno di un grado notevole nel percorso iniziatico. Il nero, invece, allude alla «nigredo» di ogni attività alchemica. E poi sono colori opposti: come il bene e il male, il cielo e la terra, l'oro e il piombo. Un dualismo altèro, che vive nelle insegne dei templari la cui bandiera, il *baussant*, è bianconera: «Essi marciano preceduti da una bandiera nera e bianca... perché sono candidi con gli amici di Cristo, ma neri e terribili con i Suoi nemici».

Seguono altre norme, che scandiscono la vita quotidiana e rimarcano l'impronta cenobitica della comunità. Si mangia in silenzio, e in comune: due templari, una sola scodella. Due cavalieri, un solo cavallo. Silenzio, obbedienza, solidarietà, privazione, sono i cardini della filosofia dell'ordine. Non mancano le punizioni, che nei casi gravi portano dal bianco al nero, e la «pecora nera» viene allontanata dalla comunità.

Il bacio in fondo alla spina

Infine, arrivano gli articoli che hanno suscitato la convinzione che quella dei Cavalieri fosse una comunità omosessuale: «La compagnia delle donne è pericolosa, poiché il demonio, da sempre loro compagno, ha potuto distogliere molti dalla retta via del Paradiso. D'ora in avanti le donne non saranno più accolte nella casa del Tempio in qualità di sorelle», recita l'articolo settanta. E il successivo ribadisce: «Stimiamo pericoloso per qualunque uomo di religione contemplare troppo a lungo il volto femminile. Nessuno di voi osi baciare una donna, sia essa madre, sorella, zia o altro. I Cavalieri di Gesù Cristo eviteranno ad ogni costo di baciare le donne, poiché è a causa loro che spesso gli uomini si sono perduti». Sono essenzialmente interpretazioni faziose, morbose, sia delle regole che di specifiche circostanze, quelle che creano intorno ai templari un'aura di mistero e di torbida sensualità che, sapientemente cavalcata da Filippo IV il Bello – al quale il tesoro dell'ordine faceva gola, essendo indebitato per la considerevole somma di trecentomila fiorini – porta a una feroce caccia all'eretico e allo sterminio dei Cavalieri, ai quali con la tortura si tenta di estorcere qualunque confessione.

Un ruolo importante in questa visione del cavaliere-monaco, dedito a pratiche perverse, ha sicuramente qualche aspetto della cerimonia di iniziazione, nella quale i templari si scambiano quelli che labbra di pervertiti veri definiscono «baci osceni, lascivi». Il bacio sulle labbra tra uomini è una consuetudine ben più diffusa di quanto non si immagini. Valga come esempio il «bacio della pace» con il quale il signore investe il proprio vassallo, simile al «bacio della fedeltà» scambiato tra mafiosi. Ma quello dei templari viene dato – sull'onda di una remota tradizione orientale – alla base della colonna vertebrale, là dove un tempo i nostri antenati più remoti avevano la coda... Nel processo sommario poi intentato all'Ordine, si afferma che il bacio è dato sul culo, il che – come si può immaginare – apparenta il rito a certe pratiche mostruose di magia nera, in cui la strega bacia l'ano di un gatto, simbolo del demonio.

Eppure nessun cavaliere, in suprema obbedienza alla Regola, impugna mai le armi quando si giunge alla resa dei conti. Ha giurato di non combattere mai contro altri fratelli cristiani, e rispetta il giuramento. Diversamente, sarebbe assai difficile ridurre alla sottomissione un esercito d'élite com'è quello del Tempio. I Cavalieri sono addestrati, allenati, esperti, implacabili in azione e privi di qualunque timore nei confronti della morte. Una compagine formidabile, quasi impossibile da battere sul campo.

È proprio all'insegna di questo concetto dell'invincibilità di un piccolo insieme di uomini, di un reparto di élite, di un manipolo di eroi, che rivive la moderna idea di squadra. Del resto la metafora guerresca è, e probabilmente sarà, sempre legata allo sport. Il tempo ha compiuto il suo lavoro inesorabile, erodendo molti dei significati che sussistono in quelle unioni di guerrieri, legati da un affratellamento così saldo da divenire sospetto. Eppure anche oggi, se in una squadra si diventa «troppo amici», l'occhio attento di una macchina fotografica o di una telecamera può essere in agguato per accendere la miccia di uno scandalo.

NIENTE SESSO, SIAMO ASCETI

La mano dello «Spirito»

È difficile scrollarsi di dosso la concezione romantica del Medioevo tutto ombre e languori spirituali. Eppure, anche in campo sportivo, è l'epoca in cui l'idea moderna dell'agonismo mette radici.

Prima della battaglia, e così pure prima della giostra, in cui si scatena quella che i francesi chiamano *melée*, la «mischia» (con lo stesso termine che oggi designa la mischia chiusa nel rugby), il cavaliere non deve lasciarsi contaminare dal contatto con la donna. Il che somiglia molto all'abitudine, discussa e talvolta criticata – in verità è uno di quei temi che spesso spaccano in due le discussioni – di impedire agli atleti il sesso durante i ritiri. Anche questo favorisce l'intimità tra cavalieri, ma soprattutto è l'isolamento spirituale a rendere vulnerabile il cavaliere, un residuo del campione olimpico dell'antichità e, al tempo stesso, un nuovo seme del campione inteso nell'accezione moderna. Al cavaliere si chiede l'impossibile: essere forte come un drago, e puro come un santo. A lui si chiede di conciliare ogni delirio dello spirito e dei sensi, di essere una colomba capace di mordere, un asceta capace di stare in società e, magari, di danzare e di imbracciare il liuto, intonando pure una soave melodia.

L'atleta greco è lui stesso un dio, respira e riflette l'armonia della natura e del pensiero. L'uomo, che ha appena «sverginato» il mondo delle idee, è in simbiosi perfetta con il proprio ideale di assoluto. E l'atleta di quell'età magistrale è infatti nudo. Nudo lotta, corre, salta. Il suo corpo è spalmato di olio, e al sole luccica e splende come se la sua stessa pelle fosse una lucida corazza di bronzo. Il cavaliere è il contrario, lo schianta un'immane corazza, pesante quanto il peccato che i predicatori scalzi e i flagellanti gli addossano. Cammina come un astronauta, un palombaro, e devono issarlo in sella (su un cavallo anch'esso bardato fino al paradosso) con un argano. Se cade, non si rialza più. Una lancia di quattro metri – spuntata, se si tratta di «arma cortese», quella usata nei tornei – è il suo priapesco simbolo fallico. È un uomo solo, carico di ideali e d'onore. Un santo, che deve saper essere giusto con la spada in pugno. Nelle competizioni si fanno strada le regole, e con le regole nasce lo sport moderno. L'avversario va rispettato, non odiato. E, come se non bastasse, oltre al giudice che vigila sul suo comportamento, anche Dio lo guarda. Un Dio infinitamente buono, ma che può diventare implacabile. Lo guarda, e soppesa ogni suo gesto. Questa concezione del campione che prova a riunire spirito e corpo in una cosa sola non ha più la leggiadria dell'età antica. Il cavaliere è solo, e la sua vera vocazione sessuale non è né etero, né omosessuale: è l'onanismo.

Il trionfo del pedone

Intanto, l'epoca del cavaliere tramonta. Arriva la *gens nova*, fatta non di cavalieri ma di persone arrabbiate con i signorotti, per le quali la guerra e il cimento, il valore e lo spirito sono soltanto parole. Non perseguono né la virtù, né la purezza. Quella tra cavalieri è una lotta tra simili, tra uomini uniti – fino alla commozione e alla tenerezza – dalla *fraternitas* che li unisce in quel destino di solitudine. Nuove classi sociali si affacciano sulla scena della guerra, e il loro scopo è semplicemente quello di sgozzare il nemico, e spogliarlo di tutto.

Il conflitto tra Svizzera e Borgogna, sul finire del Quattrocento, è la dimostrazione che l'urto della cavalleria non è in grado di sopraffare le falangi di fanti armati di picche, cui si affiancano micidiali archibugieri. La fanteria – che sarà definita la regina delle armi – sta ormai prendendo il sopravvento, arrivano mercenari e capitani di ventura. Il pedone sta per trionfare sul campione. Il mondo di luci e ombre dei cavalieri, quel mondo di corazze e di elmi pennuti, di spade e di liuti, di amici fraterni e amanti, di ascesi e guerra, di santità e orgoglio, sta per svanire per sempre dietro le quinte del tempo.

SPECIALIZED
GREAT

2011
Quando il macho si tolse la maschera
GRAEME OBREE

I grandi campioni la differenza
la fanno col cuore.

LANCE ARMSTRONG

Graeme Obree è «The Flying Scotsman», lo scozzese volante, dal soprannome che ha dato anche il titolo alla sua autobiografia, pubblicata nel 2003 dopo un lungo percorso di analisi: «Tutto è cominciato durante le sedute con la mia psicologa», ha spiegato. «Si cominciò dicendo che avrebbe potuto farmi bene fare due chiacchiere con lei ogni tanto, e si è finito con lo scrivere la storia della mia vita».

Dal libro è stato poi tratto l'omonimo film di Douglas MacKinnon, *The Flying Scotsman*, con Jonny Lee Miller e Billy Boyd, presentato in anteprima all'Edinburgh International Film Festival nel 2006 e poi acquistato dalla Metro Goldwyn Mayer, che lo ha distribuito nei cinema negli Usa e lo ha diffuso in dvd in tutto il mondo.

Il ciclista è nato l'11 settembre del 1965 a Nuneaton, nel Warwickshire, in Inghilterra, ma ha trascorso la vita in Scozia, e – come ancora oggi ama ripetere – si considera «sempre scozzese».

Nella sua infanzia è stato un ragazzino speciale, come speciale sarebbe stata tutta la sua vita. Un ragazzino un po' diverso dagli altri, che i compagni dell'adolescenza a volte sfottevano perché «era figlio di un poliziotto». Così Obree è venuto su un po' solitario, e con una forte tendenza a stare sopra le righe. Però il talento c'era, eccome.

Nel luglio del 1993, letteralmente come un fulmine a ciel sereno, con una memorabile zampata il ciclista stabiliva il record del mondo dell'ora. Avrebbe ripetuto l'impresa due anni più tardi, nell'aprile 1994. E più o meno in quello stesso periodo, tra il 1993 e il 1995, si aggiudicò per due volte il campionato del mondo di inseguimento individuale. Un campione di razza, dunque, ma anche un innovatore. Anzi, un vero e proprio inventore: di quelli geniali e caserecci, di quelli che ti smontano una bici e ne rimontano due, di quelli che Archimede Pitagorico con in testa il «cappello pensatore»... gli fa un baffo! Infatti, fu Obree il primo a correre nella cosiddetta «posizione a uovo», con il capo schiacciato sul manubrio e il corpo che si fa tutt'uno con la bici, in una posizione quasi fetale. E fu l'inventore di quella che chiamò la «Old Faithful», una bicicletta artigianale, da lui stesso progettata e costruita, che comprendeva anche parti ricavate da una lavatrice. Ma la vita di questo campione, di quest'uomo geniale e fiero, fu anche profondamente segnata dal dolore. Graeme dovette battersi con la depressione e con un disturbo bipolare di un certo rilievo, giungendo a tentare per due volte il suicidio.

Quando nel 1993 Obree andò a stabilire il nuovo record mondiale dell'ora, i giornali di molti paesi titolarono: «Un illustre sconosciuto batte il record di Moser». E c'era, comprensibilmente, se non dell'ironia, almeno una certa meraviglia. Chi diavolo era questo scozzese (seppur volante) che spuntava fuori dal nulla e si permetteva di ritoccare insolentemente verso l'alto un record che apparteneva da quasi dieci anni «nientepopodimenoche» a Francesco Moser, autentica leggenda del ciclismo mondiale?

Al di fuori della Gran Bretagna, in effetti, Graeme Obree era praticamente sconosciuto. Ma da quel momento le cose cambiarono. E non solo per i fatti – clamorosi – di sport, ma anche perché dietro c'era un personaggio straordinario. Certo, l'impresa era stata grossa. Immensa. Il record dell'ora è tra le sfide più belle delle due ruote, e tra le più drammatiche: «Mai più», disse Eddy Merckx esausto all'arrivo, quando stabilì il suo record a Città del Messico. Era il 1972, e il campione belga si era fermato a un soffio dal traguardo dei cinquanta chilometri. Nell'ora, la prospettiva consueta delle gare è rovesciata: non si tratta di compiere una distanza prefissata nel minor tempo possibile, ma è il contrario: non si lotta contro il tempo, ma – in un certo senso – contro lo spaziotempo. Nell'ora, sono i metri che contano, e in quei sessanta minuti, in quei tremilaseicento secondi, bisogna farne quanti più possibile. Perché nelle gare contro il tempo un limite c'è, almeno in teoria: lo zero. Ma in questa gara micidiale, per certi versi folle, un limite praticamente non esiste. E qui la questione assume dei contorni squisitamente filosofici. Ma... «quant'è lunga un'ora?». Viene quasi da citare sant'Agostino: «Se mi chiedi cos'è il tempo, non lo so. Se non me lo chiedi, lo so». Sì, perché quanto è «lunga» un'ora nessuno lo può sapere. Un'ora – se di mezzo c'è il record mondiale su due ruote – è lunga quanta forza hai nelle gambe, quanto fiato hai nei polmoni, quanta grinta hai nel cuore.

La prova di Obree avvenne un venerdì. Era il 16 luglio. Lo scozzese volante montò sulla sua bicicletta, che a prima vista sembrava il delirio di un disegnatore di fumetti: si incollò al telaio col petto poggiato sul manubrio, e partì. Il momento dello scatto iniziale, come nel canottaggio, sottopose l'organismo a una sollecitazione enorme. La pressione arteriosa schizzò a valori da ictus.

Obree spinse come poté, si spremette, strabuzzò gli occhi. Ma fallì. E non di poco. Non era ancora «la sua ora»... ma non ebbe nessuna intenzione di arrendersi. Aveva noleggiato la pista per ventiquattr'ore, e di mollare non se ne parlava neanche. Sentì che «qualcosa» non aveva funzionato. Forse nella testa. In quel suo capoccione pieno di intuizioni, di idee rivoluzionarie, e qualche volta piena anche di voci che sentiva solo lui.

Chiese e ottenne di poter riprovare subito, insomma, il giorno dopo. Normalmente tra un tentativo e un altro si lasciano passare settimane, perché lo sforzo che si compie in quell'ora che vale la vita, è spaventoso. Lo stress per l'organismo fu enorme, e i muscoli avevano bisogno di tempo per smaltire l'acido lattico e per ritrovare la necessaria elasticità. Ma lo scozzese era una pellaccia di quelle dure come il cuoio, e la sua energia mentale non era stata intaccata dal fallimento. Al contrario, adesso aveva ancora più voglia di prima. Era come un leone ferito: «Non sono venuto qui per perdere» sembrava dire con gli occhi. Lui sapeva che il corpo e la mente sono una cosa sola, e non lo sapeva perché glielo avesse insegnato qualcuno. Era un autodidatta assoluto, viveva di intuizioni. E questa sapienza naturale gli dette la consapevolezza che la prestazione era influenzata da mille fattori. La potenza veniva «da dentro» e, quando scatta la molla, si può scatenare l'energia di ogni fibra del corpo anche se si è stanchi.

«Ci vuoi riprovare?», gli chiesero. «E così sia». Il mattino seguente, alle nove in punto, si ritentò l'impresa. Obree questa volta partì a razzo: durante i primi cinque chilometri vola a cinquantadue chilometri orari. Mani giunte, in quella posizione metafisica, orante, quasi supplice ai piedi di un invisibile dio che lo ispirava, impresse alla bici l'accelerazione iniziale, quella che lo doveva portare a girare intorno alla pista come un satellite sull'orbita del proprio pianeta. La «fase di decollo» si esaurì, e lo scozzese volante rallentò impercettibilmente. Di circa mezzo chilometro orario, a tratti anche un po' di più, ma la sua velocità media sulla pista del velodromo di Hamar, in Norvegia, là sulle rive del lago Mjøsa, restò costantemente al di sopra di quella tenuta da Moser.

Sì, a guardarlo accartocciato su quella bici un po' delirante, mentre le ginocchia stantuffavano come pistoni, si aveva davvero l'impressione che stesse volando. Scivolava in avanti senza attrito apparente, come se davvero il suo moto avvenisse nel vuoto dello spazio siderale. Lo spettacolo era emozionante. Quasi commovente. E lui continuava, implacabile, a pigiare sui pedali.

Il sibilo del vortice d'aria, il ronzio delle ruote sull'asfalto della pista quando passava accanto ai cronometristi, cominciavano pian piano a innescare nell'aria una vibrazione speciale. Era come l'«Om» dei monaci tibetani. Tutti si rendevano conto, stupefatti, che stava accadendo qualcosa di eccezionale. «Se continua così...», mormorò uno dei cronometristi. E scosse leggermente la testa, con le labbra socchiuse. In trance. E alla fine non c'era niente da dire: se chi aveva assistito al primo tentativo, il giorno precedente, aveva avuto la sensazione di aver assecondato un pazzo, ora gli toccava ricredersi e fare la riverenza. Non più ironie, non più sorrisetti, non più alzate di spalle. Il verdetto, dato insieme dal cronometro e dal contachilometri, era inappellabile: quell'uomo appallottolato su una strana bicicletta costruita con pezzi di fortuna nel garage sotto casa, non solo era un atleta straordinario, ma era anche un genio della meccanica. La tecnica di corsa, naturalmente, era stata adeguata all'assetto diverso ideato da Obree. Il baricentro era spostato in avanti, col ciclista seduto in punta di sella.

I retroscena di quell'impresa straordinaria furono forse ancora più incredibili. Nicholas Roe, giornalista freelance, raccontò: «Per vincere le inevitabili contratture dei muscoli, e ripetere il tentativo di record il giorno dopo aver fallito il primo, Obree ha usato una tecnica decisamente insolita: bere moltissima acqua, in modo che durante la notte fosse costretto a svegliarsi per andare in bagno più o meno ogni due ore. Ogni volta che si alzava, faceva degli esercizi di stiramento. Fatto sta che il mattino seguente, alle 7.55, era lì pronto a partire».

Obree, a sua volta, commentò così la sua pervicacia nel perseguire l'impresa: «Mi sono comportato come Butch Cassidy... sono stato tremendamente spavaldo. Ma il fatto era che la mia era una *Blitzkrieg*. "Lasciatemi fare", gli ho detto. Non volevo fare la figura del timido ragazzotto che viene dalla Scozia. Sentivo, mentalmente, che il giorno prima ero stato un topolino, ma che adesso ero un leone!». E il leone divorò il record di Moser: 51,596 chilometri percorsi, contro i 51,151 chilometri di Moser: la «sua» ora era durata 445 metri in più. Tuttavia, il trionfo di Obree durò meno di una settimana: il 23 luglio, il campione olimpico britannico Chris Boardman infranse il record di ben 674 metri, percorrendo 52,270 chilometri, a Bordeaux, durante un giorno di riposo del Tour de France. La sfida era lanciata, e Obree si prese una rivincita immediata battendo Boardman (che arrivò terzo, dopo il francese Philippe Ermenault) nel campionato del mondo di inseguimento individuale su pista.

L'anno seguente, il 19 aprile del 1994, sulla stessa pista di Bordeaux utilizzata da Boardman, Obree era pronto a tentare una nuova impresa: lo scozzese volante provava a fare il bis. Aveva le scarpe imbullonate ai pedali per evitare spiacevoli scivolamenti del piede nel momento decisivo della partenza, quando i reattori delle gambe scaricano all'improvviso tutta la loro energia. E letteralmente, in pista, Obree si scatenò: 52,713 chilometri, nuovo record mondiale dell'ora. Ci sarebbe voluto un certo Miguel Indurain per spodestarlo da quel trono. Peter Bryan, giornalista del *Times*, avrebbe scritto in seguito: «Vedere Obree "in volo", con le spalle curve e i gomiti ficcati dentro le costole, è uno spettacolo memorabile. Il suo volto deformato dallo sforzo mostra l'impegno che è capace di profondere nelle sue sfide. Eppure, pochi minuti dopo che è smontato di sella, eccolo pronto e rilassato ad ascoltare le domande dei giornalisti che fanno la fila davanti a lui. Quando ha realizzato il suo record, Obree era un dilettante. Divenne professionista dopo aver vinto il suo primo campionato del mondo, e mi disse: "Bryan, sa, credo di poter fare più soldi con la bici rispetto a quello che ricevo come sussidio di disoccupazione..."».

L'Unione ciclistica internazionale dibatté a lungo le modifiche alle biciclette proposte da Obree, giungendo alla conclusione che esse consentirono un miglioramento eccessivo delle prestazioni. Anche la nuova posizione di guida fu censurata. Ma Obree non accettò di uniformarsi alle regole, e così gli venne impedito di gareggiare. Il lapidario commento del campione fu: «Burocrazia da mentecatti».

Tuttavia dietro il campione, dietro le intuizioni di quest'uomo che rappresenta un binomio quasi unico di capacità atletiche e intellettive, c'era anche una dura storia di vita. Ancora adolescente, Obree aveva tentato infatti per la prima volta il suicidio. Fu salvato da suo padre, che per un'incredibile coincidenza quel giorno rincasò dal lavoro un po' prima del solito. Di nuovo, nel 1990, Obree sentì che la vita era un peso eccessivo da portare, e volle farla finita. Prese un sovradosaggio di farmaci, più di cento aspirine, accompagnandole con birra e acqua non potabile, raccolta da una pozzanghera. Ma sopravvisse.

Lo scozzese volante entrò poi nella squadra francese chiamata Le Groupement, ma non si presentò a un raduno, e fu licenziato. Il team manager della squadra, Patrick Valcke, spiegò: «Se un corridore si comporta così, meglio smettere di lavorare insieme al più presto possibile. Non ha nemmeno alzato il telefono per avvisare. Solo in seguito spiegò che in realtà non aveva voluto lasciare la sua famiglia in seguito alla morte del fratello».

Il professionismo fu così una breve parentesi per Obree, che dichiarò: «Per reggere quelle prestazioni era chiaro che avrei dovuto prendere delle droghe. Allora ho detto "no, niente da fare", e mi hanno licenziato... Odio che la gente pensi che chiunque abbia mai ottenuto qualche risultato nel ciclismo lo abbia fatto perché si drogava. Oggi sì, le cose vanno diversamente. A mio parere il novantanove per cento dei corridori di alto livello assume sostanze dopanti. Io non ho mai preso droghe per migliorare le mie prestazioni, e sono pronto a puntare l'indice contro quanto sta accadendo in questo sport, se i media vogliono sollevare il problema sul serio».

Gordon, il fratello di Obree, morì in un incidente stradale nell'ottobre del 1994. Fu una mazzata terribile per Graeme, che cadde nuovamente in depressione. Finché, nel 2001, il campione fu trovato privo di sensi a dodici chilometri da casa, nella fattoria dove tenevano un cavallo di proprietà della famiglia. Un'addetta alla stalla lo trovò per caso. Aveva tentato di impiccarsi. E giaceva nella paglia, asfittico, in fin di vita, smemorato di tutto e di sé, al punto da non ricordare neanche più chi fosse. «Mio marito soffre di un grave disturbo bipolare», aveva detto Anne, la donna alla quale si era legato dopo un primo divorzio e che gli aveva dato due figli, come dire: «mio marito è pazzo».

Nel maggio 2009 Obree annunciò che avrebbe fatto un tentativo di record, malgrado ormai fosse un po' senile, con la nuova bici che si era fabbricato nel corso di quello stesso anno. Poi, meno di sei mesi dopo, annunciò che il progetto era stato annullato: la nuova bicicletta non era perfetta come aveva creduto.

La sua sfida contro lo spazio-tempo era finita per sempre. Lo scozzese volante aveva avuto le sue luci e le sue ombre. Aveva segnato per sempre la storia del ciclismo, aveva volato sulla pista come nessuno prima di lui. E si era scontrato con le regole del professionismo e della società. C'era venuto alle mani (anche letteralmente, prima di una gara). Anche se, nel dicembre di quello stesso 2009, non gli sarebbe mancato il riconoscimento più grande, quello alla carriera: l'inserimento nella British Cycling Hall of Fame.

Poi, nel gennaio 2011, ecco la rivelazione improvvisa. In un'intervista rilasciata a *The Scottish Sun*, Obree ha dichiarato di essere gay. Sono state le difficoltà a «venire a patti» con il suo orientamento sessuale a determinare da sempre la sua disperazione, e i suoi tentativi di suicidio. Finalmente, la sua natura umana è affiorata, nonostante nel frattempo si sia sposato e abbia avuto due figli.

Il Leonardo da Vinci della bicicletta aveva sempre avuto molti segreti, più di quanti lui stesso non sapesse di possedere. Segreti che un istinto arcano gli aveva consigliato di tacere, che il suo inconscio aveva rimosso finché era stato possibile. E quando si hanno certi segreti, la sfida più dura è sempre quella con se stessi: le nottate passate nel garage a costruire una bici rivoluzionaria rubando i cuscinetti alla lavatrice, le nottate passate a bere acqua per pisciare ogni due ore e fare *stretching*, le giornate passate ad allenarsi sulle colline ondulate e verdeggianti di Scozia. E poi i momenti di solitudine, quelli in cui ci si rende conto che nemmeno noi stessi ci siamo mai visti senza maschera, e si ha paura. Allora no, era meglio tornare a pedalare.

Una natura complessa, quella di Obree, anzi complicata. Una mente brillante e un fisico capace di prestazioni strabilianti. Anche lui, come e più di tanti altri – campioni o pedoni che siano – aveva dovuto faticare per trovare il proprio posto nel mondo. E anche lui non l'aveva trovato, perché quello che si era fabbricato era un mondo dove la diversità, sia essa una bicicletta nuova oppure un uomo che vuole amare un altro uomo, suscitava una meraviglia ottusa e ostile. Allora, lo scozzese volante non era diventato altro che l'ennesima incarnazione di una maschera enigmatica, che non nascondeva nessun volto e, insieme, li nascondeva tutti. Tuttavia, era una maschera che poteva celare l'identità ma non lo sguardo.

Quello di Obree è diventato ora lo sguardo di un uomo che ha avuto il coraggio di porsi dinanzi alla vita senza barare: «Sono quello che sono», ci dicono gli occhi dietro la maschera. Ma il mondo certe verità non le vuol sentire: da quell'orecchio proprio non ci sente, così le parole della ex moglie ancora riecheggiano: «Mio marito è pazzo...». Al contrario, qualcun altro mormora: «È un genio», ché lo stereotipo del genio mezzo matto acchiappa sempre. E un altro ancora sbotta: «Cazzo, ma ormai so' tutti gay?».

Ma la definizione giusta di quest'uomo sbilanciato, obliquo, originale o forse soltanto incapace di mediare se stesso in società – di quest'uomo animato da una passione sviscerata per la bicicletta, per la sfida, per la vita stessa – l'ha data un suo rivale, colui al quale Obree strappò nel 1993 un record che durava da un decennio: Francesco Moser. Uno che quelle stesse passioni le ha conosciute bene e le ha condivise da sempre. Uno che ha saputo guardare oltre i numeri dei record e le frasi fatte dei giornali, e che ha conosciuto fino in fondo la solitudine della bicicletta: «Graeme Obree è un uomo unico; è un artista del pedale. Un autentico purosangue, e per questo anche molto fragile e delicato: come un cristallo».

Il macho dal Rinascimento al Novecento

E certo non c'è gloria maggiore per l'uomo, fin che vive
di quella che si procura con le mani e coi piedi.

OMERO

RINASCIMENTO ROMANO IN INGHILTERRA

I primi sportsmen... lontani dalla guerra

Con l'Umanesimo si ravviva tutto, anche l'idea di «sport». Seppure la parola *desport* (rimasta praticamente invariata solo in spagnolo) risalga al secolo XIII, matura solo in seguito un concetto più moderno di agonismo e di atletismo.

Com'è noto, l'Inghilterra è considerata la patria di molte discipline sportive moderne, ma naturalmente questo dipende dal fatto che corrisponde alla parte della Britannia che viene inglobata dall'Impero Romano. L'assimilazione della cultura latina consente ai suoi abitanti di svilupparsi assai meglio rispetto alle popolazioni barbare rimaste al di là del Vallo di Adriano, linea dove Roma pose la statua del dio Termine: «ci fermiamo qui».

Pieni di cultura romana, un po' isolati dal resto del mondo, animati da uno spirito pratico che a Roma si va perdendo, gli inglesi sono eccellenti riciclatori di sport antichi. Questo però a nulla varrebbe se – ancora dall'Italia – non giungesse la somma illuminazione: ma che fine ha fatto «l'uomo»? La risposta a questa domanda è un'epoca intera. Un'epoca straordinaria dove, sull'onda del genio insuperabile di uomini come Leonardo da Vinci e Michelangelo, sboccia il Rinascimento.

Lo sport si pragmatizza e si allontana per la prima volta dopo millenni dal connubio con l'arte della guerra. L'intuizione romana dentro quel *mens sana in corpore sano* rinnova la propria linfa vitale, e lo sport diventa il sostegno per un corretto sviluppo fisico, un aiuto a stare e vivere meglio. Nascono dunque i *games*, che servono al puro divertimento. Naturalmente non sono gli stessi per tutte le classi sociali, e sono soltanto quelli destinati ai nobili a essere definiti «sport».

Ma la nobiltà è fatalmente incline – e sempre più lo sarà con l'andar del tempo – al divertimento sedentario: le conversazioni, le ricreazioni, gli scherzi, i «giochi» propriamente detti, vennero così tutti a far parte dello «sport» (motivo per il quale ancora oggi gli scacchi sono considerati una disciplina sportiva), parola che assume questa forma definitiva nell'Inghilterra del XVI secolo.

I primi *sporters* sono dunque dei nobili. Dedicano molte ore a varie attività ludiche, «degne del loro rango». Ed è per questo che lo sport è considerato fin dal principio «un modo di vivere». Di lì a poco, tramontata la cavalleria con la sua leggendaria alchimia di rudezze e tenerezze virili, le attività del gentiluomo si orientano verso «pratiche di destrezza» – magari anche collegate all'uso delle armi, come nel caso della scherma – ma che non hanno più il carettere cruento di un tempo. Lo *sportsman*, in pratica, è il futuro *gentleman*.

Lo sport non è più, almeno in apparenza, il luogo dove al corpo si chiede di dare tutto, e dove la bellezza del gesto atletico, e quella di colui che quel gesto compie, riecheggiano l'una nell'altra fino all'idea di confondere i confini di genere dei sessi in una sintesi capace di esaltarli entrambi. Forza e leggerezza, potenza e armonia, maschile e femminile, si distanziano. I generi si riaffermano, ma più in teoria che in pratica. Maschile e femminile diventano una «questione di principio».

Il binomio macho-calcio

Già i Greci praticavano la sferomachia, adottata e reinventata dai Romani con il nome di *harpastum* («strappare con la forza»). Si giocava all'*harpastum* con un pallone che non rimbalzava, ripieno di stracci o di pelle. E lo si faceva sulla sabbia. Le squadre in campo erano due, e il gioco viveva di continui scontri per il possesso della palla, un po' come nel rugby, piuttosto che nel calcio attuale. Il tutto con notevole seguito di pubblico.

Di questa tradizione, naturale continuatore fu il «calcio fiorentino», ovvero «calcio in costume». Un gioco dove la virilità dell'atleta non è più contaminata da un ideale di armonia e di bellezza, e si fa virilità arcigna, sudata, rude. Ruspante. Questo gioco raggiunge una popolarità enorme tra i giovani fiorentini, e si organizzano partite – simili a risse – in ogni angolo della città. I «calcianti» scendono in campo prima di tutto per menare le mani, e l'incontro è di sicuro l'occasione per regolare qualche conto personale. La più celebre partita di calcio in costume resta sicuramente quella giocata il 17 febbraio dell'anno 1530: Firenze è assediata dall'esercito dell'imperatore Carlo V, ed è proprio al calcio in costume che i cittadini affidano il compito di mostrare tutto il loro sentimento di indifferente superiorità e, anziché mostrare preoccupazione, si mettono a giocare a palla in piazza Santa Croce.

È in questo periodo che il machismo mette salde radici nel terreno dei campi di calcio, e lo fa specchiandosi in una società esplosivamente contraddittoria, repressiva verso l'amore omosessuale, ma che accoglie la sodomia in quanto realtà diffusa. Ed ecco che l'avversario sul campo va sottomesso, esattamente come accade – secondo una certa visione islamica, ma anche della cultura latina – con l'amante dello stesso sesso. Le taverne traboccano di «gatti», che è il termine con cui i fiorentini chiamano gli uomini che sono soliti andar randagi nella notte, in cerca di teneri amanti. Scrive Machiavelli, in una lettera del 25 febbraio 1514, e la metafora è fin troppo esplicita: «Passò il ponte alla Carraia et per la via del Canto de' Mozzi ne venne a Santa Trinita, et entrato in Borgo Santo Appostolo andò un pezzo serpeggiando per quei chiasci che lo mettono in mezzo; et non trovando uccelli che lo aspettassimo, si volse dal nostro battiloro, et sotto la Parte Guelfa attraversò Mercato, et per Calimala Francesca si ridusse sotto il Tetto de' Pisani; dove guardando tritamente tutti quei ripostigli, trovò un tordellino il quale con... il lume et con la campanella fu fermo da lui, et con arte fu condotto da lui nel fondo del burrone sotto la spelonca dove alloggiava il Panzano, et quelo intrattenendo et trovatogli la vena larga et piu' volte baciatogliene, gli risquittì (ovvero reinnestò) dua penne della coda et infine, secondo che gli più dicono, se lo messe nel carnaiuolo di drieto».

Passi dunque l'atto della penetrazione, se lo schema resta quello del maschio e della femmina. È questo il portato culturale, non naturale, che per essere infranto richiede coraggio nel gesto del coming out, specie se avviene da parte di figure così simboliche di quel portato stesso, come il calciante/calciatore che, più di altri, simile a un piccolo Atlante, regge sulle spalle un mondo secolare di machismo. Un coraggio che costa il linciaggio materiale, e oggi potrebbe costare quello mediatico: un coraggio che orgogliosamente rivendica che solo il diritto di amare rende a una persona – al di là del proprio orientamento sessuale – tutta la dignità che gli spetta e gli consente di trovare il proprio posto «ne lo vasto mondo» che, a volte, tanto vasto non sembra. È l'amore tra uomini, o tra donne, l'oggetto della censura vera, non l'amplesso. E così il bacio tra uomo e uomo, tra donna e donna, appare il gesto ancora più peccaminoso di un congiungimento carnale agli occhi di chi nega che il diritto all'amore sia un diritto universale. Il coming out rimane tuttora un gesto rivoluzionario. Il fatto stesso che debba avvenire è il segno che una catena da spezzare esiste.

SETTECENTO DI CAMPIONI RUSPANTI E SCIUPAFEMMINE

Gentlemen contro players

Il secolo dei Lumi è il periodo di un'ulteriore rivoluzione sportiva, non tanto nella pratica delle discipline, ma nello spuntare di un concetto che – con le dovute differenze – avrà immensa fortuna nello sport: lo sponsor. Nasce quello che gli inglesi chiamarono il *patronised sport*, frutto di un'idea sottilmente delirante. Il nobile o il ricco gentiluomo non praticano necessariamente lo sport di persona, ma incoraggiano gli altri a farlo in una sorta di accomandita sportiva.

Il sottinteso è chiaro. Più volte nel susseguirsi delle fasi storiche – di volta in volta incarnando la modernità – si cerca di recuperare l'età classica. Di risalire verso quelle origini della civiltà mescolate con la leggenda, quel tempo in cui il cammino è iniziato, e in cui addirittura uomini e dèi vivono nel medesimo *continuum* che permette persino alla sessualità di esprimersi liberamente in tutte le sue forme e metafore.

Somigliare a quel mondo che è retto da un capriccioso e pittoresco pantheon: è questo l'obiettivo segreto del nobile mecenate. Essere un dio minore, che tuttavia governa il destino dei mortali e lo contempla da lontano, a volte sorridendo benevolo, altre beffardo. Seduto sulla sua poltroncina da giardino di ferro laccato di bianco, in candidi calzettoni e calzamaglia, soffiandosi ogni tanto il naso con i merletti del polsino e tirando una presa di tabacco, il gentiluomo si gode lo spettacolo del meeting, pronto a offrire il giusto trofeo al sudato vincitore. Si sente un po' imperatore, un po' divintà, e suppone che in fondo – da un certo punto di vista – alla fine siano la stessa cosa.

Ma l'armonia dei tempi di Olimpia è un ricordo lontanissimo. E ancora una volta lo sport va a marcare il confine tra sessi, e non solo. Più uno sport è rude, più è adatto ai *players*. Il lancio della pietra, per esempio – tutt'ora praticato nel Sud della Spagna – oppure la lotta, non tenteranno lo *sportsman* quanto l'equitazione o la scherma. Tuttavia ci sono anche casi in cui lo sport riesce a mettere tutti insieme. Il cricket, ad esempio, in cui i *gentlemen* si battono contro i *players*. E, naturalmente, all'insegna del disinteresse. Perché se da un lato nasce il *patronised sport*, dall'altro il moralismo sportivo si fa a sua volta strada, e si dà come legge che lo sportivo debba prima di tutto essere un *amateur*. E aborrire il denaro.

Il Settecento è fra l'altro, in Inghilterra, il secolo del cricket. Importato nel Trecento attraverso l'immigrazione di pastori fiamminghi, si diffonde sino a diventare lo sport nazionale. Nasce dunque nelle campagne, ma compie una vertiginosa scalata sociale senza perdere la purezza delle origini. È l'unico sport che nel proprio regolamento cita espressamente quelle norme che in altre discipline vengono tramandate tacitamente: «Il cricket dovrebbe essere giocato non soltanto secondo le sue regole, ma anche secondo lo Spirito del Gioco. Qualsiasi azione che sia vista come contraria a questo Spirito causa un danno al gioco stesso. La responsabilità principale di assicurarsi che il gioco sia condotto secondo lo spirito del *fair play*, è dei capitani», recita la premessa alle *Regole del Cricket*. Sono «regole» in cui si cita espressamente «lo spirito del gioco» che vive nel rispetto dell'avversario, degli *umpires* («arbitri») e nel divieto di indirizzare verso un *umpire* e gli avversari parole offensive, o addirittura di «avanzare verso un umpire con passo aggressivo».

Radicatissimo nella società in cui è praticato, questo sport dall'apparenza oziosa, così perfetto per rappresentare la nobiltà del Settecento, ha recentemente partorito il suo primo coming out: quello di Steven Davies, un giocatore popolarissimo. Aiutato dalla coraggiosa presa di posizione di Gareth Thomas nel 2009, Steven rivela la propria omosessualità al *Daily Telegraph*: «Spero che parlare della mia omosessualità possa aiutare tutti gli sportivi che vivono nell'ombra. Credo che più gente lo fa, e più diventerà accettabile», afferma, assicurando anche di aver ricevuto il pieno sostegno dei suoi compagni di squadra: «Parlarne è stato un grande sollievo per me. Spero che tutto vada bene con i tifosi».

Nel Settecento delle «molly houses» (luoghi di incontro degli omosessuali, dove si celebrarono i primi clandestini riti nuziali gay e dove non di rado irrompeva la polizia su indicazione di qualche delatore), nel Settecento delle acconciature di capelli *à la victime* (ispirate al taglio di capelli imposto ai condannati alla ghigliottina), si innestano insomma le salde radici di un umanesimo liberale che tuttavia, solo molto tempo dopo, comincerà finalmente a dare i suoi frutti.

Se il campione viene dalla strada...

Il professionismo vero e proprio comunque arriverà ben più tardi, e porterà con sé nuove contraddizioni. Ma l'immagine del campione che viene dalla strada, del figlio del popolo che assurge a fama universale, aveva messo subito radici. Ed è un'immagine che aggiunge al campione – in questo caso un masaniello muscoloso e volitivo – nuovi caratteri sessuali secondari.

«Meno sanno, meglio fanno», recita un proverbio, che individua nell'illetterato proletario l'amante più promettente. Così il campione, per essere perfetto, dev'essere «bello di fama e di sventura», sudato fino a emanare un significativo afrore, e magari anche un po' sporco di terra. Quello è l'archetipo del moderno sciupafemmine. Dell'eroe senza macchia che, sostanzialmente allora come ora, sfonda la difesa avversaria con la sua penetrazione irresistibile e spara un tiro che è una cannonata, mentre lo stadio intero viene travolto da un orgasmo dionisiaco.

FORTE E GENTILE, IL CAMPIONE FRA OTTO E NOVECENTO

Il culturista eroe dei fumetti: Carlo Airoldi

All'Ottocento, cui dobbiamo una rivisitazione ricca d'inventiva del Medioevo e dei suoi modelli, dobbiamo anche l'invenzione di una tipologia di atleta completamente inedita. Sul finire del «secolo lungo», nascerà addirittura il fumetto, ma il «nuovo atleta», indubbiamente, ne possiede già qualche tratto. Ha una chiara parentela con Eracle ma, a ben guardare, ciò che lo contraddistingue è la bonarietà del suo muscolo, che tuttavia si gonfia significativamente, anticipando il culturismo.

Il suo è un pettorale alla Sofia Loren (che fu, tra l'altro, il soprannome di un celebre giocatore di calcio in costume fiorentino, dal petto singolarmente sviluppato), porta la canottiera a righe e non è concepibile che gli manchi un monumentale paio di baffi a tortiglione. L'Ottocento, in una parola sola, ci regala il «forzuto». Uno sportivo a metà tra il decatleta e il fenomeno da baraccone. Le donne stanno per irrompere definitivamente sulla scena dello sport, ma il forzuto per il momento tiene ancora banco. Ed è, ancora una volta – a dispetto del pompatissimo aspetto virile – un tipo di atleta che sa far vivere la sua parte gentile, «femminile», come un dono di natura, piuttosto che come un limite da contrastare e soprattutto da temere.

Icona di questo tipo di virilità, bonacciona e baffuta, è sicuramente l'italiano (anzi il *lumbard*) Carlo Airoldi. Tutto inizia con la sua partecipazione alla supermaratona a tappe Milano-Barcellona del settembre 1895, e proprio in questa occasione si rende protagonista di un episodio esemplificativo. Qualcosa che, se avvenisse oggi, diventerebbe forse un cult. Airoldi è in testa, quando si trova ormai a pochi chilometri dall'arrivo di quella corsa massacrante. Una corsa che valica ben due confini di stato, lungo un percorso che si snoda su tutti i tipi possibili e immaginabili di terreno. I concorrenti sono un treno umano via via sempre più sfilacciato, che attraversa paesi e contrade come una carovana di pionieri, sollevando una nuvola di polvere e lasciandosi alle spalle una scia di ragazzini alla rincorsa, di fazzoletti agitati nel vento, di gente che saluta entusiasta sulla soglia di casa la corsa che passa. In fuga insieme a lui c'è un atleta francese. È il momento della resa dei conti. Sono le ultime battute di quella gara che sembra senza fine. Airoldi allunga. Vuol dare all'avversario il colpo di grazia. La strategia è finita, la gara è alla fine e ora ci vuole solo un vincitore e un vinto. Il più forte deve prevalere sul più debole, questo comanda la legge di Natura. Come il leone che intuisce che una preda è malata, e dunque è più facile da catturare, Airoldi si accorge che il suo antagonista è in difficoltà. Lo comprende dal passo un po' incerto, dallo sguardo che si fa vago e assente, dalla bocca aperta in un'espressione di muto stordimento. Accelera leggermente, e il francese d'istinto cerca di stargli dietro. Quello sforzo ulteriore, però, gli spezza definitivamente il fiato. L'andatura si fa obliqua. Strabuzza gli occhi, sbanda. Il ginocchio accenna a mancare.

Airoldi si rende conto che l'avversario non solo sta perdendo lo sprint finale ma è letteralmente scoppiato, e di lì a poco si schianterà al suolo. E allora il prode *lumbard* decide di fare qualcosa che farebbe inorridire qualunque leone a caccia di gazzelle, qualunque predatore, qualunque atleta di oggi. Qualcosa che è davvero – meravigliosamente, prepotentemente, divinamente – contro natura: rallenta. Non solo. Poco dopo, si ferma. Nello sconcerto generale, probabilmente soprattutto del francese, che avrà creduto di avere ormai le allucinazioni, Airoldi Carlo (come si presentava lui) ritorna sui suoi passi. Non pensa più al dolore dei muscoli, alla brama di vittoria, a quel premio in denaro che gli fa tanto gola. C'è qualcosa che lo unisce all'altro concorrente: un'umanità sottile, un sentimento di solidarietà, un misterioso elettromagnetismo umano che è più forte persino delle leggi dell'evoluzione: Airoldi torna indietro, si avvicina e prende l'avversario per mano. Lo aiuta ad alzarsi: secondo qualcuno, addirittura se lo carica sulle spalle. A quel gesto i presenti, la gente assiepata lungo il percorso, ancora più numerosa trattandosi del tratto finale, rimane a bocca aperta, l'occhio lucido.

Questi due uomini stanchi morti, irriducibili avversari fino a poco prima, villosi e incrostati di polvere e sudore, incedono adesso mano nella mano, come lieti e giocondi fanciulli. Il francese non rifiuta quell'aiuto, non teme commenti né tantomeno malizia. Si lascia guidare, sostenere, come una dama spaurita dinanzi a un piccolo guado, come una sposa condotta all'altare. Pronto a dividere con l'avversario, che tale non è più, gli onori della vittoria, e le critiche insane. «Sono Airoldi Carlo, ho vinto», dice all'arrivo il prode *lumbard* dal torace da gorilla e le gambe tozze, un po' corte, con cui a dispetto della fisiologia si scatena nella camminata sportiva e nella corsa: «E questo qui con me, lui è secondo». Non temono, né il vincitore né il vinto, di affratellarsi e di aiutarsi, di tenersi per mano fino al traguardo.

Ora la gente conosce il suo nome, e la fama precede «Carlone» in tutti i luoghi dove si reca a gareggiare. Tra le esibizioni, Airoldi non si fa mancare neanche una sfida con uno scatenato Buffalo Bill in tournée europea. A una gara campestre, quando gli dicono che un ragazzino iscritto è dietro di lui e arranca esausto anelando disperatamente il premio in palio per il vincitore – che forse è un prosciutto, forse mezza lira, ma poco cambia, ci si sistema tutta la famiglia per un giorno o due – lui si ferma di nuovo, lo lascia passare e con gli occhi sembra voler dire: «massì, che se lo prenda il ragazzino, questo premio, e che si mangi il prosciutto: di vittorie, io ne ho avute già abbastanza!». La gente lo adora perché, illuminata dalla saggezza popolare, tutto sommato il campione non lo vuole rude e macho, ma forte e gentile. E gli piace assai che quell'omone un giorno abbia preso per mano il suo rivale e abbia corso con lui fino al traguardo. Oggi una scena del genere potrebbe diventare un'icona gay, un'icona del diritto alla generosità, del diritto a togliersela – qualche volta – quella benedetta corazza che ci portiamo appresso.

Le imprese di Airoldi, in perfetta sincronia con lo spirito «positivo» dei tempi, tendono sistematicamente a travalicare i confini dello sport per collocarsi in un ambito in cui l'atletismo convive con lo spettacolo. È un forzuto da baraccone, quando si esibisce facendosi spaccare delle pietre sul torace poderoso (centoventi centimetri); ed è piè veloce, quando sfida in gare di velocità delle bighe trainate da cavalli. Non si sa esattamente in che cosa consisteva la sfida contro Buffalo Bill. Forse in una gara tra Buffalo a cavallo e Carlone a piedi. O forse il muscoloso *lumbard* faceva la parte del torello, e il prode Buffalo doveva acchiapparlo con il lazo. Non si sa, ma si sa – e la cosa è certa – che Airoldi Carlo vince pure quella.

Atleta straordinario, sarebbe bello vederlo in gara anche alle prime olimpiadi dell'era moderna, nel 1900 ad Atene. Vi prendono parte un numero imprecisato di atleti: duecentocinquanta, forse trecento. Circa i due terzi sono greci. Tredici le nazioni partecipanti, tutte europee a eccezione di Stati Uniti e Australia, ma – a quanto pare – per adesso c'è un solo rappresentante del Belpaese: tal Giuseppe Rivabella, che partecipa alla gara di tiro a segno. Ad andare alle olimpiadi, Airoldi però ci prova, e alla sua maniera. Gli atleti si candidano a titolo personale (prassi interrotta alle Olimpiadi di Londra del 1908, dove le candidature dovranno avvenire tramite i Comitati delle rispettive nazioni di appartenenza), e Airoldi, *lumbard* come la *Gazzetta dello Sport* (il neonato quotidiano «rosa» che, proprio allora, emette il suo primo vagito), decide di tentare la sorte. «Airoldi Carlo», dice presentandosi alla giuria e togliendosi rispettosamente il berretto: «Son qui per gareggiare!». Come biglietto da visita presenta le suole logore delle sue scarpe. Perché, alle olimpiadi, Airoldi ci va a piedi. Scarpe alla polacca, calzettoni, calzoncini corti, maglia di lana della Pro Italia, giacca e berretto bianco e blu alla marinara, in ventisei giorni percorre quasi mille e trecentocinquanta chilometri. Ma lo attende una brutta sorpresa, che poi, in fondo, sorpresa non è. Considerato un professionista (nell'Italia sportiva di allora non si concepisce nemmeno la differenza tra dilettantismo e professionismo), non viene ammesso, e proprio a causa della supermaratona Milano-Barcellona, per la quale intasca ben 15 lire. Ma forse non lo ammettono anche perché la fama lo precede fin là, e si sa che, con Airoldi Carlo in gara, di fama non ce ne sarebbe per nessuno.

Tenera virilità, al servizio di un ideale

Il forzuto dell'Ottocento è, insomma, un gigante buono. La sua forza è al servizio di un ideale. È un tenero eroe, capace di coraggio e di dolcezza. Per un momento, la baffuta virilità di ginnasti e corridori, lottatori e nuotatori in canottiera a righe, non si fonde con uno stereotipo machista.

Così Guido Gozzano descrive lo sforzo mascolino della lotta grecoromana, dedicando una poesia, *La forza*, all'amico Mario Bassi:

Bestialità divina, amico Mario,
quando affatichi i muscoli ben atti
e cingi e premi, ansando, e scuoti a tratti
il torso dell'atletico avversario!
Bene sai l'arte della forza. In vario
modo lo spossi e incalzi e pieghi e abbatti;
ti sussulta nei muscoli contratti
non so che desiderio sanguinario.
Gràvagli sopra, crudelmente bello,
con le scapole fa ch'egli riverso
tocchi la rena e «vinto» gli si gridi!
Ridevole miseria d'un cervello
quando il proteso già pollice verso
«Uccidi – griderei – Uccidi! Uccidi!»

E con questi versi ci si congeda definitivamente dall'epoca degli ideali e ci si accinge a consegnare sport, atleti, sudore e sogni agli orrori di una nuova guerra e ai misteri della modernità. Il «secolo lungo» sta finendo: «Signorina Felicita a quest'ora / scende la sera – per dirla ancora con Gozzano – nel giardino antico / della tua casa. Nel mio cuore amico / scende il ricordo». Ma questa volta il sipario si chiude per sempre.

1933
E il Principe incontrò un Fascio di muscoli
PRIMO CARNERA

Che tu possa incontrare la vittoria e la sconfitta, e trattare queste due bugiarde con lo stesso viso.

RUDYARD KIPLING

Primo Carnera era un gigante acromegalico, con la caratteristica mascella prognatica e mani e piedi degni del ciclope Polifemo. Immortalato immancabilmente o col bicipite in mostra o col gessato da mafioso «broccolino» e il sorriso imbambolato, Carnera nascondeva tuttavia – nel suo corpo maestoso, ma minato dal male – tutte le contraddizioni del regime fascista. Era enorme, smisurato, ma al volume di quei muscoli pompati da una produzione eccessiva di ormone della crescita, non corrispondeva fino in fondo la «cattiveria» che ci si sarebbe aspettati. La gente delle sue parti diceva «Carnera, co' un pugno spaca la tèra», ma benché fosse realmente un uomo di enorme forza, non era esattamente quello che sembrava. Non era (per fortuna) «un vero ciclope».

Mentre la gente lo considerava un'icona mascolina, un velo di mansuetudine gli addolciva lo sguardo rendendo ingenuo – in alcune immagini persino infantile – il suo sorriso che, talvolta, con quei denti spaziati e quella mascella troppo grande, gli scavava dalle pieghe delle guance tutta la malinconia del cuore. Carnera era un

«Ursus» (tipico forzuto cinematografico dei *peplum* anni sessanta), dal cuore semplice. Era il «tenero eroe» alla Airoldi, che tuttavia il regime voleva trasformare in uno spietato Achille (anzi no, Achille sarebbe ambiguo). Fatto sta che Carnerone non assunse gli atteggiamenti da guascone tipici dei pugili. Rimase uno con i piedi per terra, anche se nel 1956 la propaganda americana fece uscire l'impietoso film con Humphrey Bogart nei panni di un cronista, *Il colosso d'argilla,* tratto dall'omonimo romanzo di Budd Schulberg liberamente ispirato alla vita di Primo Carnera.

Eppure il fascino del suo corpo smisurato stuzzicava la fantasia. Irresistibilmente. La gente si poneva domande maliziose: quali segreti nasconderanno quelle membra senza pari? Un po' come in *Frankenstein Junior* – dove l'assistente del dottore giunge alla scandalosa conclusione che, se il «mostro» ha piedi enormi, mani enormi e statura prodigiosa, potrebbe avere enorme tutto – la gente sotto sotto si domandava: «Ma quanto ce l'avrà grosso quello lì?». In qualche modo Carnera attraeva. Conquistava le folle nel momento della gloria sportiva (salvo esserne puntualmente abbandonato al momento del declino), e conquistava ammiratori eccezionalmente altolocati. Altolocatissimi. Pescava fan addirittura fra i sovrani: i Savoia.

Lo storico italo-francese Pierre Milza, nel suo *Mussolini* (Carocci 2000) scriverà a proposito della morte del capo del fascismo: «Oltre a documenti attestanti l'omosessualità del principe Umberto, il dittatore aveva con sé parte della corrispondenza con Churchill, fra cui due lettere particolarmente compromettenti per l'uomo di Stato britannico». Pare che Mussolini avesse anche iniziato a mettere insieme un dossier (il dossieraggio è storia molto antica) sul principe ereditario fin dai primi anni della dittatura. E sarebbe stato proprio con la pressione di questi persuasivi strumenti, che il duce avrebbe tenuto in scacco Umberto, spingendosi a precisare alla stampa che doveva essere definito «Principe di Piemonte» e non «Principe ereditario»: e, in caso di bisogno, il passo a «Principe pederasta» sarebbe stato breve assai. La vicenda sarà ricostruita da Lorenzo Benadusi in un saggio sull'omosessualità durante il ventennio fascista, *Il nemico dell'uomo nuovo* (Feltrinelli 2005).

Umberto II di Savoia (1904-1983), l'ultimo re d'Italia, era figlio di Vittorio Emanuele III. Alla caduta di Mussolini, i Savoia passarono con gli Alleati, i quali tuttavia rifiutarono a Umberto di proclamarsi capo del Corpo italiano di Liberazione. Rinato il fascismo dalle proprie ceneri, sotto le insegne della Repubblica di Salò, la stampa fedele al duce attaccò con comprensibile virulenza i Savoia: e apparvero le prime accuse aperte di omosessualità nei confronti di Umberto, detto «Stellassa» (nel dialetto piemontese significa «piccola fanciulla non molto raffinata»), come riferisce ancora Benadusi. Nel dopoguerra non venne poi prestata molta attenzione al memoriale di Enrico Montanari, *La lotta di liberazione*: ex tenente dei bersaglieri ed ex partigiano, affermava che nel 1927, quando era un giovane ufficiale di stanza a Torino, aveva ricevuto insistenti *avances* dal principe. E anche un piccolo regalo: un accendino con incise le parole «Dimmi di sì»: l'episodio è citato da Silvio Rossi su *Extra* il 25 marzo 1971; ma, alla figura «diversa» del principe Umberto, Giovanni Dall'Orto dedica un profilo esemplare (www.giovannidallorto.com).

Negli stessi anni, Primo Carnera era ancora considerato un simbolo granitico della fisicità in camicia nera, un «fascio di muscoli»: era sempre il pugile che nel 1933 era diventato campione del mondo dei pesi massimi. Un tempo lontano, perché il 12 maggio 1946 Carnera si ritirava dal mondo del ring (sarebbe morto vent'anni dopo, nel 1967). Ma chi era stato veramente? E quando aveva conosciuto il principe?

Carnera era nato nel 1906, a Sequals, non lontano da Pordenone. E se il buon giorno si vede dal mattino, nel suo caso si era già capito che quella appena nata era una creatura fuori del comune: pesava circa otto chilogrammi. Il che, a quei tempi, costituiva un fatto addirittura prodigioso. Travolta dalla Grande guerra, la famiglia Carnera fu colpita anche dalla miseria ed emigrò in Francia. Primo cominciò a fare il carpentiere, e a impratichirsi con il pugilato. Ormai cresciuto (duecentocinque centimetri per centoventinove chilogrammi), con un bel cinquantadue di scarpa, Primo suscitò l'attenzione – era il 1925 – del proprietario di un circo che si era attendato nei pressi di casa sua. Fu ingaggiato, e leggenda vuole che proprio in una di quelle dimostrazioni di lotta il gigante friulano combatté da solo contro quattro, sbaragliando gli avversari. Era la prima botta di popolarità, cui avrebbero fatto seguito parecchie botte sul ring.

Un giorno il circo si fermò ad Arcachon. Lì, tra la folla, c'era Paul Journée, ex campione francese dei pesi massimi. Journée intuì le doti di Carnera, al di là del suo aspetto monumentale, e lo presentò al manager Léon See. In un incontro di prova Carnera atterrò il suo avversario con un pugno da paura, e poi si scusò. Lo aiutò a rialzarsi. Il suo manager s'incazzò di brutto: ma che roba era scusarsi con l'avversario? See era un uomo senza scrupoli, fiutò che quel colosso era un affare e coinvolse un organizzatore d'incontri: Carnera combatté il suo primo match ufficiale a Parigi, il 12 settembre 1928, e al secondo round atterrò Leon Sebilo. Dopo un incontro milanese, in cui batté Epifanio Islas, la stampa italiana lo attaccò: «l'incontro è truccato, e Carnera è una torre di gorgonzola».

Era il momento di volare negli Stati Uniti. Imperversava il proibizionismo, la boxe era un racket, un girone infernale gestito da diavoli con la pistola, i gangster, e intanto Carnera continuava a essere considerato più un bestione da circo che un pugile vero. Collezionò quindici vittorie, di cui quattordici prima del limite. La sua popolarità cresceva in maniera esponenziale, eppure nemmeno questo bastò a rendergli amica la stampa del suo paese. In Spagna venne organizzato un incontro tra Carnera e Paulino Uzcudun, ex campione europeo dei massimi. La stampa sportiva italiana dava Carnera per sconfitto, e adombrava la *combine*. Ma le cose andarono in un altro modo. L'incontro non era affatto truccato, e si vedeva. Si vedeva da quello che succedeva sul ring. Erano botte da orbi, e a Carnera – nessuno capiva perché, forse proprio per dimostrare che non c'era trucco e non c'era inganno – venne imposto di combattere usando guantoni più piccoli di quelli che utilizzava normalmente. In effetti, prima dell'incontro Carnera protestò, minacciò addirittura di dare forfait. Poi gli fecero vedere quanta gente era venuta a vederlo. A vedere lui, il montanaro emigrato in Francia scalzo, perché non trovava scarpe della sua misura. C'erano ottantamila spettatori. Era il suo momento: no, non poteva tirarsi indietro. Se non era un fenomeno da baraccone, se non era una «torre di gorgonzola», adesso doveva dimostrarlo.

La gente invocava il suo nome. Lo amava. E allora Carnera ci ripensò. Accettò di battersi. La misura dei guantoni non aveva più importanza. L'incontro cominciò e Uzcudun – pugile roccioso, dal pugno micidiale – restò in vantaggio di punti per quasi tutto il match. Uzcudun menava da paura, ma Carnera era sempre lì. Incassava colpo su colpo, come il tronco possente di uno di quegli alberi che coprivano di boschi le montagne del suo Friuli, un tronco nodoso e secolare, che non voleva saperne di cedere alla scure del taglialegna.

Il match si protraeva più del previsto. Pian piano Uzcudun calava. Si era sfinito da solo a furia di colpire, di cercare di abbattere quell'avversario che sembrava sempre sul punto di cadere, ma che non cadeva mai. E alla fine fu Carnera a vincere. Finalmente anche i giornalisti italiani si decisero ad abbandonare la loro ostilità e resero omaggio al gigante vittorioso. Il match successivo era già fissato: a Londra, contro Reggie Meen. Carnera vinse ancora, questa volta per ko tecnico. E se ne tornò in America. Un anno di incontri, con diciassette vittorie e nove sconfitte. Ma arrivò il 1932 e Carnera incontrò l'amarezza della sconfitta. Un'amarezza torbida, perché stavolta erano davvero incontri poco chiari. A batterlo è prima Larry Gains, poi Stanley Poreda. In compenso il gigante vinse altri ventitré incontri. Carnera scoprì che il suo manager si stava arricchendo alle sue spalle, e che era invischiato con la mafia. Così gli dette l'arrivederci e se ne tornò a casa, in Italia, dove entrò nel team di Luigi Soresi. La musica, però, non cambiò. Anche Soresi vide in Carnera prima di tutto una macchina da soldi: il suo aspetto sbalordiva, la gente era pazza di lui. Il 10 febbraio del 1933 Carnera si batté contro Ernie

Schaaf, e lo mise a tappeto. L'incontro fu brutale, e quattro giorni dopo Schaaf morì a causa di un'emorragia cerebrale procuratagli proprio dai colpi subìti mentre combatteva sul ring contro l'italiano. Carnera era sconvolto. Decise di chiudere con la boxe, e si ritirò. La famiglia si strinse intorno a lui, e lì, dietro le quinte della sua vita, il campione scoprì di avere il dono più prezioso: possedeva amici veri. Sì, questo lo aiutò, lo rinfrancò. E pian piano si riprese. Arrivarono le prime proposte cinematografiche. Alla fine il gigante ci ripensò: sarebbe tornato sul ring.

Iniziò ad allenarsi per la sfida più grande: strappare il titolo mondiale a Jack Sharkey. L'incontro si tenne nel tempio mondiale del pugilato, il Madison Square Garden. Era il 29 giugno del 1933 quando Primo Carnera saliva sul quadrato per affrontare per la seconda volta Sharkey (la prima aveva perso ai punti). Lo stadio traboccava di spettatori. L'atmosfera era quella dei match storici. Il team di Sharkey insisteva nel controllare i guantoni di Carnera, temendo che fossero imbottiti di ferro. Ma era dei suoi pugni che doveva preoccuparsi, non dei suoi guantoni, che invece sembravano l'ossessione di tutti. Perché erano enormi come le sue mani, che sembravano due magli.

A metà incontro Carnera sfoderava un montante micidiale. Tutta la potenza dei suoi centotrenta chili si abbatteva su Sharkey, che in un attimo sembrò sgretolarsi e crollare inesorabilmente al tappeto. Nel pubblico c'erano molti italoamericani, e andarono letteralmente in delirio. «Carnera! Carnera! Carnera!». Il coro si levò alto, rimbombava. Il pugile friulano era incredulo, quasi inebetito. Chiamavano *lui*. Era *lui* che quella folla impazzita stava applaudendo. Era salito sul gradino più alto: era il nuovo campione del mondo. Ne aveva fatta di strada dalle montagne dove era nato, dove aveva mendicato, e dalle quali l'aveva strappato la povertà. Ne aveva fatta di strada per circhi, incontri truccati, momenti di gloria che passavano in fretta e dolori che non lo mollavano più. Ma ora era lì, sotto i riflettori del Madison Square Garden, il Colosseo dell'era moderna. E la gente gli tributava onori riservati soltanto ai più grandi. Il mondo intero parlava di lui: era l'eroe del momento. Ed era una verginità

sportiva a cadere. Il Regime gongolava: nessun italiano prima di Carnera era mai riuscito a diventare campione del mondo dei pesi massimi. Il primo pensiero fu per la madre, il secondo per il duce: e a entrambi volò un telegramma. Ormai Carnera era entrato nella storia. Difese il titolo due volte, sfiorò l'illusione che per una volta la gioia non dovesse tramontare mai, ma quando si raggiunge l'apice inizia la discesa. È la dura legge dello sport, la dura legge della vita.

La sua strada incrociò poi quella di Max Baer, un americano di cento chili, un pugile navigato che tuttavia, almeno sulla carta, non era certo imbattibile. Però c'era nell'aria qualcosa di strano. Un cattivo presagio. Prima dell'incontro il manager di Carnera venne arrestato, e l'evento gettò l'intero team nello scompiglio. Ma Carnera decise di combattere ugualmente.

Baer partì fortissimo e lo atterrò addirittura due volte in pochi minuti. In una di queste cadute il friulano si lussò una caviglia. L'idea di arrendersi non gli passò neanche per l'anticamera del cervello, ma era chiaro che l'incontro sarebbe stato tutto in salita. C'era da sudare, c'era da soffrire, c'era da sputare l'anima, ma il gigante friulano non era tipo da tirarsi indietro. Mai. Al quarto round Carnera sembrava finalmente trovare la forza per reagire, ma in quello successivo un montante di Baer sfuggiva alla sua guardia, lo centrava in pieno e gli faceva tremare le ginocchia. L'incontro proseguiva con fasi alterne. Baer sembrava stanco, e al nono round il pronostico più ragionevole era quello di parità. Il che avrebbe lasciato il titolo a Carnera.

A metà del decimo round un destro sferrato da Baer colpiva di nuovo Carnera in pieno volto. L'italiano ebbe un momento di buio e perse l'assetto per interminabili secondi. Baer lo colpiva ancora, ancora col destro. Un pugno micidiale, che di nuovo fece barcollare il campione. Carnera doveva aggrapparsi alle corde per non cadere. Dando fondo a tutte le riserve d'energia si riprese, ma Baer lo centrò ancora, ancora al volto, e questa volta le ginocchia di Carnera si piegarono. Cadde. Ma l'arbitro non fece in tempo a contarlo, che lui era di nuovo in piedi. Adesso però Baer sentì che la vittoria era nell'aria, e si scatenò. Cominciò un autentico calvario. Carnera cadde ancora, e ancora si rialzò. Aveva l'incontro in tasca, e invece tutt'a un tratto la situazione s'era rovesciata. Il decimo round fu così devastante per lui, che alla fine Carnera non sentì nemmeno la campana. I suoi secondi lo andarono a raccattare in mezzo al ring e lo guidarono all'angolo. Il gigante friulano – che da seduto era più alto degli assistenti che gli stavano intorno in piedi – ansimò sconvolto, smarrito. Era una maschera di fatica e di dolore. Il petto gli andava su e giù come un mantice. Aveva lo sguardo svanito. Il suo supplizio non era ancora finito.

All'inizio dell'undicesimo round Baer lo mandò per la terza volta al tappeto, ma Carnera – con un'autentica resurrezione – si rialzò per la terza volta. Ormai era un tiro al bersaglio. A ripresa quasi conclusa Baer lo centrò di nuovo con violenza. L'ennesimo destro mise di nuovo Carnera in ginocchio. Eppure, ripetendo il prodigio, per l'ennesima volta Carnera si rialzò. Non ne voleva sapere di gettare la spugna. Potevano mandarlo a tappeto mille volte, mille volte lui si sarebbe rialzato. Cadere sul ring non era perdere, era morire. Ma rialzarsi era rinascere, ed era un'immensa rivincita interiore. Quando l'arbitro decise di intervenire, Carnera era lì, sfigurato, esausto, ma ritto sulle sue gambe. Non si era fatto contare fino a dieci, non si era arreso. Lo dovevano spezzare, perché piegarlo era impossibile. Era un vecchio montanaro lui, temprato dalla fame e dalla miseria. E aveva coraggio da vendere. Il verdetto tuttavia era inevitabile: Carnera non era in grado di proseguire l'incontro. L'incontro finiva là. Lui era «un morto che cammina». Ma camminava, e se ne andava sulle sue gambe. I due pugili si sarebbero rivisti di lì a poco sul set della commedia americana *L'idolo delle donne* (*The Prizefighter and the Lady*, 1933), nella quale Carnera interpretava se stesso, mentre Baer interpretava la parte di Steven (detto Steve) Morgan.

Carnera fu un idolo, sì, e non solo delle donne. Un idolo che a trentasei anni, mentre il suo mito declinava, mise su famiglia, sposando Pina Kovačić. L'Italia avrebbe presto dimenticato i suoi pugni, per appassionarsi al pallone, che stava diventando di gran lunga lo sport più popolare. Ma fu un idolo che, quando fu in auge, accese di passione un paese intero, dall'ultimo disgraziato alla Casa reale. Tant'è che il principe Umberto II di Savoia in persona (omonimo del primogenito di Carnera, che ebbe due figli: Umberto e Giovanna Maria) volle conoscerlo. Lo volle fortemente, e alla fine l'incontro ci fu.

Secondo quanto racconterà Arrigo Petacco in *Regina, la vita e i segreti di Maria José* (Mondadori 1997), l'incontro avvenne nel 1933: «Al ritorno, il campione fu tempestato di domande, ma lui disse soltanto che il principe lo aveva ricevuto in costume da bagno e lo aveva pregato di fare con lui una nuotata in piscina. Poi avevano trascorso insieme, da soli, il pomeriggio». A testimonianza del successo che l'atleta riscuoteva non solo presso il «Re di maggio», ma anche presso la sua gentile consorte, Luciano Regolo riferirà – nel libro *Il re signore* (Simonelli Editore 1998) – che anche Maria José del Belgio volle conoscerlo e che le immancabili spie a quel punto insinuarono altre calunnie.

In ogni caso, quello tra Umberto II e Primo Carnera (persino i loro nomi – con quei numeri ordinali – suscitano un po' di confusione, se affiancati) fu con ogni probabilità un incontro piuttosto surreale: da un lato c'era un'icona della più raffinata e alta aristocrazia, l'erede al trono che si circondava di giovani ufficiali cui donare delle «U» fatte da brillantini (che gli omaggiati esibivano orgogliosamente), e dall'altro c'era il gigante dal cuore buono, ma talmente forte che al suo primo match aveva ucciso il proprio avversario senza neanche rendersene conto. C'era decisamente di che tessere pettegolezzi. La gente si chiedeva cosa mai fosse accaduto tra loro in quel pomeriggio, e si spremeva le meningi immaginando i possibili scenari, i dettagli, le conseguenze e i corollari delle ipotesi più audaci. L'uomo qualunque, l'uomo del popolo (ma trasformato in simbolo dall'essere mezzo metro sopra la statura media nazionale) e il principe dossierato dai fascisti, spiato dalla servitù (e non solo), che s'intrattenevano a fil di vasca tra una spremuta d'arancia e un sorso di champagne rosé ghiacciato. Una situazione indubbiamente suggestiva. Lui compìto, sorridente, flessuoso. L'altro mastodontico, impacciato, col viso deformato dalla malattia e dai cazzotti. Il tutto condito da costumi da bagno tirati, secondo la moda, su su fino a mezzo costato, per accentuare al massimo la virile forma a V del tronco. Una situazione irreale, quasi fiabesca. Quasi, perché – come la si girasse e come la si voltasse – benché si fosse tra le mura di una casa reale, mancava la principessa. Il principe c'era, quello sì, e volendo anche «la bestia»: ma, senza principessa, la tradizione popolare non le sapeva raccontare le favole.

Tuttavia a dire il vero, benché non fosse certo uno dei Sette Sapienti, Carnera non era l'ignorantone senza cervello che ci si potrebbe immaginare. Amava l'opera lirica, l'arte, persino la letteratura (che è affare meno intuitivo, più complicato da apprezzare). Gli argomenti di conversazione dunque non mancavano. Di cosa parlò allora Carnera col principe, nelle lunghe ore di quel pomeriggio? Di quadri e di musica, o magari di golf e cavalli? Non si saprà mai.

Ma in fondo quell'incontro fu, prima di tutto, l'incontro di due persone che faticavano a entrare in sincronia col proprio ruolo, e che forse faticavano anche a trovarlo. Fu l'incontro segreto di due spiriti incerti e, se ambiguità vi fu, il suo realizzarsi fu proprio il peggior crimine che il regime potesse concepire: la tenerezza.

Il principe e il boxeur erano due anime più sensibili di quanto la gente non fosse disposta ad accettare. Due anime che non riuscivano ad esprimersi appieno, e che in fondo non potevano. Anime incomprese, salite – per un verso o per l'altro – fino ad altezze eccezionali, dove l'ossigeno scarseggia e tirare il fiato, in un respiro di sollievo, non è mai così semplice.

MUSCOLI DI REGIME

Per dare savie leggi a un popolo bisogna essere anche un po' artisti.

BENITO MUSSOLINI

SPORT E POTERE, O POTERE DELLO SPORT?

La questione della razza

Durante il fascismo l'interesse per il corpo è enorme. E insieme al nazismo – magrado le due dittature siano rette rispettivamente da un Marte decisamente rusticano e da un'Atena coi baffetti, e questo potrebbe dare luogo a ipotesi assai fantasiose sulla natura recondita della loro intesa – fu il grande sostenitore dello sport, nonché ovviamente il nemico giurato dell'omosessualità. Senza dimenticare Francisco Franco, il terzo dittatore, dotato della ciclopica caratteristica di avere un coglione solo...

«La mancanza di movimento fisico induce una serie di effetti negativi sull'organismo e sull'indole dell'individuo: diminuzione della robustezza e della resistenza, indebolimento nervoso, perdita della virilità». È questa la visione del farmacologo e fisiologo torinese Angelo Mosso (1846-1910) che, basandosi anche sull'esperienza acquisita come ufficiale medico, è studioso della paura e del lavoro muscolare, anche in riferimento alle problematiche sociali, e in particolare all'attività sportiva di massa. In conclusione: «L'effeminatezza della razza latina è un difetto dell'educazione, e non un vizio costitutivo». La cura è semplice e decisamente piacevole: esercizio fisico, vita sana all'aria aperta. In una parola, sport.

Il fascismo italiano, ossessionato dalla fisicità, fa suoi questi insegnamenti, perseguitando il concetto di «vita comoda», considerata madre di due abominevoli mali: l'impotenza e l'omosessualità. L'Italia è una nazione giovane che deve spazzar via le plutocrazie sterili e decadenti. Inglesi e francesi sono l'esempio vivente degli effetti negativi di una modernità negativa, perché il benessere li ha trasformati in popoli «privi di eroismo», come spiega nel 1944 Concetto Pettinato nel suo libro *Questi Inglesi*.

Ore e ore di passo dell'oca, estirpare i fronzoli borghesi come la stretta di mano «femminea e antiestetica», primeggiare nello sport: tutto è finalizzato a costruire l'uomo nuovo del fascismo. Un uomo atletico, forte, risoluto e volitivo. Un uomo bellicoso, votato al comando, capace di guidarne altri verso imprese supreme. In pratica sotto il fascismo – come nel calcio di oggi – gli omosessuali «non esistono». Ora come allora, la corrente «negazionista» domina incontrastata. Anzi, più che altro di omosessualità non si parla affatto, o almeno non se ne parla alla luce del sole. Il codice Rocco non prevede sanzioni penali per i «pederasti» – per usare il linguaggio dell'epoca – ma in realtà gli omosessuali subiscono una durissima persecuzione, e spesso finiscono al confino. Con particolare clemenza nei confronti dell'omosessuale che accetti di vivere accortamente nascosto, e un accanimento particolarmente feroce nei confronti di quelli più sfacciati, e soprattutto del nemico numero uno del fascismo: il «passivo».

Quella di «pederastia» è un'accusa dalla quale non c'è scampo ed è usata spesso per far fuori gli avversari politici, come sperimenta sulla propria pelle Augusto Turati (già segretario del Pnf nonché direttore del quotidiano *La Stampa* di Torino), che Roberto Farinacci marchia come «invertito». Paradossalmente, persino inclinazioni sessuali ai limiti – se non oltre – della «pedofilia», venivano in qualche modo tollerate, purché a sfondo eterosessuale.

L'estetica fascista tende a estremizzare lo stereotipo dei sessi, «machizzando» gli uomini, e spartendo le donne tra sane fattrici di campagna e operosi angeli del focolare col sorriso incollato alle labbra. Cresce la chirurgia estetica, vengono standardizzate le taglie degli abiti, e si conferisce al motto latino *mens sana in corpore sano* un valore più di pragmatico principio guida, che di filosofico ideale di vita. L'attività sportiva diviene di massa e irrompe nelle scuole come il basso continuo della militarizzazione generale.

Divise meravigliosamente «uniformi»

I fascisti sono ghiotti di divise, così meravigliosamente «uniformi», e cresce sensibilmente la produzione di abbigliamento tecnico, per il lavoro ma anche per lo sport: il tennis per esempio, o l'equitazione. La Nazionale fascista di calcio, con la casacca «azzurro di Savoia» in onore della Casa reale – quella di Pozzo, con Meazza e Piola – domina la scena, assicurandosi sia le Olimpiadi di Berlino nel 1936, che i due Mondiali dell'anteguerra, nel 1934 e nel 1938.

Girardengo, Guerra, Bartali sono gli eroi del pedale, cui si aggiunge il giovane Coppi che nel 1940, all'esordio del Giro d'Italia, non dovendo più fare da gregario a Bartali – uscito di scena per una caduta – può fin da subito far capire di che pasta è fatto. Nella tappa Firenze-Modena, sull'Abetone, Coppi scatena il suo attacco sotto una pioggia torrenziale, andando a vincere nel tripudio generale.

C'è anche il grande automobilista Tazio Nuvolari, ci sono le trasvolate atlantiche di Italo Balbo. Ma c'è anche Gottfried Alexander Maximilian Walter Kurt von Cramm, nato a Nettlingen (nella Bassa Sassonia), che nasconde per anni la sua omosessualità. Perché si rischia non solo la carriera, ma anche la stessa vita.

PERFEZIONE ARIANA, MA CONTRO IL NAZISMO

Impeccabile, sospetto fair play: Gottfried von Cramm

Discendente di una famiglia dell'antica nobiltà tedesca, il barone von Cramm è uno dei migliori tennisti tedeschi di tutti i tempi. Nel 1932 si guadagna un posto nella squadra nazionale di Coppa Davis e vince il primo di quattro titoli nazionali. Nello stesso periodo, in coppia con Hilde Krahwinkel, vince il titolo di doppio misto a Wimbledon. È famoso per l'impeccabile fair play, ed è molto rispettato. Se si sapesse in giro che è omosessuale, sarebbe un uomo finito. Contro di lui, proprio per lo smacco che implicitamente darebbe al regime, i nazisti si accanirebbero sicuramente.

Von Cramm conquista il suo primo titolo di singolare in un torneo del Grande Slam nel 1934, vincendo gli Internazionali di Francia. La sua vittoria lo rende un eroe in Germania, anche perché indubbiamente è un «perfetto ariano». Alto, biondo, corrisponde perfettamente all'immagine della razza voluta da Hitler. Ma von Cramm ha una personalità forte, è un duro dentro e fuori il campo, e si rifiuta fermamente di diventare uno strumento della propaganda.

Per tre anni consecutivi è finalista del singolare maschile a Wimbledon, perdendo incontri memorabili contro l'americano Don Budge sia a Wimbledon che agli Internazionali degli Stati Uniti. Nel 1935 viene sconfitto dall'inglese Fred Perry nella finale del Roland Garros, ma nel 1936 si rifà, battendo il rivale di tante battaglie e aggiudicandosi per la seconda volta gli Internazionali di Francia. Arrivare in finale, e perdere, è un gesto quasi abitudinario per von Cramm. In un certo senso, sembra che non voglia vincere. La sua è una presenza di primo piano sulla scena internazionale, eppure l'aver conseguito un numero di vittorie inferiore a quello che ci si aspetta – unitamente alla sua mancata adesione ufficiale al nazismo – gli costa una misura disciplinare: malgrado sia il campione uscente, gli viene impedito di partecipare agli Internazionali di Francia del 1937.

Un segreto durato troppo a lungo

Ma la partita della verità, per il suo destino di atleta e di uomo, von Cramm se la gioca contro Don Budge, nella Coppa Davis del 1937.

Von Cramm è in vantaggio 4 a 1 nell'ultimo e decisivo set, quando Budge inizia una prodigiosa rimonta, vincendo alla fine con il punteggio di 8-6. Quella partita è ancora oggi considerata come una delle più combattute nella storia della Coppa Davis. Ed è forse anche quella che, più che mai, von Cramm vuole perdere. È lo stesso Budge, in un'intervista rilasciata dopo il match, a rivelare che von Cramm ha ricevuto una telefonata da parte del Führer a pochi minuti dall'inizio dell'incontro. A detta di Budge, quando riaggancia la cornetta, il tennista tedesco è «pallido e serioso e gioca ogni punto come se la sua stessa vita dipenda dalla vittoria». Forse è proprio così. Forse il segreto di von Cramm è durato troppo a lungo. Quell'incontro ha dei significati che vanno ben oltre lo sport.

Von Cramm si aggiudica i primi due set, Budge i due successivi. La situazione è di parità al momento di giocare il quinto e decisivo set. Di nuovo il barone parte forte, e sembra ormai poter controllare l'incontro fino al termine, dal momento che si porta addirittura sul 4 a 1. Ma a un tratto qualcosa dentro di lui si rompe. Von Cramm cala, e con una prodigiosa rimonta Budge rovescia il risultato dell'ultimo set andando a vincere l'incontro con il punteggio finale di 6-8, 5-7, 6-4, 6-2, 8-6. Gli Stati Uniti si aggiudicano così la coppa, per 3 incontri a 2.

Il barone von Cramm si congratula con il suo avversario: «Don, questa è sicuramente la più bella partita che io abbia mai giocato in vita mia. Sono felice di averla potuta giocare contro un avversario, e un uomo, che stimo profondamente. Accetti le mie congratulazioni». E i due, separati dalla rete, si stringono la mano. È possibile però anche una lettura più psicologica di quell'incontro. Forse, portandosi sul 4 a 1, il barone vuole dimostrare che «potrebbe» vincere, e il suo apparente calo improvviso è stato in qualche modo volontario. Un modo sottile di dare un cocente dispiacere a Hitler. Ma forse perde realmente la concentrazione, forse la «paura di vincere», oscuro nemico di tanti atleti alla resa dei conti, lo sopraffà. Certo è che il suo scontro con il nazismo è ormai imminente.

Nonostante la grande popolarità, nel marzo del 1938 von Cramm viene arrestato e processato per il crimine che per tutta la vita si è illuso di tener segreto. L'accusa è lapidaria: omosessualità. Giudicato colpevole, viene condannato a un anno di reclusione. La solidarietà dei colleghi lo aiuta a evitare una pena che potrebbe essere ben più dura. Don Budge stesso, infatti, raccoglie le firme di una serie di atleti di primissimo piano, e invia una lettera di protesta a Hitler.

Nel maggio del 1939 von Cramm viene scarcerato e ritorna alle competizioni tennistiche, ma il clima politico europeo è ormai rovente. La guerra è nell'aria, e quando tenta di andare a giocare in Inghilterra viene respinto. Dopo il veto iniziale, gli è tuttavia concesso di gareggiare al torneo del Queen's Club, a Londra. Von Cramm vince, battendo lo statunitense Bobby Riggs con un inappellabile 6-0, 6-1. Ciò nonostante, i dirigenti di Wimbledon si rifiutano di farlo giocare, accampando come scusa il fatto che ha « la fedina penale sporca» e non è quindi in possesso dei requisiti di moralità necessari a partecipare a un torneo così esclusivo e prestigioso. Difficile dire se le ragioni del no siano davvero quelle espresse, se siano legate alle contingenze storiche e politiche, o piuttosto all'omofobia.

Pochi mesi dopo scoppia la guerra, e sullo sport cade un pesante sipario che si rialzerà soltanto parecchi anni dopo. Von Cramm si arruola nella Wehrmacht, e quando torna sui campi da tennis è il 1948. Ha quarant'anni, ma fa a tempo a vincere ancora due campionati tedeschi. Gioca in Coppa Davis fino al suo ritiro, avvenuto nel 1954, ed è tuttora il tennista tedesco che vanta il maggior numero di vittorie in quella competizione. Facendo parte dell'élite europea, Von Cramm ha amicizie altolocate. Tra queste, l'americana Barbara Hutton, erede della fortuna di Frank Woolworth, il geniale uomo d'affari che ha messo su un impero economico con la sua catena di negozi «Nickel and dime» (i nomi delle monetine da cinque e da dieci cents), dove tutto si vende a pochi spiccioli.

Nel novembre 1955, dopo il fallimento del suo quinto matrimonio, Barbara cerca sicurezza e stabilità in una relazione con von Cramm, e forse si illudono entrambi che la «fusione fredda» di quel legame platonico possa rappresentare una garanzia di buona riuscita e di durata. I due si sposano, ma ben presto divorziano. Alcuni anni dopo, il barone Gottfried von Cramm resta ucciso in un tragico incidente d'auto nei pressi del Cairo. È il 1976. L'anno seguente viene inserito nella *International Tennis Hall of Fame* di Newport (Rhode Island).

Oggi, a ricordare l'epopea sportiva di questo gentiluomo del tennis, arrestato dai nazisti perché omosessuale, c'è una strada: la Gottfried-von-Cramm-Weg, nel quartiere berlinese di Wilmersdorf, dove ha sede il prestigioso Rot-Weiss Tennis Club.

L'ESPLOSIONE DEL SESSO DEBOLE

Oltre il ruolo di moglie-madre

Lo sport, al tempo del fascismo, vede irrompere definitivamente in scena l'altro sesso giuridicamente corretto, le donne, che costituiscono ancora, ufficialmente, il «sesso debole».

Sono di là da venire le ginnaste anoressiche e le campionesse da allevamento della Ddr. Il fascismo vuole equilibrio, femminilità alla buona.

Semplice, rassicurante, inequivocabile. Materna. Una donna che abbia due belle tette da latte provocanti al punto giusto – e che *soprattutto* è una donna – non si metta a esagerare col bicipite. Come «mascolinità femminile» si può accettare al limite il labbro coperto da un velo di baffo, alla maniera di certe contadine di una volta (oggi non se ne trovano più), adorne non di rado anche di qualche grazioso porro.

Considerando, con Pasolini, che quella del fascismo è una rivoluzione del costume più apparente che sostanziale – rispetto a un sentire millenario che è il vero patrimonio degli italiani – il problema di trasformare un atleta in un simbolo per tutto il paese è molto sentito. L'apparenza è sempre una questione della massima importanza. Ma l'operazione va svolta secondo i più rigorosi criteri della comunicazione, in cui peraltro i fascisti sono maestri, rispettando strettamente le esigenze del regime.

Grinta e carattere, ma con misura: Trebisonda Valla

Fra le femmine sportive simbolo del Ventennio fascista, c'è Trebisonda Valla che vince – prima italiana della storia nella sua disciplina – l'oro alle Olimpiadi di Berlino nel 1936 per gli ottanta metri a ostacoli. È una sana ragazza bolognese vincente, poliedrica, capace di passare dalla velocità al getto del peso, e per questo assai difficile da gestire per una stampa – e una propaganda – che ha l'esigenza di ridurre la sessualità a una sintesi binaria: 0 oppure 1, *masculu o fimmina*.

«Ondina» (il padre l'ha battezzata Trebisonda in onore della città turca di Trabzon, da lui amatissima, ma in famiglia la chiamano così) non è per niente facile da «incasellare». Fin da ragazzina dimostra di possedere fascistissime virtù: grinta, carattere, doti atletiche. Solo che è una femmina, e bisogna andarci piano. Ancora adolescente Ondina è già una promessa dell'atletica, anzi una realtà. E mostra talento per le discipline più disparate: da quelle «adatte a una donna» a quelle più «mascoline». Cosa deve scrivere un povero cronista? Cosa ci si deve inventare per evitare che sulla fanciulla cada l'ombra di Saffo? Insomma, è lecito per un'appartenente al «sesso debole» essere «forte»? Perché, se una donna può lecitamente essere virile, allora un uomo... Orrore!

L'omosessualità, che viene associata alla più molle e disfattista effeminatezza, va condannata senza esitazione alcuna. Bisogna dribblare senza indugio l'imbarazzante memoria di personaggi come Alessandro Magno, e con lui schiere di audaci omosessuali guerrieri. A cominciare da Cesare, naturalmente, malgrado sia proprio all'Impero da lui fondato che si ispira tutta la comparsata dei fasci, e malgrado derivino proprio dal suo nome, «Caesar», le stesse altisonanti cariche di *kaiser* (e di «zar»). Occorre trovare il modo di chiarire che una femmina può (ergo deve) restare tale e, ciò nonostante, primeggiare nello sport. Ondina è un'atleta molto amata dal pubblico. Il Governo vuole servirsene come icona della vigoria della donna italiana, ma senza rinunciare al «buon gusto». La stampa trova una soluzione ideale, definendola «il sole in un sorriso». Con questa garbata (e astutissima) galanteria si salvano capra e cavoli. La donna rimane donna, e a quel punto può vincere quanto le pare. Purché sulla linea del traguardo brilli un bel sorriso da mogliettina affabile, e i suoi muscoli facciali non pulsino troppo nei momenti culminanti dello sforzo, conferendo al viso una sgradevole espressione mascolina.

Il più importante risultato della carriera di Ondina è quello a cui ogni atleta aspira: l'oro olimpico, la medaglia che dà l'accesso all'immortalità sportiva. Un oro conquistato negli ottanta metri a ostacoli, alle Olimpiadi di Berlino nel 1936. La Valla ha già vinto la semifinale con il tempo di 11 secondi e 6 decimi, eguagliando il primato del mondo, quando il giorno dopo si presenta sulla linea di partenza con tutte le carte in regola per essere considerata favorita. Le tocca la corsia numero quattro. Prepara con cura (e con grazia tutta femminile) le buchette dove infilare i piedi, e al via dello starter schizza in avanti come un proiettile. Entrambe le italiane (c'è anche la Testoni) partono fortissimo, e al quarto ostacolo sono insieme al comando. Ma le rivali «rinvengono» orgogliosamente e, al termine di uno sprint mozzafiato, sono ben quattro le atlete che, apparentemente alla pari, arrivano sul filo di lana (che allora non è un modo di dire, ma c'è davvero). Ondina però è più impetuosa, il suo ultimo passo è quasi un tuffo. Un colpo di reni micidiale che le vale la vittoria.

In queste Olimpiadi, tra l'altro, viene usata per la prima volta la Ziel-Zeit-Kamera, un'apparecchiatura brevettata dalla benemerita Loebner-Zeiss, che costituisce un significativo perfezionamento della Kirby Camera usata a Los Angeles quattro anni prima. È proprio il fotofinish a sancire la vittoria di Ondina, dal momento che solo sessantatré millesimi di secondo separano il suo tempo da quello della terza classificata. Trebisonda «Ondina» Valla si classifica dunque prima con il tempo di 11 secondi e 7 decimi, mentre Claudia Testoni, sua amica e rivale da sempre, si piazza quarta. Salita sul gradino più alto del podio, all'emiliana non resta altro da fare che irrigidirsi come un cane da punta nel più plastico saluto romano, e sfoderare tutto il sole che ha nel sorriso mentre i fotografi la immortalano sulle note della Marcia Reale italiana. Qualche giorno dopo, insieme alla Bongiovanni e alla Bullano, le quattro velociste italiane sfiorano il bis di medaglie, arrivando a un soffio dal bronzo nella staffetta 4x100 metri. L'oro olimpico dà alla giovane emiliana una popolarità straordinaria. Ha solo vent'anni e settantotto giorni, e fino al 2004 rimane la più giovane atleta italiana ad aver vinto un titolo olimpico. Il duce la riceve, donandole fra l'altro 5000 lire. Ma Ondina è scatenata, l'alloro olimpico non l'ha saziata. Ha ancora voglia di vittoria, e voglia di provare nuove esperienze. Nel 1937 stabilisce, con 1,56 metri, il primato italiano nel salto in alto.

Malgrado un problema alla schiena, rivelatosi in seguito una spondilosi vertebrale, continua a gareggiare fino ai primi anni quaranta, ottenendo tre vittorie ai Giochi mondiali dello sport universitario di Tokyo, e ben quindici titoli nazionali. «Il sole in un sorriso», che viene dal pentathlon ed eccelle in discipline mascoline come il giavellotto e il peso, comincia a guardare proprio a queste specialità come ulteriori chance per il suo futuro sportivo. Comincia a preferire sport più statici. Gli anni passano, e lei, come il fascismo, comincia a perdere lo scatto. È il momento di fermarsi. Una *fimmina* deve stare al posto suo. I patti erano questi. Il getto del peso è roba per *masculi*, è meglio cominciare a pensare a farsi una famiglia e a trasmettere a una numerosa figliolanza il prezioso patrimonio genetico di cui dispone. E infatti, di lì a poco, Ondina si sposa. Ma nel dopoguerra, per l'esattezza nel 1950, si rifà. Trasferitasi a Pescara, ne approfitta per togliersi quel vecchio sfizio, e si laurea campionessa abruzzese di lancio del peso.

DENON

1990
Coming out di una regina della racchetta
MARTINA NAVRATILOVA

E io dunque corro, ma non senza meta; pratico il pugilato, ma non per combattere il vento; tratto il mio corpo severamente, ma per diventarne padrone, così che dopo aver predicato agli altri non sia io ad essere squalificato.

SAN PAOLO
(tatuaggio di Oscar Pistorius,
tratto dalla *Prima Lettera ai Corinzi*)

Negli anni settanta si affacciava sulla scena del tennis internazionale una giovane atleta mancina di Praga. Muoveva i primi passi, coglieva i primi successi, ma chi aveva l'occhio esperto aveva già capito che a farsi avanti era una vera e propria forza della natura. Questa bionda tennista si aggiudicava i campionati nazionali cecoslovacchi, e nel 1974 passava al professionismo, vincendo quello stesso anno il titolo nel doppio misto al Roland Garros.

Al principio qualcuno ironizzava sulla sua stazza, non proprio da fantina. Un giornalista di quelli loquaci, che amano la battuta sferzante, la definì «the great white hope», la grande speranza bianca. Il gioco di parole però era crudele, e sotto sotto alludeva a una ben nota razza di suini dalle setole chiare e dalla pelle delicatamente rosea, detta appunto «large white». Ma questa ragazza un po' robusta, che cominciava a far parlare di sé, non era tipo da lasciarsi intimidire. Non le importava se qualcuno la sfotteva perché non aveva il fisico di una modella: sapeva di essere un'atleta straordinaria, voleva esserlo, e le critiche servivano soltanto a caricare ancora di più la sua voglia di arrivare. Con il suo stile muscolare, la sua aggressività, la sua incredibile volitività, questa bionda che veniva da oltre la cortina di ferro, stava letteralmente per stravolgere i canoni stessi del tennis femminile: era Martina Navratilova, e si sarebbe presto imposta come una delle più grandi tenniste di tutti i tempi. Sentiva che la vita le avrebbe riservato un percorso di gloria, ma anche di sudore e lacrime. Ed era pronta ad affrontarlo. Così, quando se la sentì di scendere in campo ad affrontare le agguerritissime avversarie del professionismo vero, si lanciò nella mischia e, con la sua condizione atletica e il livello tecnico raggiunto, seminò il panico nel circuito Wta.

Il suo corpo intanto si asciugava. Alla «large white» di un tempo, si era sostituita una donna dal fisico scolpito, scattante. Subito finalista in due tornei del Grande Slam, nel 1975, Martina approfittò della popolarità raggiunta per recarsi negli uffici dell'Immigration and Naturalization Service di New York dove, da emigrante di superlusso, venne accolta a braccia aperte: nel giro di un mese l'inaccessibile «green card» era sua. Tre anni dopo vinse a Wimbledon, sconfiggendo in finale Chris Evert e raggiungendo il primo posto nel ranking mondiale.

Gli anni a seguire furono per Martina Navratilova quelli della consacrazione. Tra il 1983 e il 1984 la sua egemonia fu assoluta: vinse tutto, stabilendo il nuovo record assoluto di settantaquattro vittorie consecutive, e infliggendo alla sua eterna rivale Chris Evert ben tredici ko. Ma quella tra Navratilova ed Evert non era soltanto una sfida tennistica. Era una sfida tra donne, tra modi di essere donna, o forse, come si cominciava a vociferare, anche di non esserlo.

E intanto Martina macinava vittorie. Nei tre anni che andarono dal 1985 al 1987, raggiunse la finale del singolare femminile in tutti e undici i tornei del Grande Slam a cui si iscrisse, stabilendo anche il primato di vittorie consecutive – sei – a Wimbledon. Fu sconfitta solo tre volte: due a opera dell'indomita Chris Evert e una da Steffi Graf, nuovo astro nascente. Nel 1990, a trentatré anni, la Navratilova raggiungeva ancora la finale nel torneo di Wimbledon. Nell'altra semifinale, intanto, Zina Garrison aveva clamorosamente sgambettato proprio Steffi Graf, e a quel punto sembrava irresistibilmente lanciata verso la vittoria, dal momento che tra lei e il titolo si interponeva ormai soltanto quell'ultimo match da giocare contro una prestigiosissima, ma anche decisamente attempata avversaria.

Ma la vecchia regina non era il tipo da cedere così facilmente lo scettro e la corona senza prima lottare con le unghie e con i denti, fino all'ultimo respiro. A dispetto dell'età, con una partita magistrale, Martina castigò severamente la giovane avversaria. Combattuto il primo set, devastante il divario nel secondo: 6-4, 6-1. E intanto metteva nel carniere un altro record: quello di nove titoli vinti nel singolare femminile a Wimbledon. Fu la sua ultima vittoria in un singolare dello Slam, ma – per quanto incredibile – non l'ultima finale. Nel 1991 perse agli Us Open contro la nuova numero uno del *ranking* mondiale, Monica Seles, e ancora nel 1994, alla prodigiosa età di trentasette anni, scese in campo ancora una volta, l'ultima davvero, a battersi per il titolo a Wimbledon. Lì, su quell'erba – la sua superfice prediletta, quella che offriva al suo tennis quasi bionico le migliori occasioni di esprimersi – perse ancora in tre set, senza arrendersi mai fino all'ultimo colpo, contro Conchita Martínez.

Ma se le nuove promesse del tennis si avvicendavano una dopo l'altra sulla scena internazionale, l'unica stella fissa del firmamento, saldamente inchiodata nel cielo da anni, restava lei. In quello stesso anno la Navratilova meditò di ritirarsi dall'attività agonistica, salvo tornare a giocare, a partire dal 2000, nei tornei di doppio. E, naturalmente, tornare a vincere. Nel 2003, a quasi quarantasette anni, andò a conquistare il doppio misto sia agli Australian Open che a

Wimbledon, in coppia con Leander Paes. La vittoria in Australia fece di lei la terza giocatrice nella storia del tennis ad aggiudicarsi tutti e quattro i tornei del Grande Slam nel singolare femminile, nel doppio, e nel doppio misto; mentre quella di Wimbledon le consentì di eguagliare il record di Billie Jean King (venti titoli conseguiti, sommando singolari e doppi) nel prestigioso torneo inglese, e di diventare la seconda giocatrice nella storia per numero complessivo di titoli del Grande Slam (seconda solo a Margaret Court, che ne vinse sessantadue), con cinquantotto vittorie. A testimonianza ulteriore della sua portentosa longevità sportiva, la Navratilova vinse il suo ultimo incontro di singolo – nel primo turno del torneo di Wimbledon del 2004 – a quasi quarantotto anni, diventando così la giocatrice più anziana a vincere un incontro di singolo in un torneo del circuito professionistico internazionale.

E finalmente, con in bacheca centosessantasette coppe di singolare (più di chiunque altro nell'era Open) e centosettantotto di doppio, il 5 luglio 2006, proprio a Wimbledon – teatro delle sue imprese più gloriose – Martina annunciava il suo imminente, definitivo addio all'attività agonistica: «Voglio dedicarmi al mio futuro – disse – passare più tempo a casa, con la mia compagna («one-and-only») e con i miei animali, e dedicarmi di più a tutti quegli interessi che ho sacrificato per lo sport». Non aveva vinto nulla quella volta, ma il pubblico era tutto per lei. La gente in piedi, commossa, non smetteva più di applaudire.

Anche per Martina era arrivato il tramonto, il momento dell'addio. La regina di Wimbledon doveva cedere per sempre il suo trono, e salutava, con gli occhi lucidi, quel pubblico che sullo sfondo plumbeo del cielo di Londra, le tributava tutto il proprio affetto e la propria ammirazione. Era il momento di uscire di scena, eppure quel giorno Martina non era triste. Al contrario, era felice. Guardandosi intorno, nei sorrisi della gente, nelle grida festanti, sentiva che era riuscita nell'impresa più grande. Il pubblico la amava. Non era più l'atleta sospetta dal bicipite un po' troppo sviluppato. Non era una lesbica chiacchierata dai gossip, né la giocatrice che veniva dall'Est e che forse aveva raggiunto i suoi risultati con l'aiuto di

qualche cocktail proibito. Era quella la sua vera vittoria. Non era più un personaggio: era una persona. Era a Martina che la gente stava indirizzando quell'applauso scrosciante. La dea della racchetta, si era fatta donna. Nuove prospettive si aprivano nella sua vita.

Ma vincere era nel suo Dna, e l'ultimo addio al tennis Martina voleva darlo con l'ennesima vittoria. Così, a quasi cinquant'anni, ancora una volta, il 21 agosto 2006 si aggiudicò il torneo di doppio misto agli Us Open in coppia con Bob Bryan.

La rivalità della Navratilova con la Evert aveva dato vita a una delle più lunghe ed emozionanti sfide sportive di tutti i tempi: ben ottanta incontri disputati, e un bilancio finale favorevole alla Navratilova per quarantatré vittorie a trentasette. Come Muhammad Ali e Joe Frazier, come Rivera e Mazzola, come Borg e McEnroe, ma forse ancora di più. La loro fu la «rivalità del secolo», come la definì Bud Collins, se non addirittura «la più grande rivalità nella storia dello sport». Ma il loro interminabile duello, che caratterizzò quasi due decenni del tennis femminile, non fu soltanto lo scontro di due straordinarie fuoriclasse. Fu la contrapposizione spettacolare di due personaggi opposti in tutto. Partite, certo, e memorabili. Autentiche battaglie, in cui le due contendenti davano fondo a tutto il proprio talento. Ma non solo questo.

La Evert era granitica, regolare fino all'alienazione dell'avversario, capace di passanti incredibili su entrambi i lati del campo. La Navratilova era invece votata all'attacco. Una guerriera che non mancava di condire il proprio talento con qualche siparietto assai apprezzato dal pubblico, in cui commentava le chiamate del giudice di linea. Era aggressiva, una vera tigre sotto rete, ed era anche all'avanguardia sul piano tecnologico. L'avversaria usava ancora racchette di legno, lei invece era già passata alla grafite, capace di rendere ancora più esplosivo il suo gioco basato sulla potenza. Anche l'allenamento era spinto all'estremo. Fisicamente e psicologicamente: per Martina, quando si preparava a batterla, Chris diventava «il nemico». Doveva riuscire a «odiarla», ad annullare l'amicizia e la stima che le legava, per giocare con tutta la «cattiveria possibile»: non c'era posto per due numero uno. È la legge dello sport.

Alle micidiali prime palle della Navratilova, si opponevano le risposte impossibili di Chris Evert. Alle fulminee discese sotto rete di Martina, ai suoi colpi *volée*, Chris replicava con *longline* millimetrici, pallonetti imprendibili, potenti rovesci a due mani, una tecnica da lei stessa lanciata: «La mia più grande felicità era battere lei – disse la Evert, sgranando gli occhioni azzurri – quando perdevo mi sentivo delusa, certo, ma non ho provato mai rancore. Se non potevo vincere io il torneo, speravo toccasse a lei». Un po' come Achille, insomma, che colpito dal dardo traditore del pavido Paride, rimpiange morente di non essere caduto per mano del valoroso Ettore.

Ma a tanto spirito cavalleresco sul terreno di gioco, non ne corrispondeva altrettanto fuori: al di qua delle «rive del campo», dove ai campioni è permesso tutto, le cose andavano diversamente. La gente era curiosa, e i media avidi di notizie. Notizie sulla donna Navratilova, non sull'atleta. Chi si nascondeva realmente dietro quel personaggio straordinario?

Già nel 1981 Martina aveva deciso di mettere le carte in tavola. Il toro andava preso per le corna, e lei non era certo tipo da abbassare lo sguardo. Assediata dai giornalisti, spiata, circondata da pettegolezzi sempre più insistenti, dichiarò prima di essere bisessuale e poi la propria omosessualità, annunciando di essere lesbica e di avere una relazione con la scrittrice Rita Mae Brown: neanche il tempo di dire amen, e aveva perduto dodici milioni di dollari in contratti pubblicitari. All'improvviso, nessuno sembrava ricordarsi le qualità sportive di un'atleta che pure entusiasmava il pubblico di tutto il mondo, seminava il panico nel Grande Slam, sudava e lottava sul campo come tutte le altre. Martina scendeva in campo agguerrita e composta. Con i suoi occhiali dalla montatura dorata che le davano una specie di aria «professionale». Non aveva fianchi dalla linea morbida come quelli di Chris, né i suoi completini dai colori confetto, né la sua aria sospesa tra sex symbol e fidanzata d'America. E tutta la sua grinta, la sua classe, la sua simpatia e il suo straordinario talento rischiavano di non bastare a riconquistare la gente: nessun marchio la voleva più come testimonial.

Era stata una delle primissime star dello sport a fare coming out e, oltre ad affrontare i media e l'opinione pubblica sul tema diretto dell'omosessualtà, doveva anche fronteggiare una turbolenta separazione dalla compagna, cui era stata legata dal 1983 al 1991: Judy Nelson. Questa volta la sua battaglia avveniva fuori del campo, ed era senza regole. Martina doveva combattere come donna, affrontando contemporaneamente le insidie dello scontro legale e le ondate impetuose delle chiacchiere della gente. Ondate che avrebbero sicuramente travolto una donna dalla personalità meno forte. Ma lei era una combattente nata. Ribatteva colpo su colpo, scendeva a rete, volava a fondocampo a prendere i passanti più angolati e, alla minima occasione, piazzava lo *smash* vincente.

Si impegnò per i diritti dei gay: fu lei infatti a leggere il 29 luglio 2006, allo stadio Olimpico di Montréal e davanti a quarantacinquemila spettatori, la *Dichiarazione di Montréal* con cui si aprivano gli Outgames; ma ben presto si schierò anche in difesa degli animali e dei bambini. Nel 1985 passò definitivamente al contrattacco: rilanciò le sue dichiarazioni, rivendicando le ragioni delle scelte compiute nel libro *Martina*, la sua autobiografia.

Nel 1990, dimostrando quanto poliedrico fosse il suo talento, il suo nome spuntava addirittura in libreria come coautrice di tre romanzi gialli, e dieci anni più tardi si rendeva protagonista di uno spassosissimo *cameo*, in cui interpretava se stessa partecipando a un episodio della popolare serie *Will & Grace*. Nel telefilm, Martina rivelava di aver scoperto il proprio orientamento sessuale proprio in seguito all'incontro con Karen Walker, che è in realtà uno dei personaggi della commedia stessa (interpretato da Megan Mullally): una donna pluridivorziata, simpatica ma sballatissima – divenuta milionaria dopo aver sposato un uomo d'affari super-obeso – che nella fiction si autodescrive così: «Una parte di me è arrabbiata, l'altra è felice, il resto è solo ubriaca...».

Finalmente, anche grazie a queste dissolvenze incrociate tra realtà e finzione, la gente l'accettava e l'amava. Il personaggio Martina e la persona Martina si ritrovavano unite al di là del confine.

Nel marzo del 2011, in un'intervista rilasciata al magazine *The Advocate*, la Navratilova fece un'altra delle sue vertiginose discese sotto rete, prendendo per il bavero gli avversari delle sue campagne di liberalizzazione sessuale, disse: «Vorrei strangolare quei politici, per lo più repubblicani, che rifiutano di riconoscere i crimini di odio, equiparando l'omosessualità a vari tipi di bestialità e pedofilia. Non è possibile che continuino a farla franca. George W. Bush non ha mai sostenuto una campagna in favore dei gay. Il modo in cui il Presidente Obama sta difendendo i diritti gay, invece, è incredibile. Finalmente lui sta facendo capire alla gente che se c'è una cosa che non è onorevole, è quella di essere bulli».

L'anno prima, aveva dovuto affrontare la partita più difficile: un tumore al seno, che le fu diagnosticato miracolosamente in tempo per essere curato. Dopo un momento di sbandamento, di panico, sfoderò la grinta di sempre. Pochi mesi più tardi, mentre era coinvolta in una nuova battaglia legale per la seconda separazione, eccola di nuovo in scena, a scalare il Kilimangiaro insieme ad altri ventisette alpinisti, per una raccolta di fondi a favore del Laureus Sport for Good Foundation, un ente filantropico assistenziale che si promuove attraverso iniziative sportive. Al quarto giorno di ascesa della più alta vetta africana (quasi seimila metri), Martina si era dovuta arrendere. L'altitudine e lo sforzo le avevano causato un malore.

E quale fosse la tempra di questa straordinaria campionessa, e di questa leader della battaglia per i diritti Lgbt, si può comprendere dalle parole che pronunciò mentre la portavano d'urgenza all'ospedale di Nairobi: «Mi dispiace non aver potuto completare la salita. Ci tenevo molto, ma evidentemente non era destino. Non vedo l'ora di sapere che i miei compagni ce l'hanno fatta! Del resto meglio così, se io non mi fossi sentita male, non avremmo avuto tutta questa pubblicità...».

Muscoli di regine

Non si nasce donne: lo si diventa.

SIMONE DE BEAUVOIR

NEL MONDO DI SAFFO E DI LESBO

Dalla parte del dolore

Nell'ottobre del 2009 la brillante, e bellissima, pallavolista Francesca Piccinini, implacabile schiacciatrice, concede a una rete televisiva italiana un'intervista in cui, con disinvoltura esemplare, afferma che nell'ambiente della pallavolo ci sono, naturalmente, delle lesbiche. Le domande sono semplici, del tipo: «C'era curiosità reciproca per la nudità del corpo, nello spogliatoio di una squadra femminile?». Lei risponde che «capita, a volte sì, magari ci si guarda a vicenda le tette». Poi una più diretta: «Ci sono omosessuali nella pallavolo?». Lei conferma, e dice di conoscerne personalmente. Qualcuna, pare, ha anche provato con lei un approccio. Scontato? No, dal momento che la stessa omosessualità femminile è stata per secoli negata, figuriamoci dunque il rapporto fra lesbismo e sport. Alle spalle dell'omosessualità femminile c'è una lunga storia, una storia che ha vissuto momenti di pace e di dolore, con un bilancio fatalmente squilibrato dalla parte del dolore.

Giamblico, autore siriano di cultura greca, vissuto sotto l'impero di Marco Aurelio nel II secolo, scrive un romanzo erotico dal titolo *Le storie babilonesi*. Il testo è andato perduto, ma ne restano piccoli frammenti, in uno dei quali si fa la caricatura di una certa Philaenis di Samo. Tradizionalmente considerata l'autrice di un manuale del corteggiamento amoroso e del sesso, viene descritta come un'atleta che pratica la lotta nel fango, beve e mangia come un maiale e soprattutto che sodomizza fanciulli con il suo spropositato clitoride, paragonato a un fallo. Dalla tradizione del manuale d'amore nasceranno poi capolavori come l'*Ars amandi* di Ovidio.

Ma anche altri poeti latini sono molto sensibili alla metafora della «donna cazzuta». Marziale si spinge così a teorizzare che tutte le lesbiche hanno un clitoride ipertrofico, e Giovenale si lamenta della perduta castità dei tempi antichi e che ormai le donne vanno «cavalcandosi reciprocamente».

Contro natura

La donna-uomo è un concetto che si perde dietro le quinte del tempo, fino al *Codice di Hammurabi* (1792 a.C. circa), che cita appunto la *salzikrum*, la donna-uomo, cui è concesso di contrarre matrimonio con altre donne. Gli antichi, ancora una volta, si rivelano assai più liberali di noi, lugubremente inscatolati nella più alienante e perfida convinzione che esista la «normalità». Forse, semplicemente, hanno un orecchio più sensibile per le cose di natura, capace di cogliere sfumature ormai destinate a sfuggirci. Gli studiosi hanno infatti messo in luce come l'omosessualità fosse una realtà ben presente ancor prima, come testimoniano gli *Inni ad Inanna*, composti da Enkheduanna intorno al 2300 a.C.

Tra il VII e il VI secolo a.C., la poetessa greca Saffo, nativa dell'isola di Lesbo, dà vita a un canto d'amore immortale, lasciando la sua impronta nella Storia con l'indelebilità più delicata, tale che risalgono fino a lei i termini più usati per l'amore tra donne: «lesbico», appunto, e «saffico». Nello stesso periodo a Sparta – lo ricorda Plutarco – capita non di rado che le donne incontrino «l'amore fra le braccia di altre donne». E più tardi, nel 160 a.C., Luciano di Samosata riferisce, e lo fa con una certa asprezza, delle «donne mascoline». Le *hetairistriai*, di cui parla anche Platone nel *Simposio*, diventano le tribadi, dalla voce greca *trìbein*, «sfregare». Sono gli stessi anni in cui, nella cultura ebraica, Rabbi Eleazar decreta come osceni i rapporti tra donne.

Nel tardo mondo romano le tribadi diventano *fricatrix* (equivalente del greco *trìbein*) e, nel libro IX delle *Metamorfosi,* Ovidio narra la storia di Ifide, fanciulla allevata come un maschio, che si innamora della bella Iante. Ma è soprattutto con il cristallizzarsi del pensiero cristiano che nella cultura occidentale l'amore tra donne diventa «peccato» nel senso in cui ancora oggi molti lo intendono.

Gli unici riferimenti medievali a pratiche di lesbismo appaioni infatti collegati con le conseguenze penali degli stessi, in seguito a condanne per stregoneria o eresia. Anche san Tommaso d'Aquino bolla l'omosessualità femminile fra gli atti *contra naturam*. E nel Concilio di Rouen del 1214 è emblematicamente fatto divieto alle suore di condividere il medesimo letto (pratica diffusa soprattutto durante i rigori dell'inverno), per evitare di incorrere in pericolose tentazioni.

Sul finire del Cinquecento, l'abate di Brântome, Pierre de Bourdeille, nel suo libro *Les dames galantes* descrive con abilità l'amore di «donna con donna», divenuto una moda in Francia a seguito dell'inclinazione omosessuale della regina Caterina de' Medici. Ma anche la regina Cristina di Svezia (1626-1689) è apertamente lesbica, e un'accusa di omosessualità venne rivolta anche a Maria Antonietta d'Asburgo-Lorena.

Nel secolo dei Lumi, Eleanor Butler e Sarah Ponsonby – le Ladies of Llangollen – fuggono insieme travestite da uomini per convolare a quella che oggi chiameremmo un'unione di fatto. Ma a queste due donne della *upper class* va bene: sono parte non solo della migliore società, ma anche dell'*intellighenzia* dell'epoca, e ottengono persino un vitalizio reale.

Nel XIX secolo la nascente psicologia e la sessuologia studiano diffusamente il lesbismo, che viene considerato una perversione patologica alla stregua della pedofilia. La clitoridectomia, considerata la cura basilare del lesbismo, viene praticata fino agli anni immediatamente precedenti la Seconda guerra mondiale: in termini storici, è come dire fino a ieri.

Tuttavia nell'Ottocento, che tanto caro ha l'ideale del forzuto, si sviluppa anche il suo omologo femminile. Nasce il concetto della donna mascolina: «l'invertita». E Freud, uno dei principali artefici della più grande rivoluzione del pensiero dopo Platone, pur non considerando l'omosessualità come una patologia, la definisce un «comportamento deviante», causato da un non corretto, ed incompleto, sviluppo del processo evolutivo della libido.

La cultura lesbica esplode

Il periodo fra Ottocento e Novecento è pieno di fermenti sul tema della sessualità. Nasce la cosiddetta «questione omosessuale» e, accanto al movimento di emancipazione femminile delle suffragette, finalizzato all'ottenimento da parte delle donne del diritto al voto, esplode la cultura lesbica.

È il periodo di Virginia Woolf e del Bloomsbury Group, di Natalie Clifford-Barney, Gertrude Stein, Tamara de Lempicka, Vita Sackville-West, Radclyffe Hall, Ivy Compton-Burnett, Frida Kahlo, Isadora Duncan, Mercedes de Acosta, Eleonora Duse, Djuna Barnes, Alla Nazimova, Liane de Pougy, Annemarie Schwarzenbach, Romaine Brooks, Sibilla Aleramo: quasi tutte artiste, tutte dichiaratamente lesbiche o bisessuali. Una cultura di cui Greta Garbo e Marlene Dietrich diventeranno simboli viventi.

Il primo film apertamente lesbico, *Mädchen in Uniform*, tratto da un romanzo di Christa Winsloe e diretto da Leontine Sagan, è del 1931. A cavallo fra le due guerre mondiali, nei cabaret di Berlino diventa molto celebre la cantante Claire Waldoff (nome d'arte di Clara Wortmann), e per rendersi conto del clima di quei tempi può essere utile notare che la rigidissima censura guglielmina le impedisce di entrare in scena con giacca e cravatta, cioè in abiti maschili.

Ma nella prima parte del Novecento l'identità lesbica si è ormai sviluppata, e le radici di un fenomeno che esploderà nei decenni a seguire appaiono già ben salde. Fascismo e nazismo, ai quali preme di incasellare rigidamente la donna nel ruolo di moglie-madre, perseguono un modello totalmente diverso. Si giungerà, per difendere l'ideologia anche sul piano sessuale, alle conseguenze più estreme: la persecuzione e l'eliminazione fisica di molte lesbiche, deportate nei lager sotto il famigerato simbolo del Triangolo nero.

UNA QUESTIONE NEGATA

Sussurri e grida, nel segreto dello spogliatoio

Un'altra pallavolista d'eccezione, Paola Roncareggi, dichiara con semplicità e disinvoltura a chi la intervista, che nel suo sport «c'è una normale componente omosessuale». Nessun imbarazzo, nessun sospetto che l'argomento sia scabroso o tanto meno scomodo. Nessuna sensazione che un passato, pur così ingombrante e tormentato, possa ancora oggi pesare sulla condizione dell'omosessualità femminile. «È nella natura delle cose – spiega solare la Roncareggi – tutto dipende da come vengono affrontate certe situazioni, e soprattutto dalle voci che si creano all'interno degli spogliatoi». E, per spiegarsi meglio, si rifà a un episodio autobiografico. Negli anni novanta, quando giocava a Cantù, nella squadra si era sparsa la voce che una delle ragazze fosse lesbica. Questo fece sì che nei momenti in cui si doveva condividere un'intimità pressocché assoluta, come sotto la doccia, un po' tutte le ragazze si guardavano intorno per capire se la diretta interessata lanciasse sguardi ambigui e inopportuni. La conclusione della Roncareggi è di un pragmatismo esemplare: «Per come la penso io, sono solo i pettegolezzi che possono creare spiacevoli fraintendimenti. Negli anni novanta c'era meno libertà di espressione su certi temi. Oggi, giustamente, non è più così, e si dichiarano apertamente e senza problemi le proprie preferenze sessuali».

A sentir parlare queste giovani atlete si ha effettivamente la sensazione che la questione non solo sia banale, ma che non esista affatto. Le parole di Valentina Donvito, giocatrice della Nazionale di pallacanestro, vanno nella stessa direzione. Anzi, oltre: «Ho diverse amiche lesbiche e non esiste alcun problema. Ogni squadra, di qualunque sport, crea al proprio interno un microcosmo dove c'è spazio tanto per l'omosessualità quanto per l'eterosessualità». Se è così, perché esistono ancora veri e propri «negazionisti»? Come mai la cronaca ci racconta storie di disagio, di dolore, di paura, addirittura di morte? E perché sono soprattutto i maschi ad assumere questo tipo di atteggiamento?

A una delle domande che ci siamo posti in precedenza – se cioè la perfezione esista, e se abbia un sesso – saremmo a questo punto tentati di dare una prima risposta: forse non esiste un «sesso perfetto», ma sicuramente ne esiste uno «imperfetto». Ed è il sesso forte. Quello maschile. A quanto pare infatti è nella sua parte maschile, più che in quella femminile, che la Natura ha nutrito un sottile e logorante sentimento di precarietà. Un'aura di divino aleggia intorno all'universo femminile, che per certi versi può risultare inquietante: la capacità di procreare, la predisposizione addirittura chimica a percepire i sentimenti e l'indole altrui (il cosiddetto «intuito femminile»), la possibilità – fonte di inevitabile frustrazione per i maschi – di ripetere a piacimento l'atto sessuale.

Il maschio sente la necessità di cercare di tenere sotto controllo tutta questa potenza che, non derivando dai muscoli, appare inquietante e misteriosa. E allora, prudentemente, irrobustisce le mura del castello. Si arrocca. E tanto più è portato a farlo se la «minaccia femminile», come accade ai giorni nostri, diventa così esplicita da apparire apertamente una sfida. È un fatto, del resto, che tutti gli aspetti fondanti della natura maschile siano stati via via in qualche modo messi in dubbio dalla società contemporanea: la figura tradizionale del padre, per esempio, che forse troppo sommariamente è stata liquidata in blocco all'interno di un processo di trasformazione culturale più ideologico che spontaneo.

Il mondo femminile dischiude le proprie ali, ma spesso ponendosi come un'alternativa piuttosto che come fonte d'ispirazione per un rinnovamento vero e armonioso del rapporto tra i sessi. Il risultato è che, per il maschio come per la femmina, scambiarsi reciprocamente un valore – questo paradossalmente riusciva più agevole in passato, quando i due sessi erano rigidamente separati – appare oggi arduo, ed è anzi avvertito come un pericolo, una «debolezza». L'omosessualità finisce così, fatalmente, per essere intesa ancora dai più come un'incertezza, come una «confusione di ruolo», e diviene – per il maschio – il simbolo stesso di una sorta di sconfitta evolutiva. Di qui una serie di iperboli, tra cui appunto quella delirante del «negazionismo».

Le donne sono per istinto più concrete. La metafisica le tenta poco. E infatti parole come quelle della Donvito ci riconducono su un terreno pratico, nella realtà del quotidiano. Se ad esempio all'interno di uno spogliatoio ci sono atlete lesbiche, magari trentenni, e arriva una sedicenne, la cosa che conta è che si instauri immediatamente un rapporto di chiarezza. Il punto non è chiedersi se le lesbiche esistano, che è una domanda priva di senso, ma far sì che la ragazza possa confrontarsi con la realtà che la circonda, imparando a conoscerla e a gestirla, senza subirla.

«Adoro gli sport da lesbica», dice Sharon Stone

«Tutti devono essere nella condizione di effettuare liberamente le proprie scelte – dice Valentina Donvito – altrimenti persino momenti di semplice goliardia possono diventare problematici o quantomeno imbarazzanti».

È una libertà che va costruita, naturalmente, sin dai primi passi. Ecco la testimonianza che ci ha rilasciato Ilaria Buccioni, psicologa clinica e collaboratrice del programma della Scuola di calcio di Cecina (in provincia di Livorno): «Ci sono bambini che si mostrano allegri, sempre sorridenti, con un tratto simpaticamente egocentrico; e altri più timidi, chiusi, per non dire già in qualche modo inibiti. Questi ultimi appaiono più solitari, dipendenti e possono sembrare persino *poco creativi*. In realtà si tratta di differenti modalità nello stabilire un rapporto con l'ambiente circostante. Lavorare attraverso lo sport – che attiva simultaneamente funzioni di gioco e di gruppo – con i bambini in età scolare, vuol dire imboccare una corsia preferenziale per aiutarli a far emergere le loro predisposizioni innate e per esprimere le loro potenzialità, senza creare un senso di inadeguatezza e di sofferenza. Riuscire a renderli consapevoli dei propri limiti li rende emotivamente più stabili e sereni, accresce l'autostima e li mette in condizione già dall'infanzia di esprimersi e relazionarsi con gli altri senza vivere stress. L'orientamento sessuale si sviluppa già nelle prima infanzia, e descrive la direzione sessuale dell'individuo, indipendentemente dal suo genere (maschio o femmina). Quando in età scolare i bambini iniziano a percepire degli interessi sessuali, solitamente sperimentano ciò che vivono concretamente, condividendo con bambini dello stesso sesso questa esperienza nuova. Non è l'indicazione di una predisposizione all'omosessualità, né li identifica come tali, ma rappresenta una strada naturale per realizzare la scoperta del proprio corpo e avere le prime esperienze sessuali in un contesto che non crea ansia, insicurezza o paura. All'interno di una squadra di calcio maschile questo contesto è totalmente diverso, poiché l'ambiente circostante è ricco di messaggi e immagini di uomini che devono essere virili, tenaci. Un ambiente dove si sta in gruppo, tra uomini, si passa il tempo ad allenarsi, la condivisione è totale in campo e negli spogliatoi».

Nel calcio femminile la situazione non è troppo diversa, anzi: la competizione è forse ancora più accentuata, la difficoltà dell'una può diventare in alcuni casi la forza dell'altra, il tempo che si trascorre insieme è lungo e crea coesione, e il modello di giocatore al quale si aspira non è quello di tutte le altre sportive ma pur sempre dei campioni di serie A. Gli interessi diventano simili a quelli degli uomini, perché la performance per essere di un certo livello a volte non può essere aggraziata, e quindi va a scapito della femminilità e dell'eleganza.

Eppure anche la distanza tra il femminile e il lesbismo si misura talvolta secondo schemi tipicamente applicati alla differenza tra maschile e gay, schemi da «battle of sexes». «Adoro tutti gli sport *da lesbica*: cose come il baseball, la pesca e il golf», ha dichiarato Sharon Stone in un'intervista televisiva: «Mi piace da matti pescare, e tutto ciò che ha a che fare con la pesca. Appena posso... sballo! In effetti mi piacciono gli sport noiosi... proprio come la pesca o il golf. E devo dire che, sì, in effetti il golf è davvero uno sport da lesbiche».

DOPING ROSA

Ermafroditismo e tutela della femminilità

«Quando la donna e l'uomo mescolano insieme i semi di Venere, / la capacità che si forma nelle vene dal sangue diverso, / conservando l'equilibrio, plasma corpi ben strutturati. / Ma se, mescolatosi il seme, le capacità contrastano e non raggiungono l'unità, / nel corpo formatosi tormenteranno crudeli il sesso nascente con entrambi i seni». Così Parmenide descrive l'ermafroditismo nel suo *Poema sulla natura*.

Secondo il giudizio delle federazioni sportive, però, le cose devono essere chiare, e gli atleti vanno divisi in due sessi: maschi e femmine. Di conseguenza, tutti gli atleti, compresi i transessuali, devono stare da una parte o dall'altra, e la maniera per stabilire dove stia il confine si è progressivamente affinata. Molti casi sono stati mitizzati e strumentalizzati, e bisogna fare attenzione a non confondere verità e leggenda, quando si cerca di trattare la spinosa sessuologia sportiva. A trovarsi al centro del dibattito è stata innanzitutto la tutela della «femminilità». Censori ed esperti si sono tutti galantemente schierati in difesa del gentil sesso e della sua integrità. In passato, un passato non così lontano, si è creduto addirittura che l'attività fisica, e il conseguente sviluppo muscolare, potessero rendere le donne sterili. Evidentemente non ci si rendeva conto che molte operaie e contadine – che faticavano quanto e più degli atleti – sfornavano figli a valanga.

È per questo che il Novecento, quando alle donne si è finalmente concesso di avere un po' di muscolo sotto la carne, è un secolo decisivo per lo sport femminile. Perché è ora che scendono veramente in campo.

Alba del doping

Tra gli anni cinquanta e sessanta del Novecento, la voglia di vincere più o meno slealmente da parte delle nazioni partecipanti alle grandi competizioni internazionali segna per le donne il battesimo del doping, che causa vertiginosi cambiamenti nella struttura fisica di molte atlete: da lì si rende necessaria l'introduzione di test sistematici in occasione dei grandi eventi sportivi, a partire dal 1960. Controlli varati per evitare che salgano sul podio campionesse truffaldine, con voce baritonale e muscoli da Eracle, come quelle che – soprattutto, ma non solo – vengono sfornate dagli opifici di campioni dell'Europa dell'Est di quegli anni. E molte atlete, davanti ai test, abbandonano le gare.

Il doping è un crimine mostruoso: la salute e l'integrità fisica e morale delle atlete va difesa a spada tratta, ma dove sia quel confine, cosa sia la «femminilità» non è così facile da determinare. Anche in questo ambito le regole – prima della scienza, nel cui nome, come per tutte le religioni, sono stati compiuti innumerevoli crimini – le hanno fatte i maschi. Una campionessa bella, piace di più. Piace agli sponsor, piace alla gente. Dalla rivoluzionaria Nadia Comăneci alla guizzante Alicia Sacramone, dalla statuaria Amanda Beard alla luminosa Federica Pellegrini, dalla dolcissima Chris Evert alla monumentale Maria Sharapova, dall'indimenticabile Florence Griffith alla biondissima Cathrine Larsåsen, la bellezza fisica è per le donne – e non da oggi – una potente arma in più.

CROMOSOMI IMPAZZITI, SESSO INCERTO

Atleti travestiti e transessuali

Fin qui, le parole di chi osserva, di chi convive, in maniera più o meno serena, più o meno aperta, più o meno interessata, con la meravigliosa varietà del mondo che ci ritroviamo intorno. Ma c'è chi l'esperienza di essere «altro», l'esperienza di essere soggetto a un giudizio continuo – al di là del fatto che si tratti di un'assoluzione o di una condanna – la fa quotidianamente sulla propria pelle. C'è insomma chi quel «mondo altro» non lo scopre intorno a sé, ma dentro di sé. Qualcuno che per diventare se stesso ha dovuto compiere un viaggio diverso, ristrutturando da cima a fondo la casa della propria anima. In due parole, cambiando sesso.

Accanto alla femminilità, così come è omologata dai fattori culturali tradizionali, se ne è andata formando un'altra. E anche questo non avviene da oggi. A parte casi storici, come quello di Dora-Heinrich Ratjen – lo vedremo nel prossimo capitolo – la storia dello sport ci racconta spesso di vicende estreme in cui avviene una delle alchimie più suggestive della natura (e che non riguarda affatto soltanto la specie umana): il cambio di sesso. Ma una cosa è la «truffa sessuale», un'altra è l'opera di Madre Natura. E dunque, ancora una volta, torniamo a chiederci: dov'è il confine? Esiste davvero?

La Srs (Sex reassignment surgery) ovvero la «riassegnazione sessuale chirurgica», comincia la sua storia alla fine dell'Ottocento. Un medico tedesco, Richard von Krafft-Ebing, inizia a occuparsene e conia il termine «ginandria» (o «ginandrismo»), cioè lo pseudo-ermafroditismo femminile, in cui il corpo presenta caratteri sessuali secondari maschili (peli, struttura ossea mascolina) e organi sessuali maschili ma allo stato «rudimentale». In seguito, all'inizio del Novecento, dà un'interpretazione psichiatrica del fenomeno, che chiama «metamorfosi sessuale paranoica», quella in cui un omosessuale, maschio o femmina, «crede» di appartenere al sesso opposto.

Ma il vero pioniere di questi studi è Magnus Hirschfeld, che dedica tutta la vita allo studio del sesso e dei generi sessuali, coniando due dei termini più comuni per descrivere il transgenderismo: «travestitismo» e «transessualismo». Nel 1910 pubblica un trattato, *Die Transvestiten*, in cui riporta dettagliatamente le biografie di numerosi individui che probabilmente sarebbe meglio definire «transessuali». Nel 1919, fonda a Berlino l'Institut für Sexualwissenschaft, primo istituto di sessuologia del mondo, e nel 1930 organizza il primo congresso scientifico sul tema della transessualità. Contemporaneamente Hirschfeld inizia a valutare la possibilità di dare a certi «casi» una «soluzione chirurgica». Comincia così a collaborare con un medico viennese, Eugen Steinach (autore del libro *Vita e sesso*), che ha sperimentato il trapianto di gonadi. I suoi appunti parlano di tentativi di «femminilizzazione dei maschi e mascolinizzazione delle femmine», e riferiscono di esperimenti e trapianti su cavie. È lui il primo a teorizzare che sul sesso influiscono le secrezioni delle ghiandole endocrine, facendo sì che «gli uomini si comportino come uomini, e le donne come donne».

Col fiorire dell'endocrinologia si arriva all'identificazione degli ormoni steroidei: androgeni (come il celeberrimo testosterone) ed estrogeni (che promuovono la formazione dei caratteri sessuali secondari femminili, come il seno o l'allargamento del bacino, e sono coinvolti in diversi fenomeni del ciclo mestruale). Il primo intervento di Srs completo, da maschio a femmina, avviene nel 1931, a opera di due assistenti di Hirschfeld: Ludwig Levy-Lenz e Felix Abraham. Il paziente, Rudolph Richter, che poi assume il nome di Dorchen, vive presso l'istituto di Hirschfeld per dieci anni, lavorando come inserviente. Nel 1922 ha già subito la castrazione, cui sarebbe seguita nel 1931 una penectomia e la costruzione di una vagina artificiale.

Chirurgia misteriosa, sesso doc: Weston e Koubkov

In quegli anni Mary Louise Edith Weston, lanciatrice di peso e di giavellotto, dominatrice della scena negli anni venti, abbandona l'attività agonistica dopo aver subito una misteriosa operazione chirurgica, in seguito alla quale cambia anche nome, diventando Mark. Poco dopo il *Daily Mirror* avanza l'ipotesi che le sue medaglie siano il frutto di una «frode sessuale».

Nel 1935 anche la cecoslovacca Zdenka Koubkova cambia identità e diventa Zdenek Koubkov. Zdenka aveva stabilito il primato nazionale di salto in lungo, salto in alto e di alcune specialità su pista, nonché il record mondiale femminile degli ottocento metri. Nel 1934, prima di assumere un'identità maschile, si ritira dallo sport dandosi al cabaret. La carriera artistica la porta negli Stati Uniti, ed è lei ad affermare – in un'intervista rilasciata al settimanale *Time* – che alle «Olimpiadi di Berlino vi erano stati almeno due casi di frode sessuale». Altre atlete intanto seguono la medesima strada, come Elvira de Bruijn, campionessa belga di ciclismo, che diventa Willy de Bruijn.

Il 6 maggio 1933 l'istituto di ricerche fondato da Hirschfeld viene distrutto dai nazisti. Hirschfeld viene esiliato, e muore due anni dopo. I suoi scritti vengono bruciati, e i suoi collaboratori perseguitati. Tuttavia gli anni quaranta registrano importanti progressi nel campo della medicina, che si riveleranno di grande aiuto per i transessuali del futuro, insieme a nuove tecniche chirurgiche stimolate dalle necessità di far fronte alle emergenze del tempo di guerra. Alla fine si fa strada il concetto per cui la transessualità è una «questione spirituale», o comunque psichica, mentre l'intersessualità può essere affidata alle mani di un chirurgo.

Nel 1953, Harry Benjamin – autore dell'articolo *Travestitismo e transessualismo*, pubblicato dalla *Gazzetta Internazionale di Sessuologia* – dichiara di aver cominciato a trattare pazienti omosessuali con terapia ormonale fin dal 1949. La Srs, intanto, conosce un vero e proprio boom, e molti chirurghi si specializzano in questo tipo di intervento, operando al di fuori dei paesi occidentali. Luoghi tipici di questi «viaggi della speranza» a sfondo sessuale furono Tijuana e Casablanca. Dopo il Sessantotto le cose cominciano a cambiare. La Srs inizia a essere considerata una inutile mutilazione, e si decide di sospendere la ricerca. Un gruppo di cinquanta transessuali viene tenuto in osservazione per un lungo periodo, e la conclusione è che la Srs non garantisce alcun beneficio sociale ai transessuali. Nel 1980, l'American Psychiatric Association definisce ufficialmente il transessualismo come «a gender identity disorder», ovvero «un disturbo dell'identità di genere».

Nel 1946 la Federazione internazionale di atletica leggera amatoriale (Iaaf) introduceva una norma per cui le concorrenti devono attestare con un certificato medico di essere sessualmente in regola per partecipare alle gare (articolo 17, paragrafo 3). Non si tratta però ancora di un vero e proprio esame standardizzato, di un test riconosciuto a livello internazionale. Né il Comitato olimpico, infatti, né la Iaaf hanno ancora saputo dare una definizione soddisfacente di «femminilità». Ed è questo che cambia nel 1960.

I successi delle atlete provenienti da Urss e Ddr a metà del Novecento procurano molto allarme nelle organizzazioni sportive occidentali. Alcune atlete provenienti dai Paesi dell'Est hanno un fisico che viola la nozione tradizionale di «femminilità» in maniera evidente. Le celebri sorelle ucraine, Iryna (deceduta nel 2004) e Tamara Press, gareggiano con enorme successo in varie discipline dell'atletica, ma i loro successi fanno molto discutere. E la loro decisione, insieme a molte colleghe, di abbandonare l'attività agonistica internazionale dopo l'introduzione di test ufficiali sul genere sessuale, non fa altro che portare i sospetti a certezze. I primi test di genere sono stati effettuati durante gli Europei di atletica leggera del 1966, a Budapest, e le atlete vengono invitate a sottoporsi a un esame visivo degli organi genitali e delle caratteristiche sessuali secondarie, effettuato da un collegio formato da tre medici donna.

Nel 1966, ai Giochi del Commonwealth tenutisi in Giamaica, le atlete vengono sottoposte a un esame «manuale», che include la palpazione. Ovviamente questo tipo di test, che non dev'essere molto piacevole, soprattutto psicologicamente, è decisamente impopolare. Così Maren Sidler descrive la «seduta di verifica»: «Entravi in una stanza dove c'erano tre medici seduti dietro una scrivania. Una volta dentro ci si doveva togliere la camicia e abbassare i pantaloni. Io lo feci e, dopo avermi osservata attentamente ed essersi consultate tra loro, le dottoresse mi diedero l'ok. Ma non era così per tutte. Mentre ero fuori ad aspettare il mio turno, una ragazza magra magra, una velocista, uscì dalla stanza scuotendo la testa. "Ho fallito", disse amareggiata, "a quanto pare non ho abbastanza tette per correre, me ne devo tornare a casa"».

La frode sessuo-sportiva: Martínez-Patiño

Intanto i test per stabilire il confine tra i sessi continuano a perfezionarsi. Ewa Kłobukowska (classe 1946), una velocista polacca che ha superato il test di genere a Budapest nel 1966, fallisce un test cromosomico sperimentale adottato dal Comitato olimpico internazionale nel 1967. Il test, introdotto in occasione dei Giochi invernali del 1968, a Grenoble, porta alla squalifica della discesista austriaca Erica Schinegger che in seguito, sottopostasi a Srs, diviene Erik. Questo tipo di metodica è implementato in occasione delle Olimpiadi di Città del Messico con il test del «corpo di Barr» (ossia il cromosoma sessuale x che diviene inattivo durante lo sviluppo dell'embrione e che normalmente si forma solo in cellule con due cromosomi x). Il numero di «corpi di Barr» è uguale al numero totale di cromosomi x meno uno: quindi in un individuo di sesso femminile (xx) si ha un «corpo di Barr». Alcune variazioni nel numero dei cromosomi umani portano alla formazione di un «corpo di Barr» in eccesso: è il caso della «sindrome della superdonna» (xxx), che produce due «corpi di Barr», e della «sindrome di Klinefelter» (xxy), che produce un «corpo di Barr» nell'uomo, il quale non dovrebbe averne affatto. Qualcuno osserva però che questo test cromosomico sessuale individua il sesso, ma non dà indicazioni fisiologiche e fenotipiche utili a stabilire se quell'individuo fruisca realmente di un vantaggio sul piano delle prestazioni sportive.

In ogni caso, questo test è stato utilizzato ai Giochi olimpici fino al 1980, e anche se migliaia di atleti sono stati testati nessuno lo ha, almeno ufficialmente, fallito dopo il 1968. A metà degli anni ottanta, il caso dell'ostacolista spagnola Maria Martínez Patiño, che combatte una battaglia di tre anni per venire riammessa alle gare dopo essere stata squalificata, è stato utilizzato per spingere il Comitato olimpico a cambiare o a elimare il test stesso. La Patino, fallito il «test del corpo di Barr» alle Universiadi di Kobe, in Giappone, nel 1985, rifiuta di ritirarsi (le viene proposto di fingere un infortunio). Ma dopo essersi vista ritirare le medaglie e annullare i record, riesce a capovolgere la sentenza di squalifica, facendo presente che una specifica condizione medica («sindrome di insensibilità agli androgeni») le fa fallire «il test del corpo di Barr» senza che questo implichi per lei «alcun vantaggio sul piano sportivo».

Nel 1999 anche il Comitato olimpico accetta di seguire la Iaaf – che l'ha fatto già dal 1988 – e annulla il test cromosomico genetico. I Giochi di Sydney 2000 sono stati così i primi, dopo trent'anni, in cui non viene fatta la mappatura genetica delle atlete. Naturalmente, com'è purtroppo accaduto nel gravissimo caso di Caster Semenya, se il genere di un atleta viene contestato, si può essere sottoposti a una gamma completa di esami: fisiologici, genetici, ormonali, psicologici. Quasi sempre il risultato è scontato, ma nel frattempo – essendo la riservatezza dei test stessi un'utopia – il martirio mediatico è garantito.

Il tema del «sesso sportivo» resta controverso, e soprattutto esposto a fortissimi condizionamenti da parte di fattori politici e culturali. Ad essersene veramente arricchita, è prima di tutto la mitologia moderna. Le storie di sesso sono state fin troppo spesso strumentalizzate per colpire un nemico di altra natura; per ragioni di contrapposizione politica, come ai tempi della «guerra fredda», per puro e semplice razzismo o per il rinnovarsi di una visione ottusamente medievale dell'ordine precostituito delle cose. Ed è questo il motivo per cui, nella stragrande maggioranza dei casi, la «frode sessuosportiva» non esiste affatto, ma lo scandalo che ne è scaturito è stato enorme.

UN UNIVERSO VARIEGATO

I transessuali alle olimpiadi: Buschbaum e Worley

Yvonne Buschbaum è un'astista tedesca nata il 14 luglio del 1980, a Ulm. Nel suo palmares ci sono un bronzo agli Europei del 1998, l'oro a Riga agli Europei Juniores dell'anno successivo, l'argento a quelli Indoor di Vienna e ancora un bronzo agli Europei di Monaco nel 2002. «So che essere un transessuale è una scelta estrema. Non chiedo altro che un po' di rispetto», ha scritto l'atleta (che oggi non si chiama più Yvonne ma Balian) in un diario che ha affidato a internet. «Ero un uomo intrappolato nel corpo di donna, non avrei mai potuto star bene con me stessa. La tensione si è accumulata e alla fine mi sono bloccata completamente», dice dopo essersi infortunata prima delle Olimpiadi di Atene. Il tendine, certo, ma anche le ferite dell'anima, le più difficili da guarire. Guardando le sue foto d'un tempo appare chiaro che Yvonne, di una donna, non ha altro che il nome, mentre il Balian di oggi è un ragazzo soddisfatto di sé. Il suo primato personale di 4 metri e 70 centimetri rappresenta una misura di poco conto nell'atletica maschile, e Balian non gareggia più. Ma il problema non è lo sport, è la ricerca di un equilibrio interiore, il che implica a volte una scelta definitiva e totale. Yvonne deve semplicemente diventare ciò che è. Ed è Balian, un uomo.

L'universo degli sportivi transgender è molto variegato. Nel 2004 il Comitato olimpico internazionale decreta che i transessuali possono partecipare alle olimpiadi: due anni dopo l'operazione, devono presentare una certificazione medica che attesti l'avvenuta e reale trasformazione, e naturalmente rispettare le regole antidoping. Per il resto, nessun problema. Sembra quasi che alla fine il punto sia davvero quello di rientrare in una logica binaria dei sessi. Come ci si arrivi, non ha importanza. La ciclista Kristen Worley, forte di questa decisione del Comitato olimpico, tenta in tutti i modi di partecipare ai Giochi di Pechino del 2008. Alcuni anni prima ha effettuato un intervento chirurgico per cambiare sesso, passando da maschio a femmina. Con l'aiuto di un appropriato e costante utilizzo di estrogeni, Worley finalmente ha acceso nei suoi occhi l'ambito sguardo da donna, ha una voce femminile, e per chi non l'ha conosciuta prima non può essere altro che una ragazza. Ma nel periodo in cui si prepara ad affrontare le selezioni per le Olimpiadi di Pechino, diviene fatalmente un personaggio molto discusso, e cerca di spiegare la propria situazione con parole estremamente semplici: «So che non ha senso preoccuparsi di quello che la gente dirà, ma confesso che ho paura. Quello che vorrei cercare di dire è che io sono semplicemente come una qualsiasi altra ragazza... Non bisogna emarginare nello sport persone che spesso sono già emarginate dalla società. E lo sport non dovrebbe costringere gli atleti che cambiano sesso a dare una risonanza così grande alle proprie scelte di vita privata, per poter competere nelle gare».

La Worley ha a lungo paura di parlare del proprio passato, mostrandosi sempre riluttante a rivelare la propria età, a parlare dei luoghi dove è cresciuta, insomma di tutti quei dettagli da cui si possa risalire all'identità precedente. La sua è stata una presa di coscienza lenta e graduale, e la ciclista descrive se stessa come «un ragazzo che aveva davanti a sé tutte le opportunità del mondo, ma che si sentiva sempre a disagio come maschio». Nella tarda adolescenza arriva la svolta: «La realtà è questa... e sono nei guai», dice a se stessa, senza più mezzi termini. Da un lato la fierezza di aver finalmente riconosciuto la propria identità, dall'altro la paura. Momenti difficili da comprendere per chi non li abbia affrontati di persona. Momenti in cui, sono ancora le sue parole, «morire sembrava una prospettiva migliore che vivere».

Anche se la Worley non riesce a coronare il suo sogno olimpico, la decisione del Comitato olimpico, che segue la pressione esercitata da un crescente movimento di atleti provenienti da un'esperienza simile alla sua, costituisce un precedente decisivo. «È stata una cosa importantissima», dice Helen Carroll, coordinatore del settore sportivo del National Center for Lesbian Rights: «L'Australia e l'Europa, ad esempio, sulla scia di questa decisione, hanno cambiato le regole del golf per consentire a Mianne Bagger di competere in gare ufficiali».

La Bagger, trentanove anni, è la prima giocatrice di golf ad aver cambiato fisicamente sesso, passando da maschio a femmina. È stata esclusa dal circuito professionistico dopo un intervento chirurgico subìto nel 1996, ma alla fine riesce a essere riammessa. Nel 2003 si iscrive a un torneo femminile e nel 2004 riesce a far cambiare le regole del circuito golfistico internazionale. Vuole continuare a coltivare le stesse passioni, a inseguire gli stessi sogni, ma vuol farlo da femmina: «È stata una fortuna per me che l'annuncio del Comitato olimpico sia stato dato proprio mentre la Federazione internazionale golf stava discutendo il regolamento in seguito alla mia istanza». Nel suo caso però, il vero problema diventa questo: l'attenzione generale si sposta dai risultati sportivi, che ottiene sul «green», al gossip del suo cambiamento di sesso. «È stato difficile fare quello che ho fatto, perché i media ti rappresentano e ti espongono all'opinione pubblica in maniera molto estrema: una «drag queen» o altre caratterizzazioni clamorose. Io vorrei che la gente si occupasse di me perché gioco bene a golf, e che tutti avessero ben chiaro che per battermi c'è da sudare parecchio... Nient'altro».

Nessun imbarazzo

Altro sport, altra storia. E dal manto erboso di un campo da golf ci spostiamo sul tatami. La judoka brasiliana Edinanci Fernandes da Silva, classe 1976, che fino alla pubertà ha avuto sia gli organi sessuali maschili sia femminili, si fa praticare l'asportazione di quelli maschili prima delle Olimpiadi del 1996. Quattro volte olimpionica, ai Giochi di Pechino del 2008 sfiora il bronzo. Un risultato storico, poiché sarà la prima atleta ad aver cambiato sesso che è stata capace di conquistare una medaglia olimpica. Edinanci è una figura molto popolare nel suo paese, e vive la sua vita pubblica con naturalezza. Ama concedersi ai propri fan e non manca di apporre in calce agli autografi il numero settantotto, quello dei chilogrammi della categoria di peso in cui gareggia.

Il Brasile è una potenza mondiale del judo e la da Silva ne rappresenta sicuramente un punto di forza, ma intorno alle prestazioni di questa atleta oggi trentaquattrenne, già campionessa panamericana e medaglia di bronzo ai Mondiali del 2003 e del 2007, non mancano ovviamente accanite discussioni. Quando alle Olimpiadi di Atene elimina l'italiana Lucia Morico, il tecnico azzurro Vittoriano Romanacci, che ha chiesto la sua esclusione dalle gare, commmenta che la da Silva combatte «come un uomo, utilizzando colpi, come il tuguruma, che richiedono notevole forza nella schiena e che da una ragazza non ti aspetteresti».

Rimanendo nell'ambito delle arti marziali, non si può non pensare a Laura Matrone, atleta napoletana trans, iscritta al Movimento identità transessuale e convocata agli Europei di Taekwondo, il suo trampolino verso le Olimpiadi di Londra 2012. La storia di Laura «ricorda molto quella di *Beautiful boxer*», il film che racconta la vicenda del campione di thai boxe Parinya Charoenphol, transessuale, che dopo l'operazione torna a combattere: lo sottolinea Martina Castellana, transessuale a sua volta e vicepresidente della Commissione per le pari opportunità della Provincia di Salerno, nonché responsabile dello Sportello per i disturbi di genere; al consultorio della dottoressa Castellana – come viene spiegato nell'articolo di Angelo Lomonaco (sul *Corriere del Mezzogiorno*, settembre 2011) – si sono rivolti numerosi atleti che hanno cambiato sesso e che ora si cimentano in gare sportive dilettantistiche. E alla domanda di Lomonaco se possa creare imbarazzo praticare sport considerati «virili» da parte di chi ha compiuto questo percorso, la risposta di Martina Castellana è telegrafica: «No».

Trans e antitrans

Se quelle che abbiamo fin qui tratteggiato sono storie di donne che devono cominciare a lottare prima ancora di competere nelle gare, c'è una donna che, pur avendo compiuto lo stesso percorso, si è sempre dichiarata contraria all'apertura dello sport ai transessuali. È in effetti una cosa insolita, perché si tratta proprio di una protagonista di questa grande battaglia per l'uguaglianza dei diritti sessuali, la tennista Renée Richards: «La decisione del Comitato olimpico internazionale di accettare che i transessuali competano nelle gare femminili è una sciocchezza», sostiene. «I trans non dovrebbero affatto andare ai Giochi. Io volevo fare gli Us Open, ma solo perché avrei giocato contro ragazze di vent'anni più giovani, e dunque senza avere chance...». E non è la sola posizione su cui la tennista si rivela piuttosto conservatrice: «Le coppie omosessuali dovrebbero godere degli stessi benefici delle coppie etero, ma per metter su famiglia ci vogliono un uomo e una donna: come una spina e una presa elettrica».

Renée Richards, nata Richard (Dick) Raskind, classe 1934 – allenatrice della Martina Navratilova ai tempi d'oro – diviene famosa dopo un'operazione chirurgica che «da uomo la trasformò in una donna», e per la lunga battaglia legale che la conduce a disputare l'Us Open di tennis. Di professione oculista, quasi un metro e novanta di statura, vive vicino a New York con la sua amica e assistente Arleen, di oltre dieci anni più giovane. In gioventù è stata ufficiale di Marina, come testimoniano alcune foto che la ritraggono in uniforme. A parte quelle in cui aveva la barba lunga e che non le piacciono più, Renée conserva le foto di tutta la sua vita, anche quelle in cui viene ritratta insieme al padre, che si è sempre rifiutato di accettarla nei panni di una donna.

Nel 1976, partecipando a un torneo dilettantistico femminile, Renée si trova a dover fronteggiare le proteste delle avversarie. Malgrado non sia più una ragazzina (ha più di quarant'anni), serve con una potenza straordinaria. Nasce il «caso Richards», e la giocatrice ammette di «essere stato un uomo». L'anno dopo, vincendo in tribunale un contenzioso contro la Federazione americana di tennis, si iscrive all'US Open. A questo punto, i tempi sono maturi per scrivere l'inevitabile autobiografia, *No way Renée. The second half of my notorious life*, che diventa un bestseller. «Mia sorella maggiore pigiò il mio pene verso l'interno, fino a farlo praticamente scomparire, dicendomi: "Ecco, guardati, ora sei una bambina"», scrive Renée, raccontando i più intimi retroscena della sua infanzia: dalla madre psichiatra, che a volte la vestiva da donna, agli ormoni assunti per farsi crescere il seno. Prima di diventare Renée, ha avuto una vera e propria prima vita. E anche un figlio, che ha continuato a chiamarla papà: «Ha già una mamma, per cui l'altro genitore deve per forza essere suo padre... Se mio padre da elefante si fosse tramutato in dromedario, sarebbe restato comunque mio padre!».

Quando dice basta col tennis, Renée passa al golf: «Non mi sono mai pentita dell'operazione», ha detto facendo un bilancio della sua esistenza e della sua scelta: «se non l'avessi fatta, mi sarei suicidata. Ma è meglio essere un uomo che ha il cento per cento delle proprie funzioni, piuttosto che una transessuale, cioè una donna incompleta».

Cambiare sesso è una scelta che mette alla prova nella maniera più drammatica il rapporto tra un individuo e la società: a chi la compie appare ovvia, ma per il mondo che sta a guardare è la cosa più assurda che ci sia. È questo che scatena il bruciante cortocircuito del dolore.

DAL TRANS-DOPING AL SESSO SULLA SCACCHIERA

Amare realtà: da Heidi ad Andreas Krieger

Le storie di campioni dello sport che possono condurre al cambiamento del sesso risultano talvolta del tutto imprevedibili. Può persino accadere che la necessità del cambiamento sia indotta dall'esterno. È quello che capita ad Andreas Krieger, ma il percorso verso un nuovo sesso l'ha fatto passando da donna a uomo.

Heidi è una pesista della Germania Est. Berlinese del 1966, a vent'anni vince gli Europei di Stoccarda con un lancio di 21,10 metri. Un risultato notevole, ottenuto attraverso il famigerato «doping di stato». Tutti i paesi dell'Europa dell'Est, ma soprattutto la Ddr, sono degli autentici pionieri in questo mostruoso campo del «crimine» sportivo. Il doping viene praticato in maniera sistematica, totalmente priva di scrupoli, dagli anni cinquanta agli anni ottanta; e con particolare accanimento nei confronti degli atleti che partecipano alle olimpiadi. Non si sa quasi nulla degli effetti collaterali procurati dalle sostanze che vengono somministrate, ma è un fatto che vi siano impressionanti miglioramenti sul piano delle prestazioni, specialmente da parte delle donne che vengono trattate, come nel peggiore allevamento di animali, con ormoni maschili. Ormoni dagli effetti collaterali devastanti. «Fu il doping di stato» che, come scrive lo stesso Andreas, «uccise Heidi».

Oggi gli ex atleti della Ddr sono stati risarciti per la violenza che hanno subito, ma ad Andreas, che tira a campare vendendo modernariato nei mercatini di Magdeburgo, quel dolore è rimasto dentro come una ferita aperta. La sua «transizione» gli viene imposta per un assurdo delirio di onnipotenza a sfondo pseudopatriottico. Gli viene imposta trattandolo peggio di un animale da laboratorio. Il doping gli permette risultati eccezionali, ma intanto gli modifica il corpo, finché viene spenta ogni femminilità. Viene in mente un romanzo di fanta-horror, ma è semplicemente un'amara realtà dove l'orrore, invece che con la fantasia, si sposa con la più bieca ottusità.

Un altro caso è quello di Michelle Dumaresq, campionessa di mountain bike, che si sottopone all'intervento per cambiare sesso dopo un lungo trattamento ormonale. Anche lei beneficia della decisione presa nel 2004 dal Comitato olimpico, le cui regole vengono utilizzate in tutto lo sport agonistico, e può prendere parte alle competizioni come atleta donna. Se l'intervento viene effettuato almeno due anni prima, l'atleta è infatti considerato sul piano ormonale del tutto alla pari con gli altri concorrenti. Dumaresq ha in effetti subito una gonadectomia sei anni prima di iniziare a gareggiare, per cui si può considerare certo che non ha avuto nessun vantaggio dovuto a un eccesso di testosterone.

Nella sua prima gara, *The Mountain Bear,* che si tiene a Mission nella Columbia Britannica (Canada) nel maggio del 2001, Dumaresq non solo vince ma, sebbene si sia iscritta nella categoria dilettanti, vince con un tempo di 2,5 secondi inferiore rispetto a quello della categoria professionista. Dopo altre due gare, la Canadian Cycling Association la sospende dall'attività a causa delle proteste delle altre atlete. La Dumaresq tenta allora di gareggiare con gli uomini, ma anche questo le viene impedito, perché la commissione medica stabilisce che è femmina. L'intervento dell'Uci le consente tuttavia di riprendere a correre nella categoria femminile e, nel 2002, partecipa alla prima competizione da professinista piazzandosi al terzo posto. Nella gara successiva, però, arriva prima, staccando di dieci secondi le altre concorrenti. Ne segue una nuova ondata di reclami – tra le firme della petizione per la sua esclusione, ce n'è una sola di un uomo – ma la sua vittoria viene confermata.

Rappresenta più volte il Canada ai Mondiali di mountain bike, finché nel 2006 c'è una nuova, clamorosa protesta contro di lei al momento della cerimonia di premiazione: il fidanzato di Danika Schroeter, classificatasi seconda, irrompe sul podio e consegna alla sua ragazza una maglietta con la scritta «Pure Champ Woman», come dire, «campionessa-femmina a denominazione di origine controllata». Danika la indossa e la Canadian Cycling Association emette contro di lei un provvedimento disciplinare: una sospensione da scontare tuttavia durante la pausa dell'attività, e dunque meramente simbolica.

Quando il petto comincia a crescere: Robert Millar

La storia delle due ruote riporta inevitabilmente alla mente un'altra vicenda. Quella di un grandissimo atleta: Robert Millar, scozzese di Glasgow, classe 1958. Uno dei ciclisti d'oltremanica più forti di tutti i tempi, capace di vincere la classifica scalatori sia al Giro che al Tour: l'unico ciclista inglese a salire sul podio degli Champs Elysèes nel 1984, allorché viene investito del titolo di «re degli scalatori», poi arriva secondo al Giro d'Italia, nel 1987: «Le salite sono l'unica possibilità che ho per far soffrire gli altri corridori, ma devo soffrire così tanto anch'io per far soffrire loro, che la cosa non mi diverte affatto», dice dopo una gara vittoriosa, una di quelle in cui, curvo sulla bicicletta, con gli occhi che schizzano fuori dalle orbite, infiamma il pubblico assiepato ai lati della strada.

Oggi Robert Millar si fa chiamare Philippa York, vive con la fidanzata in una bella casa in un villaggio del Dorset, in Inghilterra, e continua ad andare in bicicletta. Ma non parla con nessuno della sua vita precedente. È stato il *Daily Mail* a scoprire la sua nuova identità, dopo che quattro anni fa Millar è sparito misteriosamente dalla circolazione. Le stesse ricerche per scrivere la sua biografia, *In Search of Robert Millar* (2007), fatte dal giornalista sportivo Richard Moore, non portano a nulla; i due si scambiano, infatti, solo delle mail, e in una di queste il ciclista nega decisamente di essere sparito: «Non sono affatto scomparso, finalmente faccio solo quello che mi piace».

Nel palmares del suo passato sportivo c'è anche il titolo di «personalità sportiva dell'anno», conferitogli dalla Bbc negli anni ottanta; ma alla crescente popolarità si contrappone un impenetrabile riserbo sulla sua vita privata. Anche il suo matrimonio, nel 1985, avviene quasi in segreto. Poi, nel 1992, la squalifica per doping. Il fermo forzato, e la voglia di ricominciare.

Sulle salite è sempre il numero uno, un osso duro per tutti – così duro che ci si può rompere un dente a morderlo troppo – ma poi qualcosa comincia a cambiare. A cambiare nel suo corpo, perché il petto di Robert comincia a crescere. Come scrive Simona Marchetti sulla *Gazzetta dello Sport* (7 luglio 2007): «Sotto la maglia, infatti, si cominciava a intravedere distintamente la rotondità del seno. "Ogni volta che lo incontravamo – raccontò all'epoca un amico – Robert sembrava avere un seno sempre più grosso, ma lui non parlò mai con nessuno di questa cosa"». Poi, nel 2003, il ritiro. Si chiude il sipario sulla vita di Robert, sulla sua casa nel Northamptonshire, e si riapre su quella di Philippa York, nel Dorset. «"Tutti qui lo sanno che Philippa una volta era un uomo – riferisce ancora Simona Marchetti, attraverso le parole di un abitante del paese dove Philippa vive – ma siamo troppo educati per chiederle dettagli della sua vita passata. Le piace ancora andare in bicicletta e la vediamo spesso a cavallo della sua bici, perfettamente equipaggiata e con i lunghi capelli che le escono dal caschetto"». Insomma Robert non esiste più, o forse non è stato altro che la lunga crisalide di Philippa.

Ci sono tuttavia altre storie sportive di donne che non sono legate né a gossip succulenti, né a polemiche sui muscoli. È il caso di Natàlia Parés Vives, che si chiama Josep e che trascina la questione dell'omosessualità nello sport al di fuori dei confini del corpo, dello scheletro e del testosterone, per portarla sul piano della mente. Josep, infatti, è un giocatore professionista di scacchi. Un giocatore brillante, capace di vedersela fino al penultimo errore persino con un titano del calibro di Gary Kasparov, come dimostra nel 1988 in una gara in simultanea a cronometro.

Oggi il giocatore si chiama Natalia. È un transessuale di cinquantadue anni. L'ultima partita nei panni di Josep l'ha vinta nel 1998, poi se ne sono perdute le tracce. Finché, più di dieci anni dopo, non è apparsa appunto Natalia. Negli scacchi il doping non c'entra, e chi pensa che la mente brillante di Josep abbia il suo segreto nel testosterone, si sbaglia. Perché, «ca tu 'o chiamm' Pepp' o Cir'», come recita una popolarissima canzone napoletana, Natalia continua a dare scacco al re.

Anche Terri O'Connell, pilota del Mississippi nata James Terry Hayes (nome con il quale vinse il campionato nazionale di go-kart), affida a un libro il racconto del suo viaggio tra i generi. Cambia sesso nel 1992, e la sua storia, *Dangerous curves* (2008), diventa subito un bestseller.

Tra gossip e polemiche

Gro Hammerseng e Katja Nyberg, pallamaniste norvegesi (la Nyberg naturalizzata) oggi trentenni, annunciano ufficialmente il loro fidanzamento nel 2005, per poi andare a festeggiare nel migliore dei modi con la vittoria alle Olimpiadi di Pechino del 2008.

Loro non hanno cambiato sesso, ma sono la prova di quanto vario sia l'universo lesbico e di come potrebbe essere semplice per tanti altri realizzare se stessi, se non dovessero scontrarsi con ostacoli e pregiudizi dolorosi e, soprattutto, dolorosamente inutili. La Hammerseng, fra l'altro, viene eletta dal sito web *AfterEllen.com* una delle donne più belle e più sexy del 2010, classifica vinta l'anno seguente da Portia de Rossi (compagna di Ellen De Generes, arrivata terza), nota anche per il suo ruolo nella popolarissima serie tv *Ally McBeal*. Gro Hammerseng figura al tredicesimo posto, preceduta da Angelina Jolie, da Ruby Rose (conduttrice televisiva australiana, vittima di atroce bullismo durante la sua adolescenza, che ha fatto coming out a dodici anni), dall'icona mondiale del pop, Lady Gaga, e dall'attrice Bridget McManus.

Gro fa il suo debutto nella Nazionale norvegese nel 2000, a vent'anni, e la guida a due vittorie consecutive ai Campionati europei di pallamano nel 2004 e nel 2006, venendo votata la miglior giocatrice del torneo in entrambi i casi. Nel 2007 viene eletta World Handball Player dalla Federazione internazionale di pallamano.

1936
Un ermafrodito alle Olimpiadi razziste di Hitler
DORA-HEINRICH RATJEN

Indifferente è dove io cominci,
perché comunque là ritornerò.

PARMENIDE

Dora-Heinrich Ratjen fu protagonista di una storia in cui sport, sessualità e comune senso del pudore s'intrecciarono tragicamente. Un giorno qualcuno le chiese: «Di che sesso sei?», e lei non seppe cosa dire. La sua segreta speranza che nel mondo vi fosse posto anche per lei andò definitivamente in frantumi. Intanto la fotografavano di fronte e di profilo. Era stata arrestata: colpevole di essere maschio, e insieme femmina.

L'atleta aveva entrambi gli organi sessuali, ma – nella matematica di certi moralisti – uno più uno fa zero. Il suo fu il primo «caso ufficiale» di ermafroditismo alle olimpiadi. E non olimpiadi qualunque, ma quelle di Berlino 1936: le Olimpiadi naziste – e razziste – di Hitler.

In un primo momento Hitler, plenipotenziario da tre anni, non era stato affatto entusiasta che le olimpiadi si tenessero in Germania: è solo «una rassegna di ebrei», disse; ma l'influente ministro della propaganda Joseph Goebbels – inarrestabile «basso continuo» dell'ideologia – intervenne a consigliarlo: i giochi olimpici erano l'occasione d'oro per mostrare al mondo la rinnovata potenza della Germania e la superiorità degli atleti di razza ariana. Hitler ci ripensò e diede il via a un progetto faraonico e avveniristico. Tutto sembrava andare liscio ma, per quanto i nazisti fossero maestri nell'uso della propaganda, lo spirito antisemita dei Giochi di Berlino risultava evidente.

Gli Stati Uniti minacciarono il boicottaggio. Roosevelt alzò la voce, salvo riabbassarla quando il suo inviato in Germania – quello che avrebbe dovuto verificare quale fosse «la realtà dei fatti», un certo Avery Brundage, futuro presidente del Comitato olimpico internazionale e ben noto per le sue tendenze ultraconservatrici e razziste – diede il via libera: gli Stati Uniti d'America avrebbero partecipato. In cambio anche Hitler faceva un passo indietro e nella rappresentanza tedesca vennero inseriti alcuni atleti di origine ebrea. Malgrado già nel 1933 fossero entrati in vigore regolamenti antisemiti, il regime si rifece il trucco: i cartelli posti nei luoghi pubblici con scritte come «Qui non vogliamo ebrei», vennero rimossi.

In ogni modo, in un trionfo di svastiche al vento, il 1° agosto 1936 il mezzofondista tedesco Erik Schilgen accendeva il braciere olimpico. La fiaccola era giunta da Atene attraverso la staffetta di tremila tedofori. Era la prima volta che veniva compiuto questo rito, e da allora in poi si sarebbe ripetuto sempre, fino a divenire uno dei simboli più emblematici delle olimpiadi nell'era moderna. Tra gli sport ammessi ritornava il calcio, col trionfo dell'Italia, che si era già aggiudicata i mondiali di due anni prima, e si sarebbe aggiudicata quelli di due anni dopo. Anche la tecnologia si faceva strada. Nacque il fotofinish, e il pubblico poteva seguire le gare su megaschermi posizionati nelle piazze. Lo squadrone tedesco fremeva per la pugna. Erano tutti ottimi atleti, e tutti – o quasi tutti – corrispondevano a parametri fisici e biologici di «perfezione», dove questa parola aveva assunto apertamente contenuti di inaudita ferocia.

Ma se la stella di Berlino 1936 non fu certo a cinque punte, tanto meno fu ariana. Fu una stella nera, che più nera non si può: quella di James Cleveland Owens, universalmente noto come Jesse Owens, un giovane di colore che arrivava dall'Alabama. E che andava come il vento. Dominò i 100 metri, vinse l'oro nel salto in lungo, fece *hat trick* imponendosi nei duecento e infine aggiudicandosi anche la staffetta – con gli Azzurri secondi – scolpì il suo nome nel mito. Le gesta di Owens conquistarono la luce dei riflettori, ma un'inquietante vicenda stava prendendo forma dietro le quinte di quelle Olimpiadi: quella di Dora Ratjen, la «ragazza che forse era un ragazzo». Un ragazzo un po' strano, che si legava i genitali per sembrare una donna quando indossava i pantaloncini da gara.

Secondo l'interpretazione proposta dal film *Berlin 36*, girato da Kaspar Heidelbach, Dora venne chiamata all'ultimo momento a sostituire Gretel Bergmann – indiscusso talento dell'atletica tedesca, ma ebrea – la quale era a sua volta stata selezionata sotto la pressione americana. Gretel arrivava dal Regno Unito. Classe 1914, era in effetti la miglior saltatrice che la Germania potesse mettere in campo. Tuttavia, a poche settimane dall'inizio dei Giochi, fu improvvisamente esclusa per non meglio definiti «scarsi risultati sportivi». E arrivò Dora, sua compagna di stanza al villaggio olimpico.

Dora era una ragazza bruttina, un po' goffa nella postura. Una contadinella schiva e taciturna, con le spalle a gruccia e senza seno: «Fino al 1966 non ho saputo nulla di questa storia», dichiarò in seguito l'ormai quasi centenaria Gretel Bergmann, in un'intervista al settimanale *Der Spiegel*. «Un giorno ero nella sala d'attesa di un dentista e aspettavo il mio turno sfogliando il *Times*. A un tratto ho letto di questa storia incredibile... Dora, in effetti, non si faceva mai la doccia con le altre ragazze, né si faceva vedere nuda. Ma noi pensavamo solo che fosse incredibilmente timida». Esclusa dalle gare, la Bergmann riuscì a lasciare la Germania in tempo, e scampò all'Olocausto. Ma non così la sua famiglia: la persecuzione nazista si portò via entrambi i genitori e una trentina di parenti. Lei si trasferì a New York, e il suo odio per le infamie subìte la spinse a cancellare dentro di sé persino la lingua madre: per tutta la vita non pronunciò mai più una sola parola in tedesco.

La tesi secondo cui Dora-Heinrich Ratjen sia stata una vittima del nazismo appare improbabile, e sembra piuttosto il frutto di una contropropaganda politica. La sperimentazione ormonale sugli atleti cominciò solo a partire dagli anni quaranta, e in definitiva non è affatto detto che i nazisti fossero a conoscenza del «vero sesso» di Dora e che avessero deliberatamente deciso di utilizzare un uomo in una gara femminile, anche se già allora il problema della mascolinità di certe atlete era oggetto di dibattito, e il fenomeno del «cambio di sesso» non era una novità.

Tutto si giocava – allora come oggigiorno – su un punto essenziale: le attività sportive vengono concepite per mettere a frutto ed esaltare la fisiologia maschile. Una maggiore statura comporta leve più efficienti e un miglior rapporto tra massa magra e massa grassa, così come cuore e polmoni più grandi favoriscono prestazioni migliori. È inevitabile dunque che una donna, per imporsi in una disciplina basata sulla potenza, tenderà a strutturarsi in maniera particolarmente muscolare. Per questo si è sentito il bisogno di porre un confine, un limite superiore per le prestazioni sportive delle donne, a partire dal quale viene dichiarato che il loro corpo è «troppo mascolino», e vengono squalificate. Per gli uomini è diverso: un supermacho, un superman, fosse pure l'Uomo Ragno in persona – doping a parte – è il benvenuto. Ci sono evidentemente innumerevoli contingenze genetiche che possono determinare vantaggi nelle prestazioni – alla fin fine le cosiddette «doti naturali» –, ma solo quelle associate al sesso sono prese in considerazione per escludere o squalificare gli atleti.

A parte la Ratjen, vi furono altre donne sottoposte a controlli sul sesso alle Olimpiadi berlinesi. L'atleta americana Helen Stephens, per esempio, soprannominata *Fulton flash* («il fulmine di Fulton»), fu accusata *tout court* di essere un uomo dopo aver battuto con il tempo di 11 secondi e 5 millesimi la velocista polacca, favoritissima, Stanisława Walasiewicz. Anche sulla stessa Walasiewicz circolarono voci insistenti, e alla fine venne disposto un accertamento. Attraverso un test non specificato, fu però confermato dalle autorità medico-sportive che la Stephens «era una donna», e la medaglia restò a lei. La Stephens, tra l'altro, aveva ricevuto (e accettato) un invito a trascorre un weekend con Hitler nel suo rifugio di Berchtesgaden e, come le cronache di ogni tempo ci raccontano, certe visite notturne ai potenti possono risultare molto convenienti.

Quasi mezzo secolo dopo, nel 1980, la Walasiewicz (ormai conosciuta con il nome anglicizzato di Stella Walsh) fu uccisa a colpi di arma da fuoco nel corso di una rapina nel parcheggio di un centro commerciale nell'Ohio, dove si era trasferita. Dall'autopsia emerse che possedeva entrambi i caratteri sessuali. Anzi, secondo l'espressione usata dal coroner, il cadavere presentava un «guazzabuglio di sessi».

Non è ben noto in cosa consistessero i test utilizzati per determinare «al di là di ogni ragionevole dubbio» il sesso degli atleti da parte delle autorità sportive alle Olimpiadi berlinesi. Probabilmente si trattava semplicemente di una constatazione *de visu*, ma determinare il sesso di una persona dalle «apparenze» non è poi così scontato come si potrebbe credere. E fu proprio quanto si verificò nel caso di Dora-Heinrich Ratjen.

Dora era nata il 20 novembre 1918 a Erichshof, un piccolo villaggio rurale nei pressi di Brema, in una famiglia descritta come «di gente molto semplice». Contadini insomma, gente alla buona, per i quali comprendere i misteri della biologia era obiettivamente un'impresa ardua. Suo padre, raccontando la nascita della propria figlia, la descrisse così: «Quando mia figlia nacque, l'ostetrica mi chiamò e mi disse esultante: "Heini, hai avuto un maschio!". Poi però, qualche minuto dopo, mi chiamò di nuovo e mormorò: "Be' insomma, dopo tutto è... una bella bambina!"». Una figlia femmina non è mai una gioia in una casa di povera gente, ma la famiglia Ratjen fece buon viso a cattiva sorte. "Magari sarà bella – pensarono – e troverà facilmente marito". Ma Dora bella non era.

Nove mesi più tardi, essendo la bambina malata, venne chiamato il medico. E non fu la malattia – di scarsa rilevanza – a suscitare in lui preoccupazione, quanto piuttosto i genitali della piccola paziente. Chiamato il padre di Dora in disparte, il medico sentenziò: «Qualche problema c'è, ma è meglio lasciar perdere, tanto non si può far niente...». Dora, come accade spesso ai bambini, sembrava estranea a tante cose, innocente e incapace di rendersi conto di quello che succedeva intorno a lei, ma probabilmente capiva tutto. Intuiva. Assorbiva i silenzi imbarazzati, gli sguardi sfuggenti, i sorrisi sforzati che la circondavano ogni istante della sua vita. E forse il calore delle carezze, apparentemente immotivate che a volte riceveva, generavano in lei un sottile senso di angoscia, e quel bisogno di solitudine che spesso prova chi, sapendo di non aver fatto nulla di male, si accorge che lo stare al mondo gli procura un istintivo disagio. Dora si confrontava, per dirla con Cioran, con «l'inconveniente di essere nati», e allora pian piano – ma questo sì senza rendersene conto – finì per scivolare dietro le quinte di se stessa, in un angolo, come fosse arrivata troppo tardi per prendere parte allo spettacolo.

Erano queste le radici di quel carattere schivo di Dora. Le radici di quella «incredibile timidezza», di cui parlarono in seguito le sue compagne di squadra. «I miei genitori mi hanno cresciuto come una ragazza», raccontò Dora molti anni dopo. «Sono stata battezzata come Dora, e ho indossato abiti da bambina per tutta la mia infanzia. Poi, verso i dieci, undici anni, ho cominciato a rendermi conto che non ero come le altre».

Come per Jesse Owens, il discendente degli schiavi d'America, anche per lei – campagnola ermafrodita, nata nel cuore di una delle dittature più feroci della storia – lo sport poteva essere l'occasione di un riscatto. La ragazzina sgraziata e taciturna, timida e solitaria, un dono l'aveva ricevuto: saltava più in alto delle altre. E le piaceva. Già dall'adolescenza cominciò a gareggiare. Al principio la sua carriera di atleta non fu eccezionale in termini di risultati, e nemmeno possedeva uno stile particolarmente elegante. Non era dotata insomma di un talento naturale irresistibile, tuttavia le sue prestazioni bastarono a condurla fino alle Olimpiadi.

A Berlino Dora non andò oltre il quarto posto. Niente podio. Però lei aveva un carattere forte, costante. E una testa dura come la pietra. Veniva da una stirpe avvezza alla fatica, e sapeva incassare la delusione di un raccolto perduto per un'alluvione. I contadini sono gente solida, e soprattutto hanno scritto nel cuore il ritmo della natura. Sanno aspettare, e non con le mani in mano.

Dora continuò ad allenarsi. Saltare era la sua vita. Migliorò un po' il suo stile, ma soprattutto migliorò i suoi risultati e, due anni dopo le olimpiadi, si presentò ai Campionati europei, in Austria. E si presentò in forma smagliante. Arrivò in finale, e quando venne il suo turno di spiccare l'ultimo salto, l'asticella fu posta a 1,67 metri: una misura estremamente impegnativa «per una donna». Se avesse scavalcato quell'asticella, non solo avrebbe vinto la gara, ma avrebbe addirittura stabilito il nuovo record del mondo femminile. Improvvisamente Dora si rese conto che non stava lottando per una medaglia o per un primato. Quella che aveva davanti non era la misura di un salto, ma il muro di cinta della sua invisibile prigione. Il muro entro il quale era rimasta intrappolata sin da quando era venuta al mondo. E ora, finalmente, poteva saltar fuori. La posta in palio non la spaventò, ma accrebbe la sua voglia di lottare. Mentre si concentrava preparandosi all'esecuzione del salto, Dora assaporò uno di quei momenti di grazia in cui abbracciamo la nostra esistenza interamente con un solo sguardo dell'anima, e cogliamo – fosse pure per subito dimenticarlo – il senso stesso della vita. È un'emozione che dura un respiro, ma un respiro in cui a riempirci i polmoni è l'universo. Ogni cosa, di colpo, acquista un senso e una ragione. Tutti i conti tornano. E una pace infinita sosta dentro di noi in quell'attimo struggente, mentre ci si ritrova all'improvviso in sintonia col mondo intero, col passato e col futuro, e dall'interno di quella fragile bolla che è il presente, si trova il coraggio di pronunciare un grande «sì»: sì, sono io, sì sono vivo, sì è il mio momento.

Dora era pronta. Le piante dei suoi piedi assorbivano l'energia della Terra. Era il momento dell'assalto. Fissò l'asticella come un toro fissa il torero. Non poteva fallire quella prova. Non poteva e non voleva restare per sempre nella prigione in cui era rinchiusa. Aveva l'occasione di saltar fuori, e doveva farcela. Allora prese una rincorsa indiavolata. Al culmine dell'accelerazione si diede lo slancio, chiuse gli occhi e, battendo tutte le ali che non aveva, spiccò il salto. Quel giorno, in quel momento di grazia, Dora accese tutte le sue luci, sciolse tutta la voglia di vivere che aveva trattenuto dentro di sé per anni e, come il calabrone, anche lei violò le leggi della fisica. Troppo pesante per volare, e troppo piccole le sue ali, eppure il suo slancio fu talmente grande che sembrò davvero proiettarla verso il cielo. Saltò sollevando la gamba interna, secondo lo stile da poco introdotto da George Horine, il cosiddetto *western roll* (e largamente usato dagli atleti già nel corso delle Olimpiadi del 1936). Il colpo di reni fu deciso, lo stacco fu imperioso. Quello del salto in alto è un movimento in fondo innaturale, ma in esso si sublima il desiderio più folle ed ancestrale: volare. E in quell'istante di sospensione nel vuoto, quando la spinta si è esaurita ma la discesa non è ancora cominciata, per una frazione di secondo quel sogno si avvera. Si galleggia nell'aria.

Dora sentì che ormai niente più la separava dalla meta. Stava scavalcando il muro della sua prigione. Non era un modello di eleganza. Non aveva la leggerezza di un fringuello che si libra nell'aria con un frullo d'ali, né la grazia e l'elastica scioltezza di una gazzella. Al contrario la sua azione era rude, persino selvaggia. Ma nei salti lei ci metteva un ingrediente che fa la differenza in tutto: l'anima. Appena toccò terra, si voltò. L'asticella era ancora lì, ben ferma sugli appoggi. Ce l'aveva fatta. Era nata per la seconda volta, e aveva fatto tutto da sola. Un'emozione senza pari la inondò: medaglia d'oro, e nuovo record del mondo. La piccola contadina dal petto piallato, la ragazzotta taciturna dal sorriso imbambolato, all'improvviso, quasi per magia, era diventata la numero uno. I fotografi la rincorrevano, se la contendevano. Tutti applaudivano. Le radio e i giornali avrebbero parlato di lei.

Dora era al culmine della felicità. E quella medaglia se la sarebbe voluta portare sempre appresso, sempre al collo. Non la voleva lasciare più. Era il suo specchio segreto, l'unico che avesse il potere di riflettere la sua vera immagine. Anche mentre si trovava sull'espresso Vienna-Colonia, il treno che la stava riportando a casa vittoriosa, avrebbe voluto tenerla al collo come la collana più preziosa.

Ma forse sarebbe sembrato un gesto di inutile vanità. Meglio tenerla in valigia, e poi tirarla fuori a casa. Al villaggio dov'era nata, e che si preparava a farle festa, ad accoglierla come un'autentica eroina.

Dora pregustava già la gioia. Iniziava la sua seconda vita. Ed iniziava alla grande. O almeno, questo era ciò che Dora credeva.

Con lei, nello scompartimento, c'erano altre due donne. Due donne che già da un po' di tempo la studiavano, la scrutavano, e si persuadevano sempre di più che in lei ci fosse «qualcosa di strano». Forse notavano la luce che c'era negli occhi di quella ragazza. Quella luce speciale che si accende nelle pupille di chi è soddisfatto di se stesso, e che raramente procura a chi la possiede la benevolenza del prossimo. Le due bigotte teutoniche – acide e boriose come Anastasia e Genoveffa, le due sorellastre di Cenerentola – completarono l'esame cui Dora era stata inconsapevolmente sottoposta. Tutto sommato avrebbero potuto forse tollerare che una ragazza – poverina – avesse così poco seno da sembrarne priva. Ma guardandola attentamente avevano notato un dettaglio inammissibile: sulle guance di Dora c'era una peluria sospetta. Molto sospetta. E allora una domanda scandalosa si era insinuata nell'intrico dei loro pensieri: "Non sarà... barba?". Inorridite le due donne si scambiarono uno sguardo strabuzzando gli occhi. Farfugliarono parole senza senso in preda al panico e decisero che bisognava fare subito qualcosa. Quindi, senza ulteriori indugi, scatenarono il finimondo.

Il capotreno venne immediatamente convocato. Dora fu bloccata, piantonata, e costretta a scendere alla prima fermata. Qui venne accompagnata al posto di polizia ferroviaria di Magdeburgo dove venne esposta l'incredibile, mostruosa verità: sul treno era stato scoperto «un uomo vestito da donna». Scattò la denuncia. Dora venne interrogata. Sulle prime accennò a difendersi. Mostrò i propri documenti. Esibì la medaglia, che credeva fosse il suo lasciapassare nel mondo, se non addirittura il suo passaporto per la felicità. Spiegò di essere un'atleta, una grande atleta. Una campionessa che aveva appena realizzato il record del mondo. Ma tutto questo non interessava a chi la stava interrogando. Pian piano Dora capì che non stavano guardando lei, e che non l'avrebbero mai fatto. Capì che guadavano soltanto il suo corpo. Che lei fosse «una persona», non interessava a nessuno. Tutto ciò che si voleva era contare i suoi peli, misurare il suo petto, scoprire quali misteri si nascondessero tra le sue cosce muscolose.

E allora, improvvisamente, Dora mutò atteggiamento. Si fece condiscendente, quasi si abbandonò agli scopi di quell'indagine sulla sua identità sessuale, come a un sonno profondo. Nella sua mente s'era fatta strada un'idea perversa e seducente. L'idea che forse aveva ora l'occasione di realizzare una fuga ancora più grande: sì, in fondo forse quell'arresto rappresentava un'occasione. Un'occasione irripetibile. L'occasione non di «cominciare», ma di farla finita. Di andare incontro a un'altra pace. Qualcosa che somigliava talmente alla morte che l'avrebbe tenuta per sempre a riparo da qualunque ulteriore turbamento. E decise di vuotare il sacco. Un sacco pieno di dolore, di parole taciute e di occhiate morbose. Di docce fatte di nascosto, di insinuazioni, di lunghi giorni di allenamento trascorsi a cercare di realizzare il sogno impossibile di volare senza ali. Un sacco pieno dell'attesa di una felicità che non arrivava e non sarebbe arrivata mai. Pieno di solitudine. Pieno di nulla.

Finché era stato possibile, e forse anche un po' oltre, Dora aveva tenuto in vita con tutte le sue forze la speranza che la gente un giorno avrebbe potuto accettarla com'era. Che avrebbero cercato di capire «chi», e non «cosa», lei fosse. Ma ora, mentre la fotografavano di lato e di profilo, sentiva di aver sempre saputo che quella speranza prima o poi sarebbe svanita. «Die Katze ist aus dem Sack», mormorò con dignità, ovvero «il gatto – ma in questo caso la gatta – è uscito dal sacco». E aggiunse: «Sì, sono un uomo. O almeno è possibile che io lo sia...». Fu una specie di rigurgito. Qualcosa che le liberava la coscienza, che in un certo senso la faceva sentire più leggera. Era come la confessione di un innocente, che stremato dalle torture è pronto a dire qualsiasi cosa perché il supplizio abbia fine, e che è pronto a baciare con gratitudine la mano pietosa che gli darà il colpo di grazia.

Superato il gelido silenzio che scaturì da quella confessione, dopo aver completato il rito della schedatura, venne indetto un consulto medico. Il responso fu che Dora non aveva mentito: era (più o meno) un maschio. Nella relazione medica venne fornita un'accurata descrizione dei suoi genitali, specificando che con un simile organo un rapporto sessuale sarebbe stato impossibile, perché «nel pene l'uretra si apriva come una sorta di grossolano taglio, dalla punta del glande fino allo scroto». Qualcosa che poteva vagamente ricordare il taglio praticato dagli aborigeni australiani in certi rituali in cui alla circoncisione viene associata la subincisione. L'ipospadia, cioè l'incompleto sviluppo dell'uretra, insisteva su un micro-pene. Questo particolare – unitamente al criptorchidismo, ovvero la mancata discesa dei testicoli nel sacco scrotale – aveva dato alla levatrice, che assisteva la madre di Dora nel parto, l'impressione che la neonata possedesse una vulva con un lungo clitoride. Un errore che pian piano divenne un tabù, mentre intorno all'ermafrodito veniva costruito un muro di impenetrabile pudore e di silenzio. Dora fu murata viva nella sua diversità.

Il risultato di tutte queste approfondite analisi scientifiche, degli interrogatori di polizia, e della dotta analisi giuridica del caso, fu drammaticamente assurdo: Dora venne arrestata. Il procedimento penale contro di lei continuò fino al 10 marzo 1939, quando il pubblico ministero dichiarò: «Non si può parlare di frode, dal momento che non vi era alcuna intenzione da parte dell'imputata di trarre lucro dai fatti». Dora promise che avrebbe immediatamente cessato ogni attività sportiva e suo padre insistette, almeno inizialmente, sul fatto che quella che aveva sempre considerato sua figlia potesse continuare ad essere trattata come una donna. Ma poi mutò opinione, e già il 29 marzo di quello stesso anno scrisse alle autorità comunali di Brema per chiedere che il nome della figlia fosse cambiato: Dora era morta per sempre. Al suo posto era nato Heinrich. La medaglia d'oro vinta agli Europei le venne confiscata, e il nome Dora Ratjen fu cancellato dai registri sportivi, oltre che dall'anagrafe. Secondo lo special realizzato dal settimanale tedesco *Der Spiegel*, in seguito Dora-Heinrich Ratjen cambiò nuovamente nome, divenendo Heinz.

Heinz rifiutò per tutta la vita ogni richiesta di rilasciare interviste, cercando – e ci auguriamo trovando – insieme all'oblio del passato, quella serenità che per anni aveva inutilmente inseguito. Magari però a qualche vecchio ricordo ogni tanto si abbandonava ancora. Quando nel segreto della sua solitudine poteva tornare a sentirsi non Dora o Heinrich, ma semplicemente se stessa. Una creatura speciale, che aveva ricevuto il dono di un paio di invisibili, bellissime ali. Solo per un istante, magari, giusto il tempo di bere un sorso di quell'ineffabile felicità che aveva provato da giovane, quando spiccava i suoi salti e con gli occhi chiusi, mentre il tempo si fermava, le sembrava di volare. Di volare al di sopra di tutto e di tutti. Al di sopra delle chiacchiere della gente, dei loro stramaledetti sguardi sospettosi, della loro inutile curiosità, morbosa e feroce. Al di sopra di coloro che in lei avevano visto tutto, fuorché una persona.

O forse semplicemente Dora-Heinrich aspettava la fine. Il momento di compiere l'ultimo salto. Anche quello magari le appariva come un riscatto, perché morire l'avrebbe resa finalmente uguale a tutti gli altri. E i rimproveri e i castighi che aveva ricevuto perché era «diversa», non avrebbero più avuto ragione di esistere. La sua morte sarebbe stata vera, autentica al cento per cento. Mentre la sua quasi centenaria esistenza – di questo aveva tentato di convincerla la gente intorno a lei – non era stata altro che un macabro scherzo.

Nella morte, avvenuta il 22 aprile del 2008, il rompicapo della sua esistenza avrebbe finalmente trovato la soluzione. Nella matematica della morte non esistono errori. In quella della vita, non è ancora così.

Razzismo e omofobia

Si dice spesso che la vita è strana.
Ah sì, ma paragonata a cosa?

STEVE FORBERT

DENTRO E FUORI LO STADIO

Marcatura a uomo o stalking sessuale?

28 aprile 2011, Saudi Premier League: in campo ci sono due squadre di calcio, l'Al Nassr Athletic e l'Al Hilal Club. Allo stadio intitolato al principe Faisal bin Fahd di Riyad, le squadre stanno celebrando il prepartita di un derby che si preannuncia accesissimo. Si seguono i soliti rituali più o meno sentiti, a seconda dello sport, e che nel calcio non sono mai stati particolarmente convincenti. I giocatori che entrano in campo tenendo per mano bambini, o il volo di palloncini colorati con slogan contro la guerra, non bastano probabilmente a purificare lo sport corrotto e bastardo per eccellenza, schiavo in catene d'oro di interessi economici vertiginosi.

Tuttavia anche l'occhio vuole la sua parte (e di solito la ruba al cervello), e dunque le due squadre di Saudi Premier League sfilano l'una incontro all'altra, al centrocampo, per il saluto che precede il fischio d'inizio. Si scimmiotta l'inchino che i contendenti delle arti marziali si scambiano prima di affrontarsi, o la stretta di mano cavalleresca dei bei tempi del rugby: si mette in campo una buona dose di retorica insomma, ma il gossip è in agguato. Il capitano dell'Al Nassr, il saudita Hussein Al Sulaimani – immortalato da un video trasmesso da *LineSport.tv* – al momento di stringere la mano a Mirel Rădoi, centrocampista romeno dell'Al Hilal, lo salta clamorosamente e passa al giocatore successivo. Rădoi serra le mascelle, ma subisce l'affronto senza scomporsi.

È cosa di un istante. È un attimo attesissimo dai media arabi, probabilmente molto più della partita in sé. Perché quello tra Al Sulaimani e Rădoi è il primo incontro ravvicinato tra i due giocatori, dopo che il 10 marzo 2011 Rădoi aveva accusato il difensore dell'Al Nassr – nonché della Nazionale saudita – di averlo tampinato in campo con una marcatura che somigliava a un vero e proprio stalking sessuale. Infatti, subito dopo la gara di Crown Prince Cup, il giocatore romeno si produceva in dichiarazioni molto esplicite: «Hussein mi bracca durante le partite, mi tormenta, mi mette le mani addosso, lo fa come se fossi una donna: non so perché, forse gli piacciono gli uomini». E apriti cielo! Anche perché qui, in gioco, non ci sono soltanto accuse di omosessualità e di marcatura – più che a uomo – a omosessuale, ma c'è di mezzo il mondo arabo. E non si scherza (Rădoi era stato perseguito anche per aver baciato la croce dopo un gol). Il quotidiano *Emirates 24/7* aveva gridato all'omofobia, accusando il romeno di essere «non solo nemico dei gay, ma razzista nei confronti degli arabi». Un successo straordinario, per un romeno, dato che di norma sono loro a essere oggetto di razzismo. «Siamo tutti meridionali di qualcuno», ha scritto Luciano De Crescenzo: e forse siamo anche tutti razzisti verso qualcun altro. Fatto sta che Rădoi si beccava la multa e la scomunica.

Sport e fondamentalismo islamico

Dal mondo arabo arrivano anche episodi di segno totalmente opposto, che mettono in scena la più squisita omofobia. «Siamo desolati, ma a causa del nome della vostra squadra e in conformità ai principi della nostra – che è una squadra composta da musulmani praticanti – non possiamo giocare contro di voi. Le nostre convinzioni religiose sono di gran lunga più importanti di una semplice partita di calcio, vi preghiamo di scusarci per avervi avvisato così tardi». È questo il comunicato inviato nel marzo del 2009 dal Creteil Bebel, squadra francese votata all'Islam, a quelli che dovranno essere i loro avversari in una partita di calcio dilettantistica, cioè i giocatori del Paris Foot Gay.

Il comunicato è reso pubblico attraverso il sito della squadra parigina, e rimbalza poi sui giornali. L'allenatore del Paris Foot Gay ribadisce che nella sua squadra militano esponenti di varie minoranze, storicamente oggetto di discriminazioni, e che l'impegno contro l'omofobia rimane essenziale nella filosofia del gruppo. Alcuni giocatori del Bebel, in seguito, si dissociano dalla linea del loro club, ma la ritrattazione, all'insegna del «vinca il migliore», parole con cui si conclude il tentativo di riappacificazione, non basta, e il Bebel viene espulso dal campionato amatoriale francese.

SPORT E AUTO DA FÉ

Un pensiero debole

Lo sport riflette la società con un grado di dettaglio straordinario. Ne riflette gli slanci migliori, e le contraddizioni più oscure. È come un laboratorio dove i meccanismi della vita appaiono nella loro più elementare realtà e dove si prova a sperimentare un'alchimia quasi impossibile: conciliare le implacabili leggi naturali (per le quali pesce grande mangia pesce piccolo, e amen!), con le conquiste faticose che lo spirito cerca di strappare alla brutalità dell'esistenza: cose come la lealtà, il rispetto dell'avversario, il saper perdere. Un'idea straordinaria. Una vera e propria rivoluzione rispetto ai princìpi che governano la biologia e l'evoluzione delle specie.

Lo sport più praticato al mondo è il calcio, ed è sui campi di calcio (così come negli spogliatoi, sulle gradinate degli stadi, nelle stanze dei bottoni delle potenti organizzazioni che lo governano, e persino nei bar sport) che questa alchimia viene tentata all'infinito. Eppure, non riesce ancora. Del resto quella sportiva non è mai stata una cultura autonoma. Al contrario assorbe, riflette l'aria dei tempi; nei secoli è stata strumentalizzata, talvolta asservita ai biechi fini delle ideologie, inesorabilmente plasmata dal costume corrente (mentre sarebbe stato decisamente auspicabile che fosse avvenuto il contrario). Come scrive Thomas Bernhard (nel romanzo *L'origine. Un accenno,* tradotto in Italia da Adelphi): «È sempre stata attribuita allo sport, in ogni epoca e soprattutto da ogni governo, un'importanza grandissima, per la buona ragione che lo sport intrattiene e obnubila e rimbecillisce le masse... Chi è per lo sport ha le masse al suo fianco, chi è per la cultura ha le masse contro, e per questo tutti i governi sono sempre per lo sport e contro la cultura». Persino un fenomeno come il movimento dei boyscout (assai vicino allo sport nei suoi ideali), è stato – o almeno lo è stato in Italia – immediatamente fagocitato da un organismo più grande e tentacolare, in questo caso la Chiesa.

Ma perché quell'alchimia impossibile, quel messaggio meraviglioso di lealtà e di giustizia che è insito nella filosofia dello sport non riesce a emergere? Perché lo sforzo eroico di conciliare la naturale voglia impulsiva di prevalere con delle regole – cioè di trasformare la lotta in «sport» – non riesce a imporsi come valore in sé?

La risposta potrebbe essere di una semplicità sconcertante: perché in realtà una vera cultura sportiva – libera e indipendente – ancora non esiste affatto. E non esiste perché non c'è messaggio più «pericoloso» di quello espresso da una meritocrazia reale, pura, come dovrebbe essere quella dello sport.

Omo-omeopatia

Il pensiero dominante della società viene conteso da forze più sperimentate e potenti. La religione, la politica, il denaro. E qui il tema della liberalità sportiva, dell'atleta che si batte contro un altro atleta senza altro vincolo che le regole prestabilite e condivise, cade miseramente davanti all'esigenza di imporne altre, ben più convenienti per chi deve gestire e guidare i sistemi sociali. Nessun governo, per quanto illuminato, ha mai realmente incoraggiato la libertà e l'uguaglianza.

Per la Chiesa cattolica l'omosessualità è da bandire. Non sarebbe bello invece vedere una squadra di seminaristi sfidare un club di giocatori omosessuali come il Paris Foot Gay? Avrebbe un senso, eccome se l'avrebbe, e sarebbe uno splendido messaggio: «Non condivido, ma intanto vediamo chi vince...». «Abbiamo gusti diversi – ammesso che sia così – ma chi se ne frega, giochiamo», questo sarebbe il messaggio corretto. Ma basta dire: «Tu sei diverso», e il messaggio diventa una dichiarazione di guerra.

Nell'Islam, l'altra grande religione monoteista, va anche peggio. La *Sharia*, cioè la «Legge di Dio» – che riconosce come crimini meritevoli della pena di morte l'omicidio ingiusto di un musulmano, l'adulterio, la bestemmia contro Allah (da parte di persone di qualunque fede) e l'apostasia – viene invocata talvolta per giustificare le sentenze di condanna a morte per omosessualità, in sostanza per sodomia, in stati come l'Iran, l'Arabia Saudita e la Nigeria.

La sodomia è per il pensiero islamico un atto di sottomissione, e ci si può sottomettere solo a Dio. Farlo rispetto a un uomo, è peccato.

Anche l'ebraismo ortodosso condanna l'omosessualità; e così certe Chiese protestanti fondamentaliste, anche se all'opposto alcune di esse ammettono nel clero gli omosessuali e consentono il matrimonio fra persone dello stesso sesso. Persino il Dalai Lama, Tenzin Gyatso, «adorato» dai neobuddisti e dai liberal doc, interpellato sull'argomento, ha sentenziato: «Il mio è un no assoluto. Senza mezzi termini. Una coppia gay mi è venuta a trovare, cercando il mio appoggio e la mia benedizione. Ho dovuto spiegar loro i nostri insegnamenti. Una donna mi ha presentato un'altra donna come sua moglie: sconcertante. Al pari dell'uso di certe pratiche sessuali fra marito e moglie. Usare gli altri due buchi è sbagliato».

Gli omosessuali non sono solo fuori dallo sport, insomma, ma sono fuori anche dalla grazia di Dio, quale che sia. È all'ombra della fede, dell'ortodossia, del concetto perverso e insanguinato di «normalità» – un concetto in nome del quale sono stati compiuti crimini e stermini di massa – che il «confine» si fa iperbolico: perché in questo caso le «rive del campo» finiscono per separare addirittura il Bene dal Male. Il risultato di tutta questa «metafisica della normalità» è che – malgrado si ritenga che circa il cinque per cento della specie umana sia composto da omosessuali – nello sport più praticato al mondo, il calcio, la loro resta una presenza omeopatica.

Scossa ai pilastri dello sport

Qualcuno sostiene che non c'entra nessuna ideologia, né i fondamentalismi religiosi e nemmeno razzismo di sorta: nel calcio ci sono pochi gay – forse addirittura nessuno – perché è uno sport duro, macho. Non è un fatto culturale, ma fisico. Però potrebbe anche essere il contrario: il calcio potrebbe essere invece pieno zeppo di gay, e proprio perché con la sua nomea di sport duro, rappresenta una copertura perfetta per «gli intrusi», *the others*, per gli «omosessuali repressi», come si diceva una volta, quelli che sentono – costi quel che costi – di dover nascondere la propria identità e vogliono bluffare. Per tutti quelli che, come Marcus Urban, hanno conosciuto la paura e la solitudine di dover nascere una seconda volta.

Personaggi sopra le righe, divenuti anche icone del mondo omosessuale, come David Beckham o Cristiano Ronaldo, hanno in parte dissacrato, con il loro glamour, l'atmosfera monastica degli spogliatoi. Hanno dato una scossa al costume dello sport, e al portato culturale che ad esso si accompagna. Un tempo bastava un nulla e si veniva accusati di essere «un po' strani».

Oggi non è più così, ma l'ombra della denuncia per eresia, per stregoneria – per violazione della legge divina, nel caso dell'omosessualità – resta una realtà. Il fatto è che a volte, cercando di svelare l'identità vera delle cose, cercando di andare al cuore delle situazioni, dimentichiamo che gran parte della nostra ricerca non è fatta d'altro che di parole. E le parole sono un mondo meraviglioso, ma anche pieno di scivolosissime insidie. Possono distruggere e costruire, spiegare e fuorviare, e soprattutto hanno un potere solvente più grande di quello del mare e, lasciate orfane di azioni, sono peggiori del nulla. A volte occore invece saperle scavalcare, lasciando che le proprie emozioni e le proprie convinzioni vivano nella realtà dei fatti, e non nelle pose di un facile progressismo tessuto soltanto di slogan.

La religione condanna l'omosessualità, la cultura laica la difende. Ma è uno scontro di parole, che rischia di rimanere tale all'infinito. La Verità, quella con la «V» maiuscola, non ce l'ha in tasca nessuno. E allora forse la cosa migliore da fare è avere i coglioni di saper stare anche un po' in silenzio. Possiamo e dobbiamo porci tutte le domande del mondo. Interrogarci sul senso della vita e su Dio. Ma se proprio il Padreterno deve scendere in campo, che sia soltanto per benedire una bella partita.

Le discussioni sul sesso degli angeli, non servono a nulla... tanto meno agli angeli.

ULTRÀ CONTRO TIFOSI E CONTRO GAY PRIDE

Guerra fra diseredati

Nei primi giorni dell'autunno del 2010, nelle case di tutto il mondo, con i telegiornali, arrivavano le scene di guerriglia urbana accadute a Belgrado. Schiere di neofascisti all'attacco contro il gay pride o, forse meglio, contro la polizia, colpevole di difendere il diritto degli omosessuali a sfilare pacificamente per la città. Assalti selvaggi a colpi di mattoni e molotov, cui gli agenti in tenuta antisommossa rispondevano distribuendo manganellate e sparando fumogeni, senza disdegnare l'alzo zero. Decine di feriti, la sede in fiamme del Partito democratico serbo di Boris Tadić, numerosi arresti: immagini di violenza amare, e penosamente consuete.

Eppure in quella Belgrado sciaguratamente trasformata in un campo di battaglia si scontravano fazioni che in teoria, per quanto possa sembrare folle affermarlo, avevano in comune qualcosa di estremamente importante: l'essere entrambe parte del mondo dei non-visti, degli scomodi. L'essere parte di quel mondo «altro», di quel mondo «diverso», di cui la gente ha paura. In una parola, persone non «normali». Una guerra tra diseredati, insomma. Da una parte gli omosessuali, per secoli e millenni bersaglio frequente della più crudele sessuofobia, e dall'altra giovani estremisti incazzati (incazzati «neri») contro un mondo che non li riconosce, non li accoglie; giovani con alle spalle, uno per uno, un sicuro passato di fallimenti, di famiglie sfasciate, di assenza, di inadeguatezza. Ragazzi con la sciarpa attorcigliata intorno al viso, che con una mano impugnano un'arma casereccia e con l'altra si reggono le braghe troppo larghe, che rischiano di cadergli giù nel bel mezzo della pugna.

Gli uni esuberanti, vistosi e colorati, bisognosi di «ultrapparire» in una sfilata che ha un sapore carnevalesco e serve forse a esorcizzare il dolore di un carnevale che qualcuno vorrebbe loro imporre tutto l'anno; gli altri mascherati, carichi di simboli e *tattoo*, che intonano barbari slogan. Chi ostenta se stesso e chi si nasconde, eppure la ragione è la stessa. Persone unite dalla convinzione di non ricevere la giusta attenzione, ma separate – e nella maniera più netta – su un punto: la scelta della violenza.

Perché quei ragazzi incazzati neri il mondo non lo vogliono né colorare, né ridisegnare: lo vogliono distruggere e basta, come bambini con un giocattolo che non sanno usare. E si lasciano alle spalle il solito scenario di vetrine distrutte, arredo urbano devastato, cassonetti ribaltati, munnezza e cocci sparsi sull'asfalto come relitti sospinti da una mareggiata sulla spiaggia, mentre il rombo degli elicotteri che sorvegliano l'andamento delle operazioni dall'alto – quel suono cupo che ormai tutti associamo d'istinto al Vietnam – percuote l'aria.

Polizia a cavallo, cariche, insulti, sputi e botte da orbi. Una follia autentica. Ma alla fine gli aggressori non hanno raggiunto il loro obiettivo. La *policija* è riuscita a tenere a riparo le strade dove passava la sfilata dell'orgoglio omosessuale. Migliaia di gay e di lesbiche, esponenti politici serbi e attivisti stranieri. Alla fine, si è parlato di «un successo».

Tuttavia un successo non può essere semplicemente l'aver impedito che persone inermi fossero insultate e bastonate. Il successo sarebbe che nessuno più si sentisse offeso da una marcia pacifica, e che gli omosessuali non avessero bisogno di ricorrere a un sentimento spigoloso come l'orgoglio, per affermarsi quali legittimi coinquilini del pianeta Terra.

In campo, in aperto e deciso dissenso con la marcia di Belgrado, è scesa pure la Chiesa ortodossa. La deriva tra le parole e i fatti, diventa deriva tra il Verbo e i fatti, e l'opinione pubblica s'è spaccata in due di netto, come una mela acerba. A coronare il tutto, le parole di Dragan Marković, leader del Partito Serbia unita (che è al Governo): «Me ne starò a casa, col televisore spento. Non ho voglia di assistere a questa abominevole parata».

Una deriva fra le parole e i fatti

Soltanto pochi giorni, e una situazione tecnicamente simile si ripropone. Di nuovo sono immagini destinate a fare il giro del mondo. Ancora di scena giovani serbi, forse gli stessi. Ma questa volta siamo a Genova, in un campo di calcio. La Nazionale italiana e quella serba si affrontano per una partita di qualificazione agli Europei del 2012. Un partita, importante per entrambe le squadre, che potrebbe essere l'occasione per vedere in azione dei campioni, godendo tutto l'agonismo di una sfida dove in campo c'è una rivalità antica (ma quando questa rivalità non c'è, se a giocare è l'Italia, tetracampione del mondo?!), e dove il risultato è decisivo.

C'è solo un problema: gli ultrà serbi non la vedono così. Quella partita non s'ha da fare. E allora sono petardi, insulti, provocazioni, e la solita polizia in assetto antisommossa, lì, a tenere d'occhio i «non-visti» di turno, il popolo degli invisibili assetato di apparizioni, bisognoso che la telecamera di una tv spalmi sui loro corpi l'unguento analgesico di un'inquadratura.

Gli scontri ritardano l'inizio della partita, con la scena rubata a tutti da un personaggio che per un giorno riesce a far parlare di sé, ad avere l'illusione di esistere, specchiandosi nelle immagini dello schermo come Narciso nello stagno: un certo Ivan.

A dire il vero, però, Narciso sarebbe stato decisamente più telegenico di Ivan e dei suoi compagni. Le sequenze che documentano quella serata mostrano disgraziatissime facce deformate dall'esaltazione, crani rasati che fanno risaltare le orecchie a sventola, tatuaggi che sembrano arazzi. Il tutto condito da espressioni che ricordano in maniera imbarazzante quelle dei babbuini quando sono furenti, oppure spaventati a morte: gli occhi sgranati, la bocca spalancata con la mascella che sfiora un'apertura a centottanta gradi, la lingua vibrante mentre dal ventre gonfio di birra parte l'urlo disumano. E non solo hanno l'aspetto di scimmie, ma ne posseggono persino l'agilità: saltabeccano sulle gradinate, si dondolano dalle transenne a testa in giù stando appesi per le gambe, spiccano balzi prodigiosi.

A un certo punto, finalmente, la gara comincia. Sembra che la strategia materna della polizia, che ha rinunciato all'irruzione cercando di lasciar sfogare la rabbia dei provocatori controllandoli a distanza, abbia funzionato. Ma si riesce a giocare soltanto sei minuti. Altri petardi piovono sul campo, di nuovo le scimmie scuotono inferocite le sbarre della gabbia. Il gioco deve essere interrotto. Gli agenti si stringono sotto il settore degli ultrà serbi, fino a diventare una massa compatta di caschi, scudi e manganelli. Sull'erba del campo appaiono come lunghi serpenti un paio di idranti: forse si passa alle maniere forti.

Dagli spalti, con «Ivan il terribile» a guidarla, l'orda dei rompicoglioni è pronta a dar battaglia. Lui, capo incontrastato dei quadrumani, si è arrampicato in cima a una paratìa di sicurezza. Se ne sta lì a cavalcioni, con un paio di cesoie in mano, intento a fare a brandelli una rete di protezione. Ogni tanto s'impettisce in segno di sfida, mostrando alle telecamere il piratesco teschio bianco con le tibie incrociate che campeggia sulla sua maglietta nera. Poi incita il branco, che prontamente risponde al richiamo con grida disarticolate, selvagge, strazianti. «Augh!», e via tutti a fare il saluto fascista, a urlare slogan deliranti.

L'arbitro scozzese Craig Thomson scuote la testa, inarca britannicamente il sopracciglio, poi ferma definitivamente l'incontro. Il *coitus interruptus* lascia sul viso degli spettatori un'ombra di amarezza. Qualcuno, a buon diritto, s'incazza di brutto, ma la maggior parte lascia lo stadio con la compostezza silenziosa con cui si segue un funerale. La partita non si giocherà. L'entusiasmo è morto. Più tardi il capobranco dei babbuini sarà identificato e arrestato e, con le orecchie basse – in un ultimo istante di luce sotto i riflettori – chiederà «scusa agli Italiani».

«In Italia – ha tuonato Vladimir Luxuria, commentando il clima di violenza in cui è miseramente evaporata questa non-partita dell'Italia contro la Serbia – non solo manca una legge sull'omofobia, ma è stata sottovalutata la potenzialità aggressiva della tifoseria omofoba ultranazionalista serba, la stessa che pochi giorni prima aveva tentato di bloccare lo svolgimento del Gay Pride a Belgrado... L'Italia e l'Europa devono preoccuparsi dell'omofobia di tanti Paesi dell'Est, dall'Estonia alla Bielorussia, da Belgrado a Mosca, dove io stessa sono stata picchiata nel 2007 per aver partecipato al Gay Pride.

Gli omofobi aggressivi non sono solo un pericolo per i gay, ma per tutta la società: il diverso può essere anche un tifoso avversario e pagare con la vita, com'è già accaduto a Tolosa a un tifoso francese».

1988
Il tuffo dentro quel male negato
GREG LOUGANIS

E il naufragar m'è dolce in questo mare.

GIACOMO LEOPARDI

Giochi olimpici di Seul, 1988. Era il penultimo turno di qualificazione della gara di tuffi dal trampolino da tre metri e toccava all'atleta che da anni dominava incontrastato la scena, il numero uno in assoluto: Greg Louganis. Il pubblico si raccolse religiosamente in un silenzio assoluto. Anche se non si trattava di un tuffo decisivo, ogni esibizione di Louganis meritava la massima attenzione, perché era un atleta che in qualunque momento poteva realizzare il tuffo perfetto.

Greg percorse la tavola elastica con passo da ballerino, ma nella leggerezza del suo movimento si avvertiva la potenza latente dei suoi muscoli scolpiti da una mano michelangiolesca. Si fermò in punta. Chiuse gli occhi e tirò un profondo respiro. La concentrazione era al culmine. Sollevò le braccia, poi portò un ginocchio al petto. La tavola fremette, lui fletté la gamba di appoggio per darsi lo slancio, pigiò forte e la tavola gli restituì moltiplicata quell'energia. Si librò nell'aria con una naturalezza straordinaria, come se spiccasse il volo.

Nessuno poteva accorgersene, eppure in quello stesso momento sul suo viso contratto nello sforzo, s'era posata un'ombra scura. Lui, l'infallibile, aveva calcolato male la spinta. Lo slancio non era sufficiente, né la distanza dal trampolino al momento di compiere la capriola nell'aria, prima di iniziare la ricaduta. Se n'era reso conto immediatamente, ma il suo corpo era allenato come una macchina a ripetere gli stessi movimenti, una volta inserito un certo programma non c'era più niente da fare: era partito per eseguire quel tuffo, e quel tuffo avrebbe eseguito.

Greg volteggiò nell'aria, e nel capovolgersi per un attimo si specchiò nell'immensità della volta celeste. Un silenzio irreale lo isolò dal mondo in quella frazione di secondo in cui il tempo sembrava essersi fermato. Il suo sguardo si perse nell'infinito di quella luce. Aveva quasi completato la rotazione e stava per assumere l'assetto col quale sarebbe piombato in acqua, ma in quel momento la sua testa andava a sbattere contro il bordo del trampolino.

Dagli spalti si levò un gemito. Qualcuno scattò in piedi. Nella pelle dell'atleta si era aperto un taglio e, quando entrò in acqua, nella piscina tersa come un cristallo si sprigionò una nuvola di sangue. Come un pesce ferito da un invisibile arpione, Louganis si dibatté scompostamente per qualche istante, poi nuotò fino a bordovasca. Nei suoi occhi c'era sgomento, incredulità, addirittura terrore. Un terrore che appariva incomprensibile a chi non poteva neanche immaginare da quale segreto scaturisse.

Immediatamente Greg venne soccorso. La vista del sangue, la botta alla testa, tutta quella gente che si agitava intorno a lui aumentavano la sua tensione. Cercava con gli occhi il suo allenatore: bisognava decidere subito che cosa fare. Il consiglio dell'allenatore arrivò sottovoce, nell'orecchio: «Calma, non dire nulla». L'allusione era al fatto che, da poco, Greg era risultato positivo al test dell'Hiv. E Greg obbedì. Anche lui voleva portare a termine la gara, a tutti i costi. Voleva il doppio oro, nella piattaforma e nel trampolino. Voleva scolpire il suo nome nella Storia. E poi, in fondo, nell'acqua della piscina c'era tanto di quel cloro...

Malgrado l'incidente, riuscì a ottenere la qualificazione alla finale, poi corse in ospedale per farsi medicare meglio la ferita: quattro punti di sutura. Il giorno dopo, alla finale, conquistava il suo terzo oro olimpico consecutivo, la sua quarta – e ultima – medaglia d'oro olimpica.

Mentre vinceva le sue medaglie d'oro olimpiche, mentre s'imponeva sulla scena mondiale come mai nessuno prima di lui, Louganis sapeva già di essere malato. Il suo sangue era infetto: aveva l'Aids, e si curava da tempo assumendo forti dosi di Azt. Nel 1994 annunciò al mondo di essere gay e partecipò ai Gay Games di New York. Svelò solo dopo di essere sieropositivo e raccontò tutto nella sua autobiografia, *Breaking the Surface* («Affiorando in superficie») del 1996. Quella di scrivere della sua vita, fu una decisione complessa, che richiese a Greg di compiere il tuffo più difficile: nel suo passato, nella sua infanzia tormentata.

I suoi genitori – padre samoano, madre di origine svedese – lo concepirono giovanissimi: appena nato (il 29 gennaio 1960), il risultato fu che non potevano tenerlo, e Greg venne adottato a soli nove mesi da una famiglia di origine greca. Sin da bambino si dedicò alla danza classica e alla ginnastica, discipline che gli risultarono assai utili quando decise di passare ai tuffi: una vocazione, quest'ultima, che non tardò a emergere. E che non tardò a rivelare il suo talento prodigioso. A sedici anni conquistò la medaglia d'argento nella piattaforma da dieci metri alle Olimpiadi di Montreal 1976, finendo dietro solo al fuoriclasse italiano Klaus Dibiasi. Due anni dopo, nella stessa specialità, vinse il suo primo titolo mondiale. Arrivarono poi le Olimpiadi di Mosca. Era il 1980, e dopo il ritiro di Dibiasi gli esperti pronosticavano la doppia vittoria di Louganis dalla piattaforma e dal trampolino, ma il boicottaggio statunitense, in risposta all'invasione dell'Afghanistan da parte delle truppe sovietiche, gli impedì di partecipare.

Quel trionfo era solo rimandato. Due anni dopo Greg vinse il doppio titolo mondiale, aggiudicandosi sia l'oro dalla piattaforma da dieci metri che quello dal trampolino da tre metri. E finalmente, ai Giochi di Los Angeles del 1984, arrivò anche il doppio titolo olimpico, sempre nelle medesime specialità. Campioni del mondo, del resto, lo si è per quattro anni, e poi si diventa ex. Campioni olimpici, invece, lo si è per sempre. Una medaglia d'oro ai Giochi è un titolo che non ha scadenza. Ma il dominio sportivo di Louganis non sembrava conoscere ostacoli. Continuava a non avere rivali sulla scena internazionale. Nei quattro anni successivi si aggiudicò di nuovo il doppio titolo piattaforma-trampolino, sia ai Mondiali del 1986 che a quelle fatidiche Olimpiadi del 1988.

I Giochi della XXIV Olimpiade che si svolsero in Corea del Sud dal 17 settembre al 2 ottobre 1988 sarebbero passati alla Storia come le «Olimpiadi del doping». Fu proprio in quell'occasione, infatti, che si realizzò uno dei casi di doping più celebri e discussi della storia dello sport: quello che portò alla squalifica da parte del Comitato olimpico internazionale del canadese Ben Johnson, momentaneo vincitore dei cento metri davanti a Carl Lewis con il tempo di 9 secondi e 79 centesimi che costituiva anche il nuovo record del mondo. Olimpiadi del doping, ma anche di grandi imprese (truccate e non), come le sei medaglie d'oro della tedesca dell'Est Kristin Otto (prima donna a ottenere un simile risultato, ma poi travolta dalle rivelazioni sulle dopatissime atlete della Ddr) e le cinque dello statunitense Matt Biondi. Olimpiadi che consacrarono atleti leggendari, come la velocista Florence Griffith-Joyner, l'eptatleta Jackie Joyner-Kersee e Gelindo Bordin, straordinario vincitore della regina delle gare: la maratona.

Ma per Louganis era ormai giunto il tempo di fare i conti col passato. Insuperabile nel controllo del corpo, capace di coordinare ogni più piccolo muscolo, tendine e nervo nelle sue ineguagliate evoluzioni, Greg doveva cominciare a saper gestire anche la sua anima. La sua autobiografia stava per uscire, e l'editore – il colosso mondiale Random House – organizzò un'intervista televisiva che avrebbe incollato alla tv l'America. Da quel momento, le sue esternazioni diventarono un fiume in piena. E raccontò la sua incredibile storia: «Ho avuto per sei anni una relazione d'amore sadomasochista con un compagno che mi aveva violentato», disse in un'intervista al settimanale americano *People.*

Si riferiva a una storia cominciata al pricipio degli anni ottanta. L'Aids non era ancora esploso, e i gay belli e famosi come lui erano corteggiatissimi nel mondo più esclusivo di New York, nei gay bar della downtown, nelle feste a casa di Andy Warhol, dove si tirava coca. Uno dei suoi amanti di quel periodo era un certo Tom. Ma Tom era geloso, non gli andava di dividere il suo compagno con altri uomini. «Solo all'idea diventava furioso», rivelò Louganis. Talmente furioso che un giorno, nel 1983, Tom concepì un'idea delirante: «punire» Greg. «Ebbe una crisi isterica. Diventò una belva. Afferrò un coltello da cucina e me lo piazzò sotto il mento, poi mi costrinse a sdraiarmi prono sul letto. Quindi mi stuprò».

A quel punto davanti a Greg c'era un bivio, uno di quei bivii in cui sembra facile sapere quale sia la direzione giusta, e invece non lo è per niente. Perché per fare certe scelte occorre avere un carattere forte. Proprio ciò che a Greg era sempre mancato. Infatti, invece di troncare immediatamente quella relazione divenuta tossica e pericolosa, Greg rimase schiacciato dal trauma che aveva subito, e addirittura decise di telefonare al suo stupratore: «Il giorno dopo chiamai Tom per scusarmi. E gli giurai che nessun altro uomo mi avrebbe mai più posseduto. Il mio bisogno d'amore, di conferme, di sicurezza, era immenso e consideravo la folle passione che Tom nutriva per me, come una prova che anche lui vivesse il disperato terrore di restare solo che sentivo io. Pensavo che Tom, se non altro, non mi avrebbe mai lasciato. Ora mi deprime pensare che ero così privo di autostima da trovare conforto in un simile rapporto. Ma allora era diverso».

Già il rapporto di Greg con il padre adottivo era stato terribile. Pete, così si chiamava, era in realtà un alcolizzato, un uomo privo di emozioni, molto violento: «Papà s'interessava a me soltanto quando vincevo una gara», confessò Greg. «Una volta mi frustò a sangue con una cintura, finché non imparai alla perfezione un nuovo tipo di tuffo che voleva assolutamente insegnarmi. Mi frustò sulla schiena e sulle gambe nude per ore. Non lo dimenticherò mai».

Probabilmente nel carattere instabile e rude di Tom, agli occhi di Greg riviveva la figura di quel padre feroce. Il rapporto durò fino al

1989. Greg gli aveva anche proposto di andare a vivere con lui nella sua villa di Malibu, e ne aveva fatto il suo amministratore. A salvarlo da quell'amante possessivo e dispotico, da quell'amore morboso e pericoloso, fu infine proprio una malattia, l'Aids, che nel 1990, dopo mesi di ospedale, sofferenze e inutili cure, si portò via Tom. Dopo la morte del compagno, Greg si sottopose a ulteriori esami medici, e scoprì che nel frattempo la malattia era progredita: «quando mi dissero che l'Aids mi stava attaccando, e che dovevo sottopormi immediatamente alle terapie, rimasi letteralmente sconvolto».

La storia di Greg Louganis scosse l'intero paese. Greg era sempre stato visto come un puro modello di perfezione, fatto di qualità semplici e salde. Malgrado i suoi trionfi sportivi, era rimasto un ragazzo tranquillo, modesto, un esempio per tutti. Ora invece la gente si faceva un sacco di domande sul suo conto. Alcuni lo accusavano di essere stato un opportunista, un vigliacco. Aveva il dovere di rivelare la sua malattia a Seul, quando il suo sangue tinse di rosso la piscina olimpionica? In difesa del campione parlò da Ginevra il Comitato olimpico internazionale, e la risposta fu «No». Il direttore, François Carrard, sostenne che «il pericolo di un contagio era praticamente nullo». «Il rischio di contrarre l'Aids in piscina in seguito a perdita di sangue da parte di un nuotatore affetto dall'Aids viene escluso in tutti i manuali di medicina del mondo e dalla stessa Organizzazione mondiale della sanità», ribadì l'immunologo Fernando Aiuti, con la conferma anche da parte del direttore medico del Comitato olimpico, Patrick Schamasch: «Poco sangue in tanta acqua non costituisce alcun pericolo».

Con quattro ori olimpici e cinque titoli mondiali, oltre ai quarantasette titoli nazionali che si era aggiudicato nel corso della carriera, Greg Louganis resta il più grande tuffatore di tutti i tempi. Nel 1993 fu inserito nella *International Swimming Hall of Fame*. Forse questo non sarebbe accaduto, se le sue esternazioni fossero avvenute anche solo un anno prima.

NEGAZIONE
E DISCRIMINAZIONE

Il calcio è l'ultima rappresentazione
sacra del nostro tempo.

PIER PAOLO PASOLINI

E SE PURE FOSSE?

Pelé contro Maradona

Se da un lato la «cupola» che governa lo sport mondiale appare chiusa come uno scudo spaziale a difesa della purezza sessuale e contro l'invasione degli ultracorpi, dall'altro non è tuttavia mancato qualche personaggio autorevole, che di propria e individuale iniziativa abbia deciso di mettersi a remare controcorrente: «Sogno che un giorno nessun atleta sarà discriminato per il suo orientamento sessuale, né per il colore della pelle», sono le parole di Edson Arantes do Nascimento, universalmente noto come Pelé, primo violino di una indimenticabile Nazionale brasiliana campione del mondo, e protagonista di una disputa senza esclusione di colpi con Diego Armando Maradona. Una disputa in cui, più che al fioretto, il campione brasiliano preferisce mettere subito mano alla clava: «Maradona è un drogato, è un cattivo esempio per i giovani».

Che Maradona si droghi, in effetti, lo sanno proprio tutti. Nessuna pietà per lui, nessuna pietà nemmeno quando la sua vita sregolata, mozartiana, fa oscillare la lancetta della sua bilancia come quella di un manometro impazzito. Ma critiche e veleno da tutto il mondo, perché quando uno si chiama Diego Armando Maradona ogni battuta risuona per i cinque continenti. Nessuna pietà per il campione che sbaglia, per *el pibe de oro*, per colui che è stato probabilmente il più grande calciatore di tutti i tempi, che poi è stato sopraffatto dalla sregolatezza del proprio genio, rischiando più volte il naufragio della tossicodipendenza. Fino a sfiorare la morte.

Messo alle corde dal brasiliano, Maradona non esita a far ricorso all'omosessualità vista come offesa, come accusa infamante. Al colpo proibito ricevuto, che tira in ballo la sua vita privata, risponde restando sul privato. «Pelé? – dice a Buenos Aires il 27 marzo 2009 con lo sguardo attraversato da un lampo un po' folle, assumendo quella sua aria ingenua e stralunata (che di solito precede le sue uscite più roboanti...), quasi come se per un attimo sia rimasto lì a chiedersi, soprappensiero "Ma chi è questo Pelé?" – Se non sbaglio l'ho già sentito nominare...». E poi la bordata: «Già, parla lui che a quattordici anni ha perso la verginità con un uomo maturo, nelle docce degli spogliatoi di un campo di calcio...».

Il pibe de oro è uno che combatte senza esclusione di colpi, dentro e fuori del campo. Memorabili sono le sue imprese negli stadi di tutto il mondo. Col baricentro basso e i quadricipiti possenti che gli consentivano di colpire di testa rasoterra con la stessa naturalezza con cui staccava spalla a spalla con un terzino venti centimetri più alto di lui, con quella centrale di calcolo balistico che si ritrovava nel cervello e che gli permetteva di tirare in rovesciate imprendibili, col suo scatto bruciante, con le sue discese a tutto campo rimaste scolpite nella storia del calcio, Diego era uno che segnava da dove gli altri non riuscivano neanche a immaginare di farlo, e che faceva gol con tutto. Con i piedi, con la testa, con le mani... senza disdegnare qualche botta di culo, ché quelle non fanno mai male.

Invitato a replicare alle affermazioni di Pelé, non se lo fa ripetere due volte, e gioca al rilancio, tentando la risposta a sorpresa e passando al contrattacco. Ma la sua allusione non è un'invenzione degna delle sue giocate di una volta, quelle con cui mandava a gambe all'aria gli avversari e in visibilio gli spettatori.

Pelé ha smentito già nel 2000 le rivelazioni apparse su alcuni giornali inglesi a proposito della sua «prima volta», delle sue presunte esperienze omosessuali, del fatto di essere stato sodomizzato da un uomo di mezza età sotto una doccia: le voci su una presenza significativa di omosessuali nel calcio brasiliano hanno radici lontane. Ma la domanda, al di là di questa sfida all'ultimo schiaffo tra due giganti del pallone, resta intatta e immacolata: e se pure fosse?

Tutti gli uomini di João, compreso Garrincha

João Saldanha, detto João Sem-Medo («Senza paura»), personaggio dalla vita avventurosa come quella di Jack London (uno che fece di tutto nella vita, dal contabbandiere al giornalista di guerra), ma soprattutto allenatore del mitico Brasile campione del mondo a Mexico '70, nella sua biografia, *Sobre nuvens de fantasia* («Tra nuvole di fantasia») scrive di aver «allenato la Nazionale brasiliana più forte che si sia mai vista. Una squadra in cui avevo cinque numeri dieci, sei gay e tre coppie di fidanzati. E in cui molti facevano uso di droga».

Animato da un carattere impulsivo, votato all'uscita clamorosa, dotato di un egocentrismo spigoloso ma travolgente Saldanha è, come recita un'antica poesia irlandese, la perfetta incarnazione del «cavaliere che parte al galoppo in tutte le direzioni». Apprezzatissimo commentatore e scrittore di sport, conduce programmi radiofonici e televisivi, e sempre all'insegna della battuta spregiudicata. Del resto João è uno che ha fatto il cronista allo sbarco in Normandia e alla Grande marcia di Mao Zedong. Non è un tipo facile da intimidire.

«I calciatori di colore sono i migliori. Sono veloci, leggeri, abili e hanno inventiva. Di Stéfano e Puskas sono stati calciatori favolosi, ma nessuno di loro sarebbe stato capace di realizzare un dribbling senza palla come Pelé, o una discesa sulla fascia come Garrincha. I neri sono più veloci dei bianchi perché i loro antenati africani sopravvivevano solo se riuscivano a sfuggire ai leoni affamati, e se non emergono anche in sport come il nuoto è solo perché per loro le piscine sono sempre chiuse». Un paragone tra bianchi e gente di colore – per di più a favore dei neri – è una provocazione pesante nei confronti del repressivo Governo brasiliano di quegli anni, che ha alla testa il generale (già capo dei servizi segreti) Emílio Garrastazu Médici, di origini italo-basche. Quando questi si accorge che Saldanha è comunista, i loro rapporti cominciano a prendere una pessima piega. Il dittatore tenta persino di imporre la convocazione di giocatori scelti da lui, e Saldanha gli risponde alla sua maniera: «I giocatori me li scelgo da solo. Quando il presidente ha scelto i suoi ministri, mica ha chiesto la mia opinione».

Dopo i neri e le frecciate al dittatore, l'omofobia: «Al calcio bisogna solo saper giocare, gli orientamenti sessuali non contano un bel niente. Se un gay sa giocare a pallone non c'è nessuna differenza con un eterosessuale». Saldanha raggiunge una popolarità straordinaria. La sua franchezza brutale, a volte elementare, seduce la gente. Sconfitta a Rio, la Nazionale inglese campione del mondo di sir Alf Ramsey chiede e ottiene la rivincita. Prima di arrivare a Londra, Saldanha fa tappa ad Amburgo, dove è stato invitato a partecipare a un programma televisivo. Gli chiedono la sua opinione sul genocidio degli indios in Amazzonia, e sulle torture perpetrate dal regime sui *desaparedes*, l'equivalente brasiliano dei tragicamente celebri *desaparecidos* argentini: «In 469 anni di storia, noi brasiliani abbiamo ammazzato meno gente di quanta ne abbiate fatta fuori voi tedeschi in dieci minuti di una delle vostre guerre. Per quanto riguarda lo sterminio di massa, la vostra tecnologia è sempre stata all'avanguardia». E apriti cielo!

Tuttavia a Londra, invitato con Ramsey a un altro talk show sul calcio, alle velenose parole del tecnico avversario – il quale aveva affermato che gli inglesi, a differenza dei sudamericani, sono un popolo onesto – Saldanha risponde in pieno stile *british*: «Ma, se gli inglesi sono così onesti, a cosa si deve la fama di Scotland Yard?». La goccia che fa traboccare il vaso è un'altra. Dichiara di provare ammirazione e simpatia nei confronti di Stalin e di Mao, e questo proprio non può essergli perdonato. È un autentico affronto, uno schiaffo al regime militare che governa il suo paese. L'avvicendamento sulla panchina della Seleção è immediato. Al suo posto viene chiamato Mário Jorge Lobo Zagallo: i Mondiali di Mexico '70 sono alle porte.

E arriva la finalissima. È il 21 giugno. L'Italia, reduce dalla vittoria 4 a 3 contro la Germania (da molti considerata la più bella partita della storia del calcio), regge un solo tempo. Rivelino, figlio di italiani, famoso per i suoi monumentali mustacchi e per l'invenzione del *dribbling flip flap* – resuscitato poi da Ronaldinho – crossa al centro tagliando tutta l'area di rigore italiana. Pelé più che saltare spicca il volo, ma mentre è in aria leggero come un fringuello, come per magia si trasforma in un toro e incorna il pallone con autentica furia. Un colpo di testa, imprendibile per Albertosi, che buca la porta italiana: 1 a 0. I minuti scorrono, ma al trentottesimo Boninsegna ruba la palla piombando di sorpresa sul centrocampo brasiliano, dribbla due avversari, irrompe nell'area di rigore e con una botta micidiale di sinistro porta il risultato in parità.

Nella seconda frazione di gioco, gli Azzurri cominciano a venir meno atleticamente. Gérson, detto *canhotinha de ouro* («sinistro d'oro»), non si smentisce e da sedici metri fredda nuovamente Albertosi. Una fase di bonaccia ipnotizza per un po' la partita, poi il Brasile ricomincia a pedalare.

Alla mezz'ora un cross, che Gérson spedisce direttamente dal centrocampo in area di rigore, fa sponda sulla testa di Pelé, che mette in mezzo per Jairzinho. La difesa italiana è colta quasi nel sonno da quell'accelerazione improvvisa e viene infilata come fosse di burro: 3 a 1. Jairzinho esulta, poi cade in ginocchio e si fa per tre volte il segno della croce, mentre i compagni lo coprono di baci.

Il Brasile sembra ora in stato di grazia. L'urlo «Brasil! Brasil!» si alza altissimo sull'ellisse dell'Azteca, che vibra come la canna di un immenso organo. Un lancio in profondità sulla fascia sinistra per Jairzinho. Il numero sette converge al centro, attira due difensori e poi serve a destra Pelé, quasi smarcato, che con calma apollinea appoggia ancora a destra un pallone, che rimbalza sull'erba dolcemente. Dalle retrovie, come un bolide dalle profondità dello spazio, sta arrivando a tutta velocità il capitano verdeoro dal nome risorgimentale, Carlos Alberto. Il suo non è un tiro, ma una salva della corazzata Bismarck. Una «cannonata» di destro che attraversa in diagonale tutta l'area di rigore e s'insacca senza misericordia. La porta di Albertosi è violata per la quarta volta. Intorno al terreno di gioco, sulle rive di quel campo dove si sta realizzando il sogno più grande, letteralmente il pubblico «ribolle». Qualcuno è praticamente già in campo. L'arbitro fischia: il Brasile dei campioni di colore, il Brasile delle «tre coppie di fidanzati» è campione del mondo.

Stupore di Rivera, realismo di Mazzola

Mentre i verdeoro impazziscono di felicità, sul viso degli Azzurri c'è una maschera di stanchezza, di dolore, di struggente delusione. Quel pomeriggio, all'Azteca, ci sono anche Gianni Rivera – che entra a sostituire Boninsegna – e Sandro Mazzola, gli eterni duellanti.

Le parole del Sem-Medo sui gay della Seleção idealmente riecheggiano ancora, quando i due campioni italiani vengono interrogati sul tema dell'omosessualità nel calcio, e anche in questo caso, come sul campo, si trovano in contrapposizione. «Ogni volta che sento parlare di omosessuali nel calcio mi stupisco», dirà Rivera in un'intervista al *Corriere della Sera* il 18 dicembre 2005 (il *golden boy* è peraltro parlamentare europeo): «Mi sembra strano che scelgano un gioco così maschio, dai contrasti così decisi. Io non ci credo, per me farebbero fatica anche a stare in uno spogliatoio...». Gli risponde Mazzola, e sempre dalle pagine del *Corriere,* il giorno dopo: «Ma possibile che non ci prende mai, quel ragazzo...? Non vedo perché non ci debbano essere calciatori gay, o perché ci si debba stupire. Una volta ci si nascondeva di più, oggi i tempi sono cambiati e certe cose si possono dire apertamente. Ma sembra che nel calcio, a differenza di altri sport, non ci sia nessuno che abbia voglia di infrangere il tabù. Non che sia un obbligo, è chiaro, ma a sentire la maggior parte di calciatori e allenatori non c'è un gay che abbia calzato scarpe coi tacchetti. Io ho conosciuto qualche calciatore omosessuale, anzi per l'esattezza ci ho giocato contro. Uno è anche diventato allenatore di una nazionale. Era una cosa risaputa, e non mi ha certo turbato: per me, come per i miei compagni di squadra, erano solo avversari come tanti altri. Non c'è mai stata nessuna prevenzione mentale, forse eravamo più avanti dei tempi. Mi ricordo solo qualche battuta un po' goliardica, magari oggi non si fanno neanche più...».

NEGAZIONISTI ALL'OPERA

Uno scandalo a tre: Briatore, Alonso e Piquet

Le parole di Mazzola sono un perfetto preludio a quelle del campione del mondo di rugby a quindici con l'Inghilterra nel 2003, Ben Cohen, nipote tra l'altro di quel George campione del mondo di calcio nel 1966: «Chi si fa condizionare dal fatto che ci sia o meno un gay nella sua squadra, evidentemente ha problemi di identità».

È un problema che riguarda tutte le parti in causa, dai praticanti ai tifosi, dai giornalisti ai dirigenti. Un problema che riguarda ciascuno di noi individualmente, la società intera. Messo alla prova, il sistema si compatta. Ed emerge la fazione dei negazionisti, che assume la posizione della testuggine a mo' di legione romana, o forse, più fallicamente, a mo' di falange macedone. La loro tesi è chiara e definitiva. In effetti è un assioma nei contenuti e un proclama nei toni. Ma forse somiglia anche a un rassicurante comunicato sui marziani, che potrebbe essere emesso dalla Nasa: «Nello sport, e in particolare nel calcio, gli omosessuali non esistono». Quelli che si dichiarano, in pratica, sono solo personaggi in cerca di attenzione, di riflettori, e comunque si tratta di pochi degenerati che alla fine non contano niente. In effetti, i riflettori certe storie le richiamano eccome, e ciò può essere l'occasione per servirsene sapientemente, per esempio quando c'è di mezzo una lite.

Flavio Briatore e il pilota Nelson Piquet si affrontano a colpi di lingua biforcuta quando Piquet accusa la Renault di favorire apertamente il compagno di scuderia, Fernando Alonso. Piquet si spinge fino ad accusare Briatore di aver organizzato un incidente al Gran Premio di Singapore proprio per permettere ad Alonso di guadagnare punti in classifica. Sta per nascere uno degli scandali più clamorosi della Formula 1, che avrà conseguenze pesantissime sui protagonisti. Gli strascichi verbali sono inevitabili. Dichiara Briatore, in una conferenza stampa seguita al Gran Premio d'Italia disputatosi a Monza il 13 settembre 2009: «Piquet è un ragazzo viziato, un classico figlio di papà». Poi fa un'allusione al fatto che il brasiliano abbia una «relazione particolare» con un uomo di mezz'età: «Abbiamo fatto di tutto. Abbiamo cercato un dottore che lo aiutasse, perché lui e quell'uomo vivevano insieme. Non si capiva bene che relazione avessero» (fonte *Gay.tv*,14 settembre 2009).

Queste dichiarazioni allargano lo scenario. La gente si distrae dallo scandalo che colpisce uno sport dove in campo scendono i gruppi industriali più potenti del mondo, e sottovoce si strugge cercando di far luce su misteri che tolgono il sonno: «Ma è vero che Piquet... è gay?».

«Mai!», risponde Mourinho

Un campione può parlare ai microfoni di cento televisioni, ha gli strumenti economici per sottrarsi alla curiosità della gente e per tutelare, ovunque e comunque lo desideri, la propria vita privata. E un campione su certe cose ci può anche scherzare, mentre per tanta gente – che sotto i riflettori non ci sta – determinati argomenti sarebbero una tortura.

Mourinho, a un giornalista televisivo che gli chiede se ha mai pensato di essere o di poter diventare omosessuale (*Adnkronos*, 10 luglio 2009), risponde – peraltro del tutto legittimamente – con una sola e categorica parola: «Mai!». Alla sua esclamazione, epica come il «Merde!» di Cambronne, fanno prontamente seguito virili risate da parte dei presenti. Sempre «Mou», l'indiscusso re degli istrioni da panchina, il geniale allenatore con la dialettica di un capo di Stato (o sono forse i capi di Stato ad avere oggi una dialettica da allenatori?), allorché gli viene chiesto – cercando di carpirgli qualche indiscrezione sul presunto interesse da parte dell'Inter per Pavel Nedved – se non abbia magari una qualche prefenza per i giocatori biondi, replica: «Se mi piace un giocatore biondo? Ehi, ma questa mi sembra una conversazione un po' gay...». E giù, fatalmente, risate a crepapelle (*SkySport24*).

Ma i più attenti e navigati – nonché irriducibili amanti dell'ambiguità – avranno ben notato in tv, al momento di dare la risposta, anche il suo «linguino»: quel movimento automatico della lingua con cui a volte ci si lecca le labbra (per esempio davanti a un bel piatto di lasagne) e che indica nella comunicazione non verbale – il linguaggio inconscio del corpo – un certo compiacimento. Evidentemente al grande, istrionico «Mou» piaceva parecchio il modo di giocare di Nedved. Almeno quanto, probabilmente, gli piaceva la lasagna...

SOLITUDINE DEL CENTRAVANTI DI PERIFERIA

Il terrore di essere venuti male

Tutte risate, certo. Ma come sarebbe invece la vita di un centravanti per passione – uno di quelli che giocano al calcio solo perché gli piace, di quelli che fanno le corse dopo lo studio o il lavoro, per arrivare puntuali all'allenamento – se un bel giorno dichiarasse di essere omosessuale? O semplicemente se qualcuno cominciasse a mormorarlo? Sarebbe un inferno.

Non parliamo di star, ma di quegli innumerevoli dilettanti, sognatori e appassionati, che sono il vero popolo dello sport, che ne sono l'anima e la più grande risorsa. Inossidabili dopolavoristi di mezz'età, ragazzi e ragazze pieni di voglia di fare, persone d'ogni genere sedotte dall'agonismo, dalla sfida con gli altri e con se stessi, dal desiderio di dare alla vita un senso semplice e chiaro. Persone che offrono impegno, lealtà, spirito di sacrificio, e che si aspettano tutto, eccetto che il loro entusiasmo sia tradito. Tutto, fuorché un'assurda discriminazione. Parliamo di quegli atleti che si mettono in viaggio alle cinque del mattino per arrivare in tempo alle gare, di quei calciatori che giocano in una qualunque squadra di amatori, concedendosi qualche volta il sogno di aver fatto un'autentica prodezza, e che magari qualcuno l'ha notata perché, chissà, forse non è troppo tardi, forse non è detta l'ultima parola...

La verità, però, è che le storie dei campioni rischiano di distrarci dalla realtà. Ci portano via, verso un mondo lontano che in un certo senso non esiste, fino a quelle vette inaccessibili della popolarità in cui la realtà si rarefa tra contratti milionari, gossip, polemiche a distanza e, all'occorrenza, interminabili strascichi legali. La realtà dell'omosessualità nello sport non è fatta di gente come la Navratilova, né di grandi calciatori o di piloti di Formula 1. Non è fatta di superstar dell'atletica o del nuoto. È fatta di gente comune, che senza aver alcuna colpa vive nell'angoscia, se non nel terrore. Gente che semplicemente potrebbe essere felice, e che per fortuna spesso lo è, ma che deve subire l'ostilità non solo della società che la circonda, ma persino di quelli che dovrebbero essere gli amici per eccellenza: i compagni di squadra.

Il terrore che sono costretti a provare, quando condizionamenti emozionali o culturali impediscono loro di esprimere e godere liberamente la propria natura, è il più infame che si possa immaginare: il terrore di essere inadeguati, in un certo senso di essere «venuti male», di essere «sbagliati». Un errore da correggere o, se incorreggibile, da tollerare con fastidio e imbarazzo.

La condanna che scatta come una tagliola

Quando il rugbista Gareth Thomas partorisce la sofferta dichiarazione di essere omosessuale, ai Castleford Tigers viene appioppata una multa di 40.000 sterline per degli slogan omofobici pronunciati dalla loro tifoseria nei suoi confronti. Stessa sorte tocca a Kristian Phillips, ventunenne ala degli Ospreys e talento della pallovale gallese, che ha pubblicato un commento omofobo su twitter e che, per questo, verrà sanzionato. Amante del programma tv *Big Brother* («Il Grande Fratello» anglosassone), Phillips si è lasciato andare a un commento particolarmente sbracato, e riferendosi a uno degli abitanti della «casa» l'ha definito *faggot*, cioè «frocio».

Ma se da un lato la cassa di risonanza che si ha quando si è famosi può far paura perché il pettegolezzo può diventare planetario, dall'altro tutto viene diluito nell'impalpabile e fugace altamarea dei media. Il dramma vero resta quello che va in scena tra le quattro mura di una casa, nella cerchia ristretta di una piccola realtà, nella solitudine che si può vivere all'interno della propria stessa famiglia, di una scalcinata palestra di periferia, di un campetto di pallone spelacchiato o un oratorio.

Un segreto che sfugge, una parola, un gesto, possono in fretta mettere radici e crescere. Trasformarsi in pettegolezzo, poi in mormorio, gonfiarsi in un vocio che scorre sempre più impetuoso e infine esplode in un giudizio universale. La condanna per «anormalità» scatta come una tagliola, e le conseguenze possono essere devastanti per chi ci resta con il piede dentro. Fino al suicidio che, nel trenta per cento della popolazione giovanile di tutto il mondo (per quanto possa sembrare allucinante), è collegato proprio con il tema dell'identità sessuale. Chi è vittima dell'ostilità omofobica, cessa di essere «una persona» per coloro che lo circondano, e perde persino il nome. Da quel momento diventa una specie di maschera della commedia dell'arte: «Il Ricchione», «Il Frocio», «Il Culattone», «La Mascula», «La Contraria», «L'Invertita».

Cosa succederebbe se il nostro immaginario centravanti per passione, quello della squadra di terz'ordine che gioca in un paesino sperduto – dove il presidente della locale benemerita società sportiva ha l'aria di un commendatore anni cinquanta, tra il mafioso e il salumiere, e i tifosi sono i vicini di casa – sbagliasse il rigore decisivo, e poi venisse fuori che è omosessuale? Con quale coraggio tornerebbe in campo, lui che non ha neanche la consolazione dei riflettori, la speranza di rastrellare qua e là, confidando nei grandi numeri, qualcuno disposto a difenderlo, a comprenderlo, a scendere in piazza o a fare fiaccolate di solidarietà? Con quale coraggio rimetterà piede a casa sua? L'essere omosessuale diventerebbe il volto della sua colpa, il motore immobile che ha determinato il suo fallimento sul campo e fuori, la ragione prima e ultima della sua irreparabile vergogna. E nel bar del paese la gente s'avviterebbe per serate intere nel gorgo senza fondo di un rompicapo stile l'uovo e la gallina: «Ma ha sbagliato il rigore perché è ricchione, o è diventato ricchione perché ha sbagliato il rigore?».

È la parola stessa, «omosessuale», che quasi per tutti suona ancora come un'offesa cocente. E le parole sono importanti, sono cellule invisibili che fanno parte tuttavia del nostro stesso corpo. Le parole sono le cellule della nostra anima. Dovrebbero insegnarlo in tutte le scuole. «La scuola insegni il rispetto. È imperdonabile che il termine gay sia ancora usato come un insulto da cortile», dichiara Elton John al quotidiano inglese *The Guardian* – come riportato anche dalla *Repubblica* nel novembre 2011. Una frase che sottende l'impegno della star per «un mondo senza omofobia», una vera e propria campagna che Elton John ha intrapreso con il suo compagno David Furnish. I due si sono uniti in matrimonio a Londra e hanno poi avuto un figlio per mezzo di una «maternità surrogata», cioè ottenuta affidando il seme a una «madre portante». Il bimbo, nato nel 2010, si chiama Zachary, e per venire al mondo non poteva scegliere data più simbolica: il 25 dicembre.

ROCCAFORTI INESPUGNABILI

Un caso da tribunale

Nel 1994 si fanno sempre più insistenti le voci sulla presunta omosessualità di Gianluca Vialli, uno dei campionissimi del pantheon calcistico. L'interessato decide che è il momento di mettere le carte in tavola e porta per le orecchie un giornalista in tribunale, accusandolo di averlo diffamato. Il giudizio gli dà ragione, e la sentenza recita: «Essendo un campione di calcio un simbolo per la società... essere definito gay non gli può essere consono, poiché viene riferito a un soggetto preso ad esempio da migliaia di giovani». L'implicito contenuto omofobico espresso dal dispositivo è in effetti sconcertante.

In certi ambiti, per esempio quello artistico, l'omosessualità è tradizionalmente più accettata. Da un ballerino classico, che sia omosessuale quasi quasi lo si pretende. Ma a ben vedere, anche questo è il frutto di una discriminazione. Essere omosessuale legittimerebbe l'artista a conoscere gli angoli più bui e remoti dell'essere umano. È un esploratore che si è spinto più in profondità, un marinaio che va più a largo. Nello sport però è diverso. Lì si vive di metafore che ricalcano uno schema elementare del mondo dei mammiferi, e del quale gli etero rivendicano orgogliosi il divino copyright.

Nello sport, diversamente da altri ambiti, l'omosessualità resta un tabù. Passino i cantanti omosessuali (recente è il caso di Tiziano Ferro), gli attori, i politici, gli intellettuali, ma gli atleti no. Il negazionismo ripudia persino le statistiche, pur tanto adorate da quest'epoca disorientata.

E se è dura per i campioni, per i «pedoni» è durissima. Per quei calciatori che militano in una di quelle innumerevoli squadre che quando si va in campo contro i rivali della frazione vicina sembra che ti stai giocando la finale di un mondiale, e la gente intorno al campo si strappa i capelli e va in convulsioni a ogni passaggio, a ogni tiro in porta, a ogni fottuto fischio dell'inevitabile «arbitro cornuto».

Arbitri diversi

Già, gli arbitri, perché anche loro sono in campo. E sono certo uno dei bersagli prediletti. Fino a poco tempo fa, a furor di popolo, gli arbitri erano eterosessuali e cornuti. Ma i tempi cambiano.

Nigel Owens è un arbitro gallese di rugby a quindici, internazionale dal 2005, ed è anche il primo direttore di gara nel rugby a dichiararsi omosessuale. Uno cresciuto esprimendosi in Cymraeg, la lingua del gruppo brittonico-celtico orgogliosamente parlata nel suo paese. L'inglese lo apprende solo al momento di iniziare la scuola dell'obbligo e poco dopo, come tutti i ragazzi gallesi, comincia a scorrazzare sul campo da rugby. Ha sedici anni e la sua carriera inizia come giocatore, ma l'allenatore non lo sprona più di tanto, anzi: «Il rugby non fa per te, Nigel», gli dice scuotendo la testa. Lui tutto sommato è d'accordo, ma di abbandonare completamente quello splendido sport non ne vuole sapere. Così rientra dalla finestra e si butta sull'arbitraggio. Subito, come per magia, la musica cambia. Debutta in Challenge Cup nel 2001, e un anno dopo dirige il primo match di Heineken Cup. Tre anni più tardi, nel 2005, arbitra a Osaka il suo primo test match internazionale: Giappone contro Irlanda.

Tutto bene finché, in un'intervista rilasciata al *Wales On Sunday*, decide che è venuto il momento di fare il suo fischio più delicato. Ferma il gioco, e dichiara: «Sono omosessuale». Sa di rischiare, perché quando sei omosessuale e lo vai a dire ti giochi tutto. E per di più lui è un arbitro: «Gli arbitri non è che stiano così simpatici alla gente... Confesso che avevo molta paura». Una paura che affonda le radici nel cupo retroscena di quella decisione, che nasce nel grembo di innumerevoli notti passate in bianco, seduto sul letto con gli occhi sbarrati, cercando disperatamente una via d'uscita.

Ma Nigel è fortunato: le reazioni al suo coming out sono inaspettatamente positive e, dopo la Coppa del mondo di rugby del 2007 in cui dirige tre incontri, viene dichiarato «sportivo gay dell'anno» dal Movimento Stonewall per i diritti degli omosessuali, e si becca pure un premio.

eudy
Waldo, Simangele,
Gugu, Thokozane,
Jonas, Fannyann,
Zoliswa, Lorna,
Salome, Sizakele...
never
forget

2008
Stupro per una campionessa del pallone
EUDY SIMELANE

Ho visto, ovunque, la stessa schifezza, il macello di esseri umani. Ho visto la brutalità e la violenza, il godimento nell'uccidere un nemico indifeso.

GINO STRADA

Eudy Simelane fu uccisa il 28 aprile 2008 in seguito a un bestiale tentativo di stupro. Era un'attivista lesbica e una delle migliori giocatrici di calcio che il Sudafrica avesse mai avuto. Una donna di trentuno anni, alta e forte. Quando fu presa nell'agguato in cui sarebbe stata assassinata, lottò fino all'ultimo, difendendosi con tutte le sue forze. Il suo corpo nudo fu trovato riverso in un canale d'irrigazione di Kwa-Thema, una *township* – area metropolitana dove abitavano esclusivamente cittadini non-bianchi – sorta alle porte di Johannesburg con l'ambizione di diventare un modello per altri insediamenti, e luogo di duri scontri all'epoca degli *struggle years* di Nelson Mandela. Nella sua relazione, il medico legale scrisse che Eudy era stata colpita nove volte. Colpi che si erano abbattuti sul volto, l'addome, la parte superiore delle cosce. Nelle parti intorno alla vagina vennero riscontrate anche contusioni, il che lasciava immaginare la brutalità della lotta che aveva preceduto e seguito lo stupro.

Del resto, il clima sociale del paese, come quello dell'intera Africa, resta tutt'ora in bilico tra una modernità forzata dalla ricerca di opportunità di sviluppo economico e un oscurantismo che sa trasformarsi in violenza inaudita. Alla fine del 2009 un tribunale del Malawi – con l'accusa di «oltraggio al comune senso del pudore» – condannò a quattordici anni di lavori forzati Steven Monjeza, di ventisei anni, e Tiwonge Chimbalanga, di venti. I due ragazzi erano stati riconosciuti colpevoli di aver organizzato una festa per comunicare ad amici e parenti la loro unione e il loro amore, «ledendo gravemente la cultura e i princìpi morali e religiosi del paese». Il giudice ritenne opportuno infliggere ai due imputati una «pena esemplare», per far ben capire al popolo del Malawi a quali conseguenze fosse esposto chi intendesse seguire un simile cattivo esempio. Ma anche in carcere Steven e Tiwonge continuavano a giurarsi amore eterno, dichiarando che avrebbero preferito la morte piuttosto che rinnegare il legame che li univa. La loro storia fece scalpore, e il presidente del Malawi concesse loro la grazia per «motivi umanitari». Decisivo, per una volta, l'intervento dell'Onu, e l'incontro che avvenne tra il presidente del Malawi e il segretario delle Nazioni unite, Ban Ki-Moon.

L'omosessualità fa molta paura in Africa, e il Sudafrica è uno dei pochissimi stati in cui viene, almeno formalmente, accettata: in teoria, già nel 1996, i gay avevano ottenuto molti diritti, compresa dal 2006 la possibilità di sposarsi. Ma la realtà del continente africano è per lo più del tutto differente. E non solo la realtà politica o giuridica, ma quella del sentimento popolare, che si mostra spesso ferocemente ostile alla libertà sessuale. Aperte condanne dell'operato liberale del Governo sudafricano sono giunte prima di tutto dai paesi africani di lingua inglese, ex-colonie dove l'incrocio tra cultura tradizionale e cultura occidentale non ha mancato di generare autentiche mostruosità. In Uganda i gay sono letteralmente perseguitati, mentre in Congo, prendendo le distanze dalla posizione assunta dal Sudafrica in materia di omosessualità, il Governo ha risolto la questione alla radice, affermando sic et simpliciter che «l'omosessualità non esiste». Uno slogan, quest'ultimo, dal successo decisamente trasversale.

Ma un aspetto veramente raccapricciante, e che ci porta tragicamente al cuore della storia di Eudy, è quello degli stupri correttivi. Lo stupro è una specie di arma. Può essere praticato su grande scala per realizzare la cosiddetta pulizia etnica o divenire uno «strumento di redenzione e di purificazione». Nel mirino sono le lesbiche, e lo «stupro correttivo» si prefigge di «renderle di nuovo donne». Vengono per questo organizzate vere e proprie spedizioni punitive, e il fenomeno è così diffuso che Triangle project, l'organizzazione sudafricana per i diritti degli omosessuali, ritiene che l'ottantacinque per cento delle donne lesbiche del paese sia a rischio di subire un'aggressione di questo tipo.

Phumla, una ragazza di Soweto, anche lei calciatrice come Eudy, mentre faceva ritorno a casa dopo un allenamento fu aggredita da un gruppo di uomini che avevano deciso di impartirle «la solita lezione». La sentenza era stata emessa. La ragazza venne circondata, sollevata di peso e trascinata in un luogo appartato dove fu stuprata a turno da tutti i suoi carnefici. Quegli stessi che nei giorni seguenti ostentarono la propria impunità, continuando ad andarsene in giro tranquillamente, come se nulla fosse stato. Eppure, paradossalmente, mentre essere gay vuol dire rischiare la vita, la pedofilia è tacitamente permessa. Il matrimonio di una bambina di otto anni con un uomo di quaranta non desta scalpore. Le Nazioni unite hanno rilevato che ci sono nel mondo sessanta milioni di bambine, prevalentemente tra i dodici e i quattordici anni – ma spesso anche più giovani – che sono andate in spose a uomini maturi, mai incontrati prima.

Fu in questo clima culturale, in questi parossismi sociali, in questo continuo cortocircuito tra razze, etnie, sessi, religioni e convinzioni che si consumò la tragedia di Eudy Simelane. Lei, simbolo dell'emancipazione femminile in quanto star del calcio, doveva essere punita. Aveva bisogno, come Phumla, della «solita lezione»: le ci voleva uno stupro correttivo. Un gruppo di giustizieri sessuali la puntava da tempo, e la spedizione venne organizzata. Era una sera che sembrava come le altre, ma non lo era. Qualcuno conosceva la strada che Eudy percorreva per tornare a casa. L'aveva studiata, e aveva individuato il punto ideale per agire. Conosceva i suoi orari, e le tese un agguato. Era una sera d'aprile. Eudy era ormai a poche centinaia di metri da casa quando il branco la attaccò. Le saltarono addosso, e per un istante la ragazza rimase sgomenta. Ma passato il primo, inevitabile istante di sorpresa, reagì con calci e gomitate. Tentò disperatamente di divincolarsi, perché era quella la sua unica speranza di salvezza.

Giocava con le Springs Home Sweepers, ma il suo talento l'aveva portata a diventare capitano della Banyana Banyana, la Nazionale sudafricana di calcio. S'era sudata quel ruolo prestigioso correndo sul campo, lottando su ogni pallone, divenendo un punto di riferimento per tutte le sue compagne. Era un'atleta veloce, ben allenata: se fosse riuscita a staccarsi di dosso i suoi aggressori anche solo per un attimo, se fosse riuscita a sfuggire alla loro presa appena il tempo necessario per lanciare lo scatto, ben difficilmente sarebbero riusciti a riprenderla: perché lei era veloce come lo springbok, la piccola antilope simbolo del suo paese. Ma, proprio come uno springbok, era stata circondata da un branco di licaoni. Uno la assaliva di fianco, un altro la mordeva alle spalle. Il dolore accendeva la lotta, una lotta dove in gioco non c'era il risultato di una partita, ma la sopravvivenza. Proprio come nel cuore della savana.

Eudy si difese con tutte le proprie forze, ma non riuscì a divincolarsi. Ottenne soltanto il risultato di far infuriare ancora di più i suoi aggressori. Loro non riuscivano a tenerla ferma, non riuscivano a domare quella donna fiera e ribelle, e allora tirarono fuori il coltello. Alla fine Eudy cadde. E a quel punto non aveva più scampo. I predatori l'avevano atterrata e le erano sopra. Il sogno di sfuggire all'agguato lanciandosi in una corsa che valeva la vita, sfumava nell'odore dell'erba – che non era l'erba di un campo di calcio. Quattro ragazzi tra i diciotto e i ventiquattro anni la tenevano sotto, cercando di violentarla. Eudy non si arrendeva ancora, e allora il pestaggio continuò. Volarono quasi dieci coltellate, con un accanimento contro il suo corpo che aveva dell'incredibile. Non potendo aver ragione di lei, i suoi assalitori decisero di finirla. Poi abbandonarono il suo cadavere

martoriato e fuggirono. Strani licaoni, che uccidevano soltanto per il gusto di farlo.

«Perché le hanno fatto questo? Per quello che lei era?», ripeté incredula sua madre Mally, per giorni, senza poter trattenere le lacrime: «Lei era solo una donna dolcissima, che non aveva mai fatto del male a nessuno». La colpa di Eudy era quella di essere lesbica e di essersi impegnata in prima persona nella difesa dei diritti umani. Era stata una delle prime donne sudafricane a vivere apertamente la propria omosessualità, e la sua morte suscitò enorme scalpore. Ma le violenze contro le donne lesbiche non si sono fermate. Un rapporto dell'organizzazione non governativa Action Aid, al di là della questione dello stupro correttivo, denuncia prima di tutto la cultura di impunità che circonda questi delitti, non riconosciuti come crimini a sé stanti e non puniti adeguatamente. «Stiamo assistendo a un aumento preoccupante del numero di donne che vengono da noi per denunciare di essere state stuprate, donne cui è stato detto durante lo stupro che venivano violentate perché lesbiche», ha denunciato il presidente di Triangle Project, Vanessa Ludwig.

Dei quattro assassini di Eudy, tre – cioè Themba Mvubu, Khumbulani Magagula e Johannes Mahlangu – si dichiararono innocenti. Il quarto, Thato Mphiti, confessò subito e fu condannato a trentadue anni in un processo separato. Nessun reato di stupro correttivo, però. Con la precisazione del giudice che «l'orientamento sessuale della vittima, non aveva rilevanza». Una sentenza insomma che, secondo la direttrice dell'organizzazione non governativa Lesbian and Gay Equality Project con sede a Johannesburg, non era altro che «un modo per non ammettere che le donne lesbiche in Sudafrica vanno incontro a stupri e omicidi, proprio in quanto lesbiche. Mentre la violenza sulle donne omosessuali per renderle normali è sempre più frequente». Renderle «normali», ricondizionarle. Entrare nel loro hard disk e riprogrammarle. Questo il progetto delirante dei loro aggressori, spesso anche loro assassini. Analogo è il parere espresso da Stephanie Ross dell'agenzia internazionale Action Aid, curatrice dell'inchiesta *Crimini d'odio: il fenomeno dello stupro correttivo in Sudafrica* (2009). Secondo la Ross «a Johannesburg vengono perpetrate una media di dieci aggressioni alla settimana ai danni di lesbiche, ma è probabile che il numero sia sensibilmente più alto perché le denunce sono poche». Gay e lesbiche sono circondati da una violenza senza freni, che si rinnova e si rafforza proprio di fronte agli atteggiamenti di apertura assunti dal Governo. Pochi casi arrivano in tribunale, e di rado i colpevoli vengono catturati e condannati. Intorno alle persone incriminate si genera un clima di omertà. Nei processi, le giurie stesse subiscono intimidazioni, e così i familiari delle vittime.

Dopo l'assassinio di Eudy, molte lesbiche hanno ricevuto minacce da parte delle bande di stupratori. Anche i familiari della Simelane, sua madre e suo padre (vecchio tifoso dell'Arsenal) – così come tutti gli attivisti in lotta per il rispetto dei diritti umani – sono stati oggetto di pesantissime pressioni. Si cerca di indurre nelle vittime la sensazione di essere sole davanti a un destino ineluttabile. La solidarietà internazionale del resto è stata apparentemente grande quando il fenomeno dello stupro collettivo, amplificato dalla morte di Eudy, è venuto alla luce della cronaca. Ma poi i riflettori si sono inesorabilmente spenti, e il Sudafrica è tornato a essere un paese in cui lo sport è considerato «una cosa da uomini». Johannesburg è una metropoli complessa, in cui la modernità convive in difficili equilibrismi con una mentalità arcaica. Il tasso di criminalità è altissimo. Per molti uomini, spesso disoccupati, fare «cose da maschi» vuol dire passare la giornata in un bar a bere e a parlare di sport.

Le donne devono stare al posto loro, ed Eudy non l'aveva fatto. Senza contare che «non aveva un aspetto molto convenzionale, come donna». Insomma doveva essere uccisa, perché era «diversa». Persino la polizia, in molti casi, appariva collusa con gli aggressori. Per una lesbica denunciare uno stupro può voler dire ricevere domande sarcastiche del tipo: «Ma se uno volesse stuprare una ragazza, credi davvero che ne sceglierebbe una come te?». Intanto Eudy è morta. Lei è stata «scelta».

La cupola (e la copula) del pallone

Tutto quello che so della vita
l'ho imparato dal calcio.

ALBERT CAMUS

FRA EQUIVOCI E GOSSIP

«Finocchio» per caso

A volte avvengono equivoci davvero clamorosi. E in certi casi possono essere decisamente divertenti: durante la partita del Parma contro il Bologna (Campionato Primavera) l'allenatore della formazione felsinea, Paolo Magnani, si trova in una situazione assurda. Non solo ha dovuto litigare col collega della squadra avversaria, Tiziano De Patre, ma addirittura si è anche beccato un cartellino rosso da parte del ravennate arbitro Donati. Il motivo? Gravissimo: ha dato del «finocchio» a un giocatore. Così, apertamente. E non mormorandolo tra i denti, bensì gridandolo ai quattro venti, con la grinta di un autentico mastino machista: «Finocchioooooo!». Apriti cielo! Dagli all'omofobo! Dagli al maschilista a bordocampo!

Certo. Chi non s'indignerebbe dinanzi a un gesto – un grido – così selvaggio e vile? Tanto più che l'ambiente machista del pallone lo è quasi per antonomasia. E senza contare che, avvenendo in una partita fra giovanissimi, la cosa risulta diseducativa fino all'abiezione. C'è solo un problema. Ma nessuno, lì per lì, l'ha realizzato: il giocatore apostrofato (in apparenza) con una simile crudele sfacciataggine dal mister macho, risponde all'anagrafe al nome di Finocchio Francesco. Quel grido è servito solo a chiamarlo per nome.

Il Francesco Finocchio in questione, che tra l'altro è un ex nazionale della Under 17, fa cadere un avversario. E a quel punto Magnani gli urla dalla panchina: «Mettila fuori Finocchio!». Immediatamente scatta il cartellino rosso. Per fortuna poi, chiarito tutto, il giudice sportivo interviene e sospende la squalifica dell'innocentissimo mister Magnani.

Ma se questo è un episodio esilarante, la realtà ordinaria è assai diversa. Il 6 febbraio del 2008, il quotidiano inglese *The Guardian* spara un titolo che è un diretto al mento e che in italiano suona più o meno così: *Atleti gay, non fate coming out: non vi conviene*. Il consiglio, quasi un avvertimento dal sapore mafioso, è chiaro. Anche se tutte le discipline sportive – dal calcio al rugby, dalla pallavolo alla pallacanestro, dall'atletica ai motori, dal tennis al pugilato e via dicendo – sono popolate dalla stessa percentuale di omosessuali che vive in qualunque altro ambito sociale, è più prudente rimanere nell'ombra.

Il 12 novembre 2010 arriva un appello di segno opposto. A lanciarlo è Mario Gómez, attaccante del Bayern Monaco: «Essere gay nel calcio non deve più essere un tabù», ha dichiarato a un magazine tedesco. «Fare coming out li aiuterebbe a giocare meglio, a togliersi un peso. In Germania abbiamo avuto un vicecancelliere gay, e anche il sindaco di Berlino è gay. Sarebbe ora che i calciatori professionisti si sentissero finalmente liberi di uscire allo scoperto». In ogni caso, nella Lega calcistica tedesca non c'è alcun calciatore gay dichiarato. E l'opinione dominante è che «uscire allo scoperto», non solo non servirebbe a giocare meglio, ma potrebbe costare la carriera. Di più.

«Ci sarà pericolo...?»

Il 26 marzo 2011 – e subito le parole rimbalzano su tutti i giornali con rimpalli da flipper – Oliver Bierhoff, l'ex star del calcio tedesco e oggi il manager della Nationalmannschaft, entra a gamba tesa contro «chi parla di omosessualità nel mondo del pallone». Ex attaccante anche di Milan e Udinese, Bierhoff sostiene che «chi parla della presenza di omosessuali nel calcio diffama il buon nome dei calciatori», e tuona contro la serie televisiva *Tatort*, in cui c'è un episodio che ha come protagonista un calciatore gay.

Tatort è un poliziesco molto seguito in Germania: a detta del campione, non solo la puntata è già esecrabile in sé, ma anche per il fatto che in uno dei dialoghi l'attore che impersona il giocatore gay sostiene addirittura che «nella Nazionale tedesca metà dei calciatori sono gay». «Lo trovo di pessimo gusto, e mi irrita vedere che il buon nome della Nazionale venga abusato e infangato, o per scherzarci su», sostiene Bierhoff. «L'affermazione di *Tatort* è falsa – ribadisce – e per me è come se avessero cercato di attaccare la mia famiglia, perché questo è per me la Nazionale tedesca: la mia famiglia!».

Scappa quasi da dire: «Heil!»; ma è meglio non scherzare troppo, perché Oliver l'ha presa proprio male. Così come ha preso male la battuta di *Queer.de*, il sito web di riferimento per la comunità Lgbt tedesca, che in risposta alle sue parole ha sagacemente replicato: «Ma bene, dunque la famiglia di Bierhoff è composta di soli maschi? Questo non può che farci piacere». Qualcuno saggiamente osserva che Bierhoff avrebbe fatto meglio a incassare la stoccata e a sorvolare; ma lui ha rilanciato queste parole: «Siamo tutti stretti intorno al nostro presidente e ai nostri dirigenti», ha detto (esponendosi obiettivamente ad altre facili battute); per aggiungere poi minacciosamente: «Non ci piace doverci difendere da simili attacchi e gossip così sciocchi, ma siamo costretti a farlo. Decideremo come muoverci. Una cosa è certa: non possiamo rimanere passivi – altro clamoroso autogol! – di fronte a rappresentazioni del nostro mondo che sono il frutto di una totale mistificazione».

A sentire toni così duri, viene quasi da ripetere il tormentone di Alberto Sordi che, nel memorabile film *Un eroe dei nostri tempi*, si chiede ossessivamente: «Ci sarà pericolo...?».

NEGAZIONISTI E POSSIBILISTI

«Se qualcuno mi confessasse di essere gay...»

Nel settembre 2010 Ellis Cashmore e Jamie Cleland, due ricercatori britannici, hanno messo al centro dei loro studi la questione dell'omosessualità nel calcio, e la conclusione è stata che «a questo punto, uscire allo scoperto sarebbe un grande business». Insomma, una pubblicità enorme.

Ma forse non è proprio così, e magari la loro congettura rappresenta un'esca con cui attirare qualche cavia allo scoperto, per avere a disposizione un laboratorio dove, liberato il leone, si può stare a «vedere l'effetto che fa». Dell'oltre mezzo milione di calciatori professionisti che scorrazzano per i campi di tutto il mondo, ad aver rivelato di essere gay sono infatti in pochissimi. La ricerca britannica si è svolta intervistando un campione di circa tremila addetti ai lavori: giocatori, naturalmente, ma anche allenatori, arbitri e persino tifosi. Circa il trenta per cento di loro ha affermato di conoscere personalmente giocatori omosessuali, o comunque – quasi si stesse parlando di creature leggendarie, come il basilisco o l'unicorno – di essere «praticamente certo della loro esistenza». Tuttavia non si va oltre le allusioni, le verità di sponda, i «qui lo dico e qui lo nego». E anzi, in realtà il «negazionismo» sembra farla decisamente da padrone.

Il punto di vista dell'ex ct della Nazionale azzurra campione del mondo, Marcello Lippi, è rigido... eppure flessibile. Sorriso alla Paul Newman, il conquistatore del Mondiale di Germania ha affermato (in un'intervista rilasciata a Klaus Davi per *KlausCondicio* nel gennaio 2009): «Onestamente credo che tra i calciatori di gay non ce ne siano. In quarant'anni non ne ho mai conosciuti, né nessuno che ha lavorato con me in tutto questo tempo e in tante squadre me ne ha mai raccontato. Penso, piuttosto, che ci possa essere qualcuno che abbia qualche tendenza, ma che non vada in giro a fare proposte o a mettere i manifesti. Credo che al mondo esista una sola razza, quella umana. Per questo non escluderei un gay, come un nero, dalla Nazionale. Penso, tuttavia, che sarebbe difficile, per come siamo fatti noi calciatori, che un giocatore omosessuale possa vivere la sua professione in maniera naturale. Quando alleno, non mi piace fare il padre o assillare. Sono una guida tecnica, ma ci tengo che i calciatori sappiano che, se c'è qualcosa che vogliono confidarmi, io sono a loro disposizione. Se qualcuno mi confessasse di essere gay, gli direi di vivere appieno questa realtà e, con intelligenza, di non farsi condizionare e di non modificare i suoi atteggiamenti con i compagni. Per finire, gli suggerirei di essere ligio alla sua professione e di fare ciò che vuole nella sua vita privata».

Totalmente in accordo con la prima parte della dichiarazione di Lippi è un grande vecchio del calcio italiano: Carletto Mazzone. Fisicamente sono diversissimi, perché Mazzone ha forse meno l'aspetto del divo hollywoodiano, però in compenso ha il dono di dire le cose con la semplicità di chi si sente tra amici, magari in compagnia di un buon bicchiere di vino: «Vi do la mia parola d'onore – ha detto in un'intervista telefonica rilasciata al programma televisivo *Chiambretti Night* (come riportato il 7 ottobre 2010 da *Ecodellosport.it*) – che non ho mai neanche sospettato di avere un gay dentro gli spogliatoi. Io ho girato molti spogliatoi, voi conoscete la mia sincerità, la mia schiettezza, la mia lealtà...». Nella sua lunga carriera, Mazzone ha allenato quasi ovunque, ha vinto, ha perso e pareggiato in tutti i modi in cui è possibile farlo. Conosce fino in fondo la verità infinita sottesa nel detto «tutto può essere, la palla è rotonda», è stato mandato e ha mandato «a fanculo» chiunque. La tuta con cui ha allenato per una vita è la sua seconda pelle. È un uomo di sport nel senso più autentico, legato all'erba del campo di calcio come un contadino alla propria terra, e soprattutto è un iniziato ai misteri più segreti del pallone... eppure non si è mai ritrovato nella rosa della squadra un calciatore gay: «Io ho vissuto in questo mondo, dove c'è il passaparola tra noi colleghi. Quello che ho sentito dire dà i brividi. Per carità, non voglio penalizzare i gay o rilasciare giudizi pesanti su di loro, però voglio smentire categoricamente che ci siano gay nelle squadre di calcio che io ho avuto il piacere e l'onore di guidare».

Aurelio Mancuso, già presidente di Arcigay, replica all'esternazione di Lippi con decisione, come viene riportato dal quotidiano *GayNews.it* il 7 gennaio 2009: «Lippi fa come le tre scimmiette: non vede, non sente, non parla, e questo continuo negare comincia a esser fastidioso. Come si sa, gli omosessuali sono persone che praticano tutti gli sport, tutte le professioni ma, in ambienti particolarmente machisti come quello del calcio, si nascondono di più. Ci permettiamo però di dubitare che l'allenatore mondiale non abbia mai sentito, nella sua lunga esperienza, di diversi episodi e storie omosessuali».

Analoga posizione viene espressa dalla deputata del Pd, Paola Concia, che così commenta nel blog del suo sito personale: «Facciamola finita con questa storia che nel calcio non ci sarebbero gay. Davvero in 40 anni di carriera non si è mai accorto di nulla? Davvero crede che essere calciatore tenga magicamente al riparo dal desiderio omosessuale? Ai tuffatori e ai cestisti succede, e ai calciatori no? Il problema non è la presenza di omosessuali tra i calciatori, ma la mentalità maschilista e omofoba propria di quel mondo; il calcio preferisce non sapere che negli spogliatoi ci sono gay. È la storia di sempre: fingere di non sapere è rassicurante. Evita di dover affrontare la realtà». E detto questo lancia un invito: «Perché, caro Lippi, invece di fare l'ingenuo non si fa promotore in Italia della campagna contro l'omofobia lanciata da Germania e Inghilterra? Aiuterebbe molti giovani atleti omosessuali a non essere allontanati dallo sport e servirebbe anche all'educazione dei tifosi».

Franco Grillini, presidente onorario di Arcigay, trova invece nelle parole del tecnico viareggino una nota positiva: «Finalmente un allenatore dice con chiarezza che non discriminerebbe un calciatore omosessuale!». Aggregandosi poi alla proposta lanciata dalla Concia, Grillini aggiunge:«Facciamo insieme una campagna come in Inghilterra, affinché il calcio sia uno sport senza machismo, maschilismo e senza odio verso la diversità».

Una posa «tenera»

Intanto, il gossip incalza. In quella che secoli fa era definita la «cattolicissima Spagna» e poi è stata ribattezzata (fino a quando è durato il boom economico) la «sfrenatissima Spagna», suscita un certo scalpore una fotografia che ritrae Zlatan Ibrahimovic e Gerard Piqué in una posa giudicata «tenera». La foto viene scattata nei pressi del campo di allenamento del Barcellona, e in un attimo rimbalza ai quattro angoli del globo terracqueo. Immediatamente rimpalla anche su facebook, dove il 6 maggio 2010 compare una pagina dal titolo *Yo también me quedé traspuesto/a al ver la foto de Ibra y Piqué* («Anch'io sono rimasto di sasso quando ho visto la foto di Ibra e Piqué»), ora non più visibile con la foto in questione, cui sono affluite decine di migliaia di persone (la notizia però è ancora in rete: http://www.dgmag.it/gay/foto-ibrahimovic-pique-realta-o-bufala-28324).

Gerard Piqué, da parte sua, è stato «paparazzato» con una ragazza quando il quotidiano inglese *The Sun* scrive che ha una relazione con Danielle Lloyd, scatenata *serial wag* (acronimo per *Wife and Girlfriend*) nota per aver scritto un libro in cui racconta le proprie esperienze sessuali con alcuni giocatori d'oltremanica. Anche Ibrahimovic di essere chiacchierato ha mostrato di non avere minimamente voglia, e a un'intraprendente giornalista televisiva iberica, Laura Lago, che gli chiede all'inizio di maggio del 2010 se sia omosessuale, risponde con poca eleganza ma con indubbia chiarezza: «Vuoi sapere se sono gay? Allora vieni a casa mia, e porta pure tua sorella». Probabilmente Helena Seger, la moglie di Zlatan – più grande di lui di undici anni (ex modella originaria di Malmoe), con la quale il calciatore ha avuto due figli – non sarà stata molto contenta di ricevere la visita di due sorelle, sopraggiunte per ispezionare dettagliatamente gli orientamenti sessuali del marito; tuttavia Zlatan deve difendere «il proprio onore», e non guarda in faccia a nessuno.

Il fatto è che essere definito omosessuale – l'abbiamo già detto a proposito del caso Vialli – è considerata un'offesa estremamente grave. I ricercatori inglesi possono dire quello che gli pare, ma se viene paventata quest'ipotesi è come se qualcuno mettesse in discussione l'onestà, la lealtà di una persona. Nessuno si limita a dire «no, non lo sono», o a rispondere «sì, è vero». Piuttosto si finisce a botte, o in tribunale. O magari entrambe le cose. Fatto sta che, a parte la tragica storia di Justin Fashanu, il coming out di riferimento del nuovo millennio resta quello di Dominique Van Dijk, centrocampista del Volendam, squadra della Jupiler League olandese. Eppure, un'altra conclusione confortante dei due ricercatori inglesi è che, alla base del timore dei giocatori gay di rivelarsi, non ci sarebbe affatto il giudizio dei tifosi. Loro anzi – i tifosi – sarebbero favorevoli, e i più riterrebbero che l'omosessualità venga tenuta segreta solo per volere della «cupola» del pallone: procuratori, allenatori, dirigenti. «A quanto pare dietro il timore dei calciatori di dichiarare la propria eventuale inclinazione omosessuale, c'è una pressione di tipo commerciale» sostiene Cashmore, «eppure l'essere gay non ha certo compromesso le carriere di attori, musicisti e politici».

L'importanza del contesto

E si torna così a un punto decisivo: il contesto. Essere un artista è un conto, essere un simbolo fallico per milioni di persone è un altro. Siamo sicuri che i tifosi, al di là della risposta *politically correct* data in un sondaggio, pensino davvero che non conti niente il fatto che un calciatore sia o meno gay? Come reagirebbero le centinaia di migliaia di persone che, ogni settimana, aspettano schiumando libido da gol, con gli occhi strabuzzati e il polso accelerato, la loro rivincita domenicale sulle angherie della vita? Sarebbero davvero disposti a rinunciare all'identificazione inconscia con il loro idolo, con la squadra del cuore, accettando di buon grado che quelle cannonate, quegli imperiosi stacchi di testa, quelle discese travolgenti, quegli sfondamenti che li mandano in deliquio siano gesta «compiuti da un gay»? E come reagirebbero le donne che adorano il proprio campione come se fosse un dio (fingendo di interessarsi di pallone, ma sedotte dal ventre scolpito, dal ginocchio sporgente, vagheggiando in lui un portentoso «juke box» sessuale) se costui si dichiarasse totalmente disinteressato a loro?

A tutti i campioni tocca la carezza dei *rumors*, e così è capitato anche a Coco e Gilardino, che si contesero la parte del paparazzato di lusso a proposito di certi scatti galeotti. Si deve risalire all'estate del 2005, quando un non meglio identificato calciatore sarebbe stato trafitto dall'obiettivo di un fotografo in Costa Smeralda, su un diciotto metri, nel corso di un convegno alquanto scatenato insieme ad altri ragazzi. Si parlò genericamente di un «calciatore di Serie A», famoso oltre che per il suo talento sportivo anche per la bellezza e la vita splendida splendente.

Gilardino ha dato sempre prova di serena apertura mentale. Si è dichiarato contento di essere un'icona sia per le donne che per i gay, e ha affermato di non credere affatto che il calcio sia un ambiente dove si fanno discriminazioni sessuali. Come lui la pensa anche David Beckham, che non ha avuto alcun problema a posare per una rivista gay: «La capacità di un giocatore si misura sul campo», semplifica Gilardino, salvo poi correggere lievemente il tiro: «Io sono eterosessuale, e in effetti un giocatore dichiaratamente omosessuale potrebbe forse incontrare qualche difficoltà».

Ma esattamente, che tipo di difficoltà potrebbe incontrare? Imbarazzo negli abbracci dopo il gol? Slogan omofobi da parte del pubblico? Disdetta dei contratti pubblicitari e/o svalutazione sul mercato? Disaffezione dei tifosi? Scomunica da parte della Fifa? «Penso sia difficile, per come siamo fatti noi giocatori – sostiene Lippi – che un calciatore possa vivere la sua omosessualità in maniera naturale all'interno di una squadra». Ma perché, come sono fatti i giocatori?

Sistema nervoso a prova di bomba

In ogni caso è chiaro che per affrontare una simile situazione in prima persona, per dichiararsi gay, occorre un sistema nervoso a prova di bomba. Per un calciatore famoso fare coming out significherebbe esporre la propria vita privata all'opinione pubblica di tutto il mondo, e il fatto in sé, al di là del giudizio che ne debba conseguire, potrebbe rivelarsi estremamente stressante. Viviamo nel «villaggio globale», e i villaggi sono notoriamente luoghi dove si spettegola parecchio, dove tutti sanno tutto di tutti (e quello che non sanno, se lo inventano). Per cui, quando «sbagli», poi non esci più di casa.

Nel calcio il sistema è compatto non solo all'interno del campo (dove forse alla fine lo è meno), ma anche all'esterno. Tifoserie, società, media, formano uno sconfinato ma paesanissimo «bar sport», dove bevi, parli di sport e tocchi il culo alla cameriera. Non a caso non c'è talk show di calcio che non esponga l'esperta di turno, capace sì, possibilmente, di distinguere un cross da un rinvio, ma soprattutto dotata di due belle tette grosse e di un accavallo mozzafiato che rinfranchi le stanche truppe degli spettatori, reduci da una dura settimana di lavoro in trincea, e che finalmente, alla domenica sera, si possono stravaccare in mutande davanti alla tv.

Nel «mega bar sport planetario», le voci, i mormorii, i *rumors* sul calcio e i calciatori, si buttano. L'amore per il pettegolezzo (che è cosa umana, s'intende) è amore che non conosce crisi. Le voci volano. E le bugie non hanno affatto le gambe corte. Ecco allora che il popolo del calcio si frammenta in milioni di schegge impazzite, ciascuna delle quali ci racconta una storia.

La storia di «quello che» ce l'ha enorme (parola di massaggiatore), di «quello che» è stato ceduto perché se la fa in maniera troppo sospetta con un collega, di «quello che» ruba nello spogliatoio, di «quello che» se la fa con la moglie del compagno e deve cambiare continente, di «quello che» se la fa con una ragazza troppo giovane (e «quello che» ha un debole per la gioventù dei ragazzi della squadra giovanile), di «quello che» in Italia ci viene col fidanzato, di «quelli che» sono così amici che si dividono anche la figa, di «quello che» se non scopa la domenica mattina poi non riesce a giocare, di «quello che» beve come una spugna, di «quello che» gioca d'azzardo, di «quello che» rifila orologi di marca (falsi), di «quello che» ha il soprannome «Marisa» (e questo già dice tutto), di «quello che» in ritiro pretende la gheisha, di «quello che» picchia la moglie, di «quello che» picchia la gente per strada e magari i camerieri dei ristoranti, di «quello che» impazzisce per le pornostar, di «quello che» si fa l'orgia del lunedì sera, di «quello che» va a trans, di «quello che» tira coca, di «quello che» fa il teppista insieme agli ultrà e rischia di morire di overdose, di «quello che» è un mezzo mafioso e da ragazzo faceva lo scippatore... Pettegolezzi, dicerie, che quasi sempre è impossibile decifrare fino in fondo. A volte divertenti, altre no. Dare dell'omosessuale a qualcuno, non dovrebbe rappresentare un'offesa e tanto meno un'accusa.

Il Manchester City – perché c'è chi va contro corrente, o forse ritiene che i due ricercatori inglesi di cui abbiamo parlato in precedenza abbiano ragione, e che la scelta sia fruttuosa – s'è fatto «promotore» (per un fatale lapsus stavamo per dire «sponsor») dei «diritti omosessuali». Le cateratte del cielo, a onor del vero, non si sono aperte. Ma la sensazione generale è che una situazione come quella del Sudafrica – dove la legislazione, i proclami e le chiacchiere vanno in una direzione, mentre la realtà rimane ferma, se non si arrocca su posizioni ancora più conservatrici – sia dominante in tutto il mondo.

Da un lato non c'è un solo capopopolo che non difenda con parole di fuoco i diritti delle minoranze, che siano immigrati, malati od omosessuali poco importa, ma dall'altro il quotidiano ci racconta un'altra storia. Insomma, una cosa è guardare un bel panorama campagnolo da lontano, ammirare il verde dell'erba e lo sfondo del cielo; un altro è avvicinarsi, camminare a piedi scalzi su quei prati che sembrano un tappeto morbido e uniforme, e dove poi magari invece scopri – quando lo guardi da vicino – che è pieno d'insetti che ti ronzano intorno, che in mezzo all'erba se non stai attento metti il piede su una bella «cacca» di mucca, o ti tagli su un affilato coccio di bottiglia. Non altro siamo, forse, che un mondo alla disperata ricerca di se stesso, popolato di persone che hanno imparato a fare dell'evasione una strategia di sopravvivenza, sospese tra morbosità e indifferenza. Persino dei minatori cileni rimasti drammaticamente rinchiusi per mesi nelle viscere della terra (quando il caso scoppia nelle cronache di tutto il mondo), gli abitanti del morboso eppure sessuofobico villaggio globale si chiedono in coro: «Ma... avranno fatto sesso tra loro?».

Eppure la gente, in certi momenti di grazia, a volte sembra aver voglia di volare alto. Di spalancarle davvero le ali della fantasia, anche se (fosse pure soltanto per gioco) magari c'è da mettere un po' in discussione se stessi. Come nel caso di QueerPower, un videogioco di successo in cui, nell'immaginaria Queerland, gli abitanti hanno generi sessuali intercambiabili e formano coppie mutevoli, seguendo l'estro del desiderio. Così, solo per gioco.

COLTI IN FALLO

«Guti, Guti, Guti... maricón!»

Alan Smith, ex manager del Crystal Palace, intervistato dalla Bbc nel 2006 nel corso di uno special su calcio e omosessualità, dichiarò: «Semplice, puoi ubriacarti, picchiare tua moglie e i tifosi lo troveranno accettabile se continui a giocare bene, ma se un giorno dovessi dire sono gay l'impatto sarebbe disastroso».

Già, disastroso. Ed è in effetti quello che accade al centrocampista madrileno José María Gutiérrez Hernández, detto «Guti», passato poi dalle *camisetas blancas* del Real Madrid al club turco del Besiktas nel 2010: ha la ventura di essere «colto in atteggiamenti intimi con un altro uomo». Guti viene inquadrato il 16 febbraio del 2008 dal tiro incrociato dei fotografi all'uscita di un ristorante, e le immagini finiscono su una rivista scandalistica, *Cuore*, che titola: *El señor Guti, el cariñoso*. La foto ritrae il «regista» del Real mentre si scambia un bacio sulle labbra con l'uomo con cui ha trascorso la serata. Ma a smentire lo scandalo del «misterioso ragazzo moro che il calciatore stava baciando» arriva prontamente una dichiarazione dell'agente del calciatore, Zoran Vekic, che dichiara al quotidiano *El Pais*: «Si è trattato soltanto di una cena intima, familiare. La persona baciata da Guti altri non è che sua sorella, uscita con lui per festeggiare la sua nuova gravidanza». Vekic smentisce anche la crisi matrimoniale tra il calciatore e la moglie, la presentatrice tv Arancha de Benito, sostenendo che la vicenda è stata gonfiata soprattutto in Italia. Ipotesi confermata dal quotidiano spagnolo, secondo cui «la presunta omosessualità di Guti era stata strumentalizzata da parte di molti giornali italiani», evidentemente per far salire la temperatura in vista della sfida all'Olimpico tra il Real Madrid e la Roma, che sarebbe avvenuta di lì a breve.

Dunque, accusare un giocatore di essere omosessuale per scaldare la tifoseria avversaria. Fatto sta che Guti veniva perseguitato dai cori omofobi ovunque giocasse il Real. Quelle grida cadenzate, dal ritmo tribale, spesso intonate saltellando sulle curve degli stadi: «Guti, Guti, Guti... maricón!», ovvero «frocio». «Sicuramente è auspicabile che qualcuno abbia il coraggio di parlare delle sue tendenze e del suo privato», dichiarò Theo Zwanziger, presidente della Federcalcio tedesca a *L-Mag*, la rivista del movimento lesbico tedesco, all'indomani del «caso Guti». «Vi assicuro che difenderemo contro ogni discriminazione o insulto, qualsiasi calciatore o calciatrice che decida di fare coming out. Il nostro statuto parla chiaro: la Federazione calcistica tedesca è contro ogni tipo di discriminazione. E anche in futuro io continuerò a sollevare il tema dell'omofobia nel mondo del calcio».

Una dichiarazione importante, se si tiene conto che solo pochi anni prima un'icona del calcio tedesco, Lothar Matthäus – «granitico» anche fuori dal campo – aveva affermato circa nel 1998: «Un frocio non può giocare a calcio».

Tutti insieme, appassionatamente

C'è anche chi non vuole essere predato a tradimento dai fotografi in agguato, e allora «i guai» se li va a cercare, andando spavaldamente incontro alla sorte.

Alla fine del 2005 arriva la notizia che tre calciatori della Bundesliga, uno dei quali viene indicato come un giocatore di primissimo piano, siano disposti a uscire allo scoperto purché ci siano almeno altri otto colleghi disposti a fare lo stesso. L'idea è insomma quella di essere in tutto undici. Una squadra al completo.

Il *Financial Times*, prudentemente, commenta: «È un altro sintomo della società che si trasforma, ma probabilmente il calcio non è pronto a compiere un passo simile». Non una rivoluzione, dunque, ma – come dice qualcuno – «almeno è un segnale». Già, però i segnali se li scambiano le persone lontane. Quelle vicine si parlano. E se sanno stare unite, magari ci scappa pure una rivoluzione. Se c'è davvero la voglia di cambiare, s'intende.

Franco Grillini, teorico della «rivoluzione gentile», nonché tifoso del Bologna, lo definisce comunque «un fatto importante». Di parere diametralmente opposto è Daniela Fini, ex moglie di Gianfranco e sfegatata ultrà della Lazio che, nel maggio del 1998, ospite di una trasmissione di Telemontecarlo, dichiara più o meno: «Se nel calcio ci fossero gay, il campionato non si giocherebbe». «Nel nostro ambiente sappiamo tutto di tutti – risponde Grillini – in un grande club del Nord Italia ce ne sono tre. E in passato, in una potenza del nostro calcio, giocavano sette gay su undici. Ci sono mogli finte e fidanzate finte, per le quali la copertura è un vero e proprio mestiere». E aggiunge: «Un calciatore notissimo, ritratto della virilità, cerca partner omosessuali su internet e dà loro appuntamento tramite un intermediario». È assurdo, secondo Grillini, che lo sport si riduca al linguaggio binario maschio-femmina, che Natura e Storia negano. A sua parere, inoltre, «il calcio, con la divisione netta tra maschi e femmine, con i suoi spogliarelli e le sue ammucchiate dopo una rete, è il terreno più fertile per l'omosessualità... Giocatori disposti a dichiararsi gay, in Italia, dove il pallone è considerato la massima espressione dell'identità maschile, non se ne troveranno mai».

La stima di Grillini è che il dieci per cento degli addetti ai lavori del calcio italiano sia composto da omosessuali. A tutti i livelli, dagli allenatori, ai dirigenti, ai presidenti, e via dicendo. A suo giudizio non c'è proprio un bel niente da «far venire fuori», perché la realtà è già sotto gli occhi di tutti. Dice Dominique van Dijk, dopo aver fatto coming out: «So bene che d'ora in poi per la gente sarò solo "un calciatore gay" e immagino le malignità dei tifosi sugli spalti. Ma vado avanti e l'anno prossimo lancerò una mia linea di abbigliamento». Come a dire: «Lo so, sì, può anche darsi, tutto quello che volete... ma in effetti non me ne frega niente».

«Magari qualche calciatore farà coming out...»

Rimanendo in Olanda, anche l'arbitro internazionale John Blankenstein dichiara la sua omosessualità mentre è ancora in attività, e la gente non si strappa i capelli per questo. Volando nell'altro emisfero, invece, qualche sommessa rivelazione giunge da Marcos André Batista Santos, brasiliano, più noto come Vampeta: iniziata la carriera al fianco di Ronaldo, nella squadra olandese Psv Eindhoven, nel 1998 rientra in Brasile per giocare con il Corinthians, col quale vince la Coppa del mondo per club. Dopo una breve esperienza all'Inter (solo due partite ufficiali, e un solo gol in Italia), viene ceduto al Paris Saint-Germain. È un giocatore di alto livello, con all'attivo quarantuno presenze nella Nazionale verdeoro, nonché campione del mondo nel 2002, ma viene ricordato soprattutto per essere stato il primo calciatore brasiliano a posare completamente nudo per la rivista gay *G-Magazine*, nell'ormai lontano 1999.

Anche secondo Cesare Prandelli, che ha sostituito Lippi sulla panchina della Nazionale dopo l'infausta esperienza dei Mondiali del Sudafrica, i tempi perché l'omosessualità latente nel mondo del calcio venga allo scoperto sono ormai maturi. Partendo dalle parole di Tiziano Ferro a proposito del suo coming out, il commissario tecnico commenta: «Si vede che questo ragazzo è cresciuto in una famiglia serena... Aspettiamo un po', magari ci saranno delle altre novità... magari qualche calciatore farà coming out».

In Italia non è mai accaduto. Ma il calcio, che Grillini considera un ambiente significativamente condiviso dagli omosessuali, secondo il giornalista sportivo Paolo Colombo ne sarebbe addirittura pieno zeppo. Omosessuale dichiarato, intervenendo a *Chiambretti Night* nel 2010, Colombo afferma che non solo i gay sono presenti, com'è ovvio, in tutti gli sport, ma che la loro presenza sarebbe massiccia proprio nel calcio: «Attualmente anche nella Juventus milita un gay», afferma. E almeno uno sarebbe anche nel Milan, poi ceduto a una squadra straniera. Lui stesso, Colombo, avrebbe avuto una relazione con un calciatore non italiano, ma giunto in Italia alla fine degli anni novanta. La colpa di questo clima di terrore – terrore *a priori*, perché anche *le grand terreur* di Robespierre segue la rivoluzione, e non la precede – sarebbe a suo giudizio dovuta all'oscurantismo repressivo delle società sportive, che ritengono di tutelare l'immagine di un giocatore occultandone in fretta l'eventuale l'omosessualità.

Anche la novità delle telecamere negli spogliatoi sarebbe uno strumento per cogliere – tra gli sguardi dei giocatori – nascoste verità. Secondo qualcuno, a un occhio esperto non può assolutamente sfuggire l'evidenza di quanti, e quali, siano i gay nelle squadra della massima serie. Si deve tuttavia tenere conto che certi atleti – come accade a tanti divi – spinti magari da un ego eccessivo, da quel narcisismo galoppante che può impossessarsi facilmente di un ragazzino diventato milionario dalla sera alla mattina, e idolatrato come uno dei faccioni di pietra dell'Isola di Pasqua, assumono a volte atteggiamenti ambigui senza nemmeno accorgersene, e lo fanno solo perché non sanno più come ampliare il culto di se stessi. Nell'insieme, i calciatori si difendono compatti come il Regio esercito sulle rive del Piave, rivendicando che simili allusioni ingiuriose non li toccano per niente.

Peppe Iannicelli, giornalista e scrittore – commentatore di lungo corso dello sport giocato e dei suoi risvolti etici e sociali – ci ha sintetizzato così, in un'amichevole conversazione, il suo pensiero: «La verità sulla profonda e intima relazione tra una donna e un uomo è limpida. La deriva relativistica, le banalizzazioni consumistiche, le mediatiche manipolazioni non possono scalfirne la forza rivoluzionaria. L'amore coniugale, del quale la donazione sessuale è un aspetto peculiare, cambia il mondo, genera vita, allarga i suoi confini ben oltre l'ambito della relazione individuale e familiare per trasformarsi in energia sociale, spirituale e solidale. Tutto il resto non è amore vero ma mercificazione, svilimento autoreferenziale, edonismo esasperato, conformismo aberrante; una prospettiva che mortifica l'umanità e la sacralità profonda della sessualità a prescindere, sia ben chiaro, dal fatto che tali relazioni siano etero o omosessuali. Comprendo che i pareri su questo delicatissimo tema possano esser diversi, ma rivendico – nel rispetto della persona e giammai puntando indici accusatori – il diritto di esprimere il mio in piena libertà. E in piena libertà voglio dire che non mi piacciono le ostentazioni e i pettegolezzi sessuali di ogni genere; non mi piacciono i "bullismi" machisti, non mi piacciono le olimpiadi gay e i bar gay, non mi piacciono le cucine lesbo, la musica transgender, le effusioni pubbliche troppo spinte. Quando sono al ristorante mi scambio un bacio affettuoso con mia moglie e basta. Sarebbe di cattivo gusto andare oltre e non apprezzo certo le coppie, etero e/o gay, che si lasciano andare. È una questione di buon gusto e non di diritti civili. Lo sport, il tempo libero, la buona cucina non hanno identità sessuale. Sono divertenti o noiosi, allegri o pedanti, gustosi o insipidi. Mi piace molto conversare al tavolino di un bar sorseggiando un buon caffè anche con persone appena conosciute. Che l'interlocutore sia gay o etero poco m'importa. M'importa che sia una persona interessante, così come m'importa che il pittore, il musicista, il calciatore siano bravi a dipingere, comporre, giocare. Il resto mi sembra ostentazione o pettegolezzo; o peggio ancora ghettizzazione o pretesa di esser migliori rispetto alla normalità. Non mi piace che la sessualità (etero o omo che sia) diventi un veicolo di propaganda per vendere un film, un disco o un libro in uscita, rilanciare le quotazioni di un atleta in declino; e certi coming out, propagandati dagli uffici stampa, hanno una sospetta cronologia. Le chiacchiere su un atleta presunto gay e le indagini sulle percentuali di gay in un campionato sono avvilenti. Così come il voler a tutti i costi immaginare discriminazioni che non esistono in nessuna legge o regolamento, almeno in Italia. E se esistessero sarei il primo a incatenarmi dove volete per protestare. In tanti anni di carriera nel mondo dello sport ho presentato molte domande di lavoro; in nessun modulo e in nessun colloquio mi sono stati richiesti dettagli sessuali. Purtroppo molti sportivi hanno tradito l'essenza della loro funzione: l'armonia tra il corpo e la mente finalizzata al miglioramento della prestazione. Quello che interessa ai più, sia in campo che sugli spalti, sembra esser l'ottenimento del risultato e la massimizzazione del profitto a tutti i costi, anche attraverso la sessualità. Una profanazione clamorosa di un corpo che è tempio dello spirito e della stessa sacralità dello sport che san Paolo paragona alla tensione verso la piena sublimazione spirituale. Lasciamo da parte pettegolezzi meschini e l'analisi pruriginosa delle effusioni dopo una rete. Concentriamo le nostre energie per ridare allo sport la sua vera umanità individuale e collettiva, ritroviamo la gioia della vittoria leale e la consolazione per la sconfitta, maturata dopo aver dato il meglio. Saremo così tutti uomini e donne migliori».

Fabio Cannavaro dichiara (in un'intervista rilasciata al settimanale *Chi,* uscito il 7 gennaio 2009) di essere «troppo italiano» per interessarsi di cose come i matrimoni gay. E quell'aggettivo, «italiano», è un detonatore perfetto per far esplodere le polemiche nel pettegolo mondo che circonda quello che – prima di essere intaccato da scandali veri come le partite truccate e demolito sul campo nelle competizioni internazionali per club – molti amano definire «il campionato più bello del mondo». Eppure Cannavaro sembra molto a suo agio come testimonial di una campagna pubblicitaria per una famosa *griffe*, grazie alla quale è divenuto un'icona sexy anche per il pubblico gay.

Anche il «cardinale Richelieu» del calcio italiano, Luciano Moggi, negazionista pure lui, si è servito di una sintesi lapidaria per esprimere il suo parere, in un'intervista rilasciata a Klaus Davi (*KlausCondicio,* 21 aprile 2008): «Nel calcio non ci sono gay, né tra i calciatori, né tra i dirigenti». Ma, dietro questa opinione, c'è un ragionamento. Per conoscerlo, basta «girare la lapide»...: «Non ho amici omosessuali, frequento altre persone. Ma devo dire che gli omosessuali sono persone molto intelligenti, hanno la capacità di vedere le cose molto più di altri... Un gay non è certo da lapidare, ma il mondo del calcio non è fatto per loro... Non so se i calciatori siano contrari ai gay in squadra, io sicuramente lo sono. Posso tranquillamente affermare che, nelle società dove sono stato, non ne ho mai avuti, mai. Non avrei mai voluto un giocatore omosessuale. E anche oggi non lo prenderei... Sono un po' all'antica, ma conosco l'ambiente del calcio e, al suo interno, non può vivere uno che è gay. Un omosessuale non può fare il mestiere del calciatore. Nel calcio non ci sono gay, né tra i calciatori né tra i dirigenti. Non è razzismo, è un fatto di ambiente». In queste parole c'è un po' il sapore di quell'agghiacciante «paternalismo» che i più illuminati tra i latifondisti sudamericani riservavano ai loro schiavi. E c'è anche una piccola contraddizione, dal momento che – se gay nel calcio non ce ne sono – non ha senso precisare «non avrei mai voluto un giocatore omosessuale nella mia squadra. E anche oggi non lo prenderei».

ANIMA E CORPO, LA «FORZA DELLA VITA»

Virilità & C.

Che ogni «cupola», ben al di là del calcio, sia per definizione una struttura in qualche modo «repressiva», non c'è alcun dubbio. Anche la «repressione» può essere utile, naturalmente, come nell'esempio celebre di Herbert Marcuse, che cita «il silenzio repressivo della biblioteca» come «utile in quanto consente a tutti di leggere indisturbati».

Ma ci sono altre forme di repressione che conducono a una contraddizione fondamentale. È la Natura che contiene noi, e non il contrario; e l'arte di vivere non può prescindere dalla cosa più importante: saper lasciarsi andare alla «forza della vita», farsene interpreti e fidarsi di lei, piuttosto che puntare inutilmente i piedi o cercare di imporre limiti a qualcosa che i suoi confini – seppure deciderà di averne – non può che darseli da sé. Occorre imparare a lasciarsi condurre, senza l'assurda pretesa di essere noi a guidare lei, che non a caso chiamiamo «Madre Natura». Nessuna madre discriminerebbe i propri figli tra loro, perché mai allora dovrebbero essere i figli a farlo tra loro? Tuttavia il modello sportivo imperante è inevitabilmente un modello maschile. Ed è un modello con il quale impariamo a confrontarci sin da piccoli.

Quelle finora esposte sono tutte problematiche che, naturalmente, si innestano in un sistema che rivela una carenza culturale di fondo (in Italia, del resto, una politica culturale dello sport praticamente non esiste). Come ha osservato una volta il giornalista radio-televisivo Michele Plastino, profondo conoscitore del mondo del calcio anche dietro le quinte: «Il calcio produce pochi valori etici perché ha perso il significato di sport inteso come aggregazione e sana competizione a vantaggio del puro affarismo. La ricerca è del risultato, veloce e a ogni costo. E i protagonisti fanno ormai parte dello *star system*. Il fenomeno si allarga agli altri sport così dilaga il doping. Il crollo dei valori etici crea sottocultura: dove conta solo chi vince».

Una semplificazione vertiginosa della realtà

A volte non è facile trovare l'armonia tra il proprio ordine interiore e la vita nel suo insieme, ma la creatività nasce anche dal malessere. L'evoluzione di un individuo passa per vari stadi: dalla suzione alla masticazione, dall'onanismo all'incontro con un altro corpo. E alla fine, sospinti dalla «forza della vita», incontriamo noi stessi. Lo sport – per questo è da sempre al centro dell'educazione fisica e spirituale dell'individuo – esprime perfettamente la ricerca di questa condizione di pienezza interiore: estro e tecnica, talento e disciplina, doti naturali e allenamento, cooperano. Corpo e anima cercano l'armonia, la sinergia. E che sia la tecnica a dover stare al servizio della predisposizione naturale, nessuno si sognerebbe di metterlo in discussione. Ma l'individuo, e l'atleta, devono fare i conti anche col «potere». La Fifa non permette ancora di introdurre in campo tecnologie che permetterebbero di eliminare, o di ridurre al minimo, inevitabili errori arbitrali che a volte incidono clamorosamente sul risultato delle partite. È un organismo di potere come un altro, e per di più privo di qualunque contatto democratico col mondo che da quel potere è governato. «Superne rote» allo stato puro che si muovono in base alle tipiche logiche del potere, puntando prima di tutto all'autoconservazione di se stesse.

La funzione di controllo, la sapiente gestione del permesso e del divieto – la «repressione» – è un aspetto essenziale di un potere di questo tipo. Va esercitata anche quando è inutile, anzi forse soprattutto allora: come nel caso dell'omofobia. Attendere una rivoluzione della cultura sportiva che arrivi «dall'alto» è un'idea più folle che ingenua. E anche un po' pigra. Un lasciarsi andare all'inerzia, piuttosto che alla forza della vita. Le rivoluzioni si fanno dal basso. Si fanno in tanti. E tanti si diventa sommando un individuo alla volta. Per un atleta, magari di uno «sport minore», il coming out può essere addirittura un'opportunità. Un modo per attirare l'attenzione, per raggiungere un pubblico nuovo e più vasto. Ma per un calciatore famoso, per una stella dello sport più amato del mondo dichiarare la propria omosessualità è ancora un gioco che non vale la candela. I tifosi si potrebbero sentire traditi. Perderebbero la possibilità del transfert ipnotico: l'idolo che vuole riattraversare il confine delle rive del campo, e tornare indietro ridiventando «umano», li costringe a rinfoderare la fantasia e – mentre sono a bere e a fumare, seduti nel «bar sport» del villaggio globale – imporrebbe loro di farsi qualche domanda seria, qualche domanda sul senso della vita, al posto di un rutto.

Il «campione» rappresenta una semplificazione vertiginosa della realtà: ci appare come Superman. È umano che sia così. È sempre stato così. In realtà, e non bisognerebbe dimenticarlo, quel campione non è un fumetto. È una persona. Le parole creano confini, sono un reticolato di confini: bianco, nero, etero, omo... Ma la realtà è un *continuum* e non esistono eterosessuali e omosessuali, ma solo «persone». La gente, a Napoli piangeva quando Maradona sbagliava un rigore o subiva un'ingiustizia in campo. Ma nessuno piangeva perché si drogava. Si piange l'eroe sconfitto, mentre l'uomo che c'è sotto la maglia non lo vediamo.

Il presidente della Uefa, Michel Platini, nel corso di un'intervista rilasciata a Piero Chiambretti in un talk show trasmesso da *Italia 1* il 17 marzo 2010, esprime un pensiero simile a quello di quasi tutti gli altri, ma forse – come spesso gli accadeva in campo – con un po' più di classe: «Non ho mai saputo che c'erano gay nella mia squadra, a volte l'ho scoperto dopo... Vent'anni fa era complicato tirar fuori certe cose. Ma anche oggi dire di essere gay negli spogliatoi è difficile. Viviamo in un mondo di machisti».

Il sospiro finale ha il sapore del rammarico. Però Platini è uno di quelli che il calcio lo governa. E il mondo del calcio è fatto anche come l'ha fatto lui. Non stiamo cercando un capro espiatorio. Questo ruolo spetta a tutti. Perché, alla fine, il calcio siamo noi.

2009
L'ultimo abbraccio fuori dal ring
EMILE GRIFFITH

Facevamo pugilato perché
c'era una doccia calda gratis.

NINO BENVENUTI

Per i pugili, quella del peso è una cerimonia, un rituale, e non una semplice prassi del regolamento. I due atleti si incontrano davanti alla bilancia. Sono le due vittime sacrificali del match che sta per essere combattuto. Non significa soltanto rientrare in una certa categoria, ma è il gesto con cui il pugile celebra la propria armonia con il corpo. Un peso-forma preciso al grammo è il risultato di un lavoro estenuante, di ore di corda, magari della lieve disidratazione purificatrice, cui si è dovuti ricorrere se all'ultimo momento c'è qualche etto di troppo da smaltire. Non un chilo di meno, non uno di più. «Quel» peso. Il peso perfetto. Peso che sancisce la forma dell'atleta, e garantisce l'equità del combattimento. E poi, mentre si offrono alla bilancia, i due pugili sono lì, per la prima volta l'uno accanto all'altro. Ognuno è stato nella mente dell'altro per mesi, durante la preparazione a quell'incontro, quando il pensiero dell'avversario è un'ossessione. Così, quando i due si incontrano alla «cerimonia», in realtà il match è già iniziato. Ed è anzi in un momento decisivo. Perché è lì che avviene il primo impatto, il primo duello di sguardi. È lì che si può prendere un vantaggio psicologico sull'avversario, e vincere il round zero. Il fantasma dell'avversario improvvisamente si materializza nella mente: "È contro quello, che io dovrò combattere, è quello lì che tra poco devo buttar giù".

Gil Clancy disse a Emile Griffith di stare tranquillo, qualsiasi cosa fosse accaduta. Si sapeva che Benny Paret era un tipo bellicoso, un provocatore. E poi aveva annunciato che quello sarebbe stato il suo ultimo incontro. Perciò voleva assolutamente vincere, finire alla grande. Emile aveva già strappato al cubano il titolo mondiale dei Welterweight, battendolo in tredici round il 1° aprile 1961. Sei mesi più tardi si erano sfidati di nuovo, ma questa volta Paret aveva vinto. Ora, nel marzo dell'anno dopo, i due si incontravano per la terza volta, ed Emile era molto nervoso perché, alla pesatura dell'incontro precedente, Benny l'aveva messo sotto «psicologicamente» con una mossa scorretta: gli aveva afferrato il culo con le mani e aveva mimato il gesto di scoparselo.

«Se mi provoca gli spacco la faccia qui, adesso», mormorò Griffith al suo allenatore. «Calma...», ripetè Clancy. Ma era troppo tardi. I due pugili erano già uno accanto all'altro, spalla a spalla, e Paret partì di nuovo all'attacco: «Hola, maricón! (ciao, frocio!) – gli disse – Lo sai cosa faccio? Stasera mi scopo anche tuo marito...». La sala del peso era tutta gremita di giornalisti e fotografi, tutti pronti a stenografare il racconto di quelle battute sferzanti, di quei primi colpi scorreti, tutti pronti a immortalare col flash la rissa davanti all'«altare della stadera». Ma la censura americana di quei tempi era inflessibile, e sui giornali l'offesa a Griffith da parte di Paret non venne riportata: alla parola *maricón* fu sostituita un'espressione asettica, e in effetti incomprensibile: *anti-man*.

Gli allenatori si pararono in mezzo: «Ehi ragazzi, state buoni! Emile, ti prego, risparmia i pugni per stasera!», gridò Clancy. Griffith rinfoderò la sua rabbia, ma quella sera del 24 marzo 1962, nel tempio del pugilato, il Madison Square Garden di New York, stava per accadere l'irreparabile. In palio c'era la corona dei pesi Welter. Suonò il gong, e Paret partì subito forte. Dopo il primo round, Clancy dall'angolo spronò il suo pugile, che sembrava disorientato. Forse, ancora una volta, la pretattica di Paret incideva psicologicamente in maniera decisiva, come nell'incontro precedente. L'accusa di omosessualità poteva avere conseguenze pesantissime. Negli anni sessanta voleva dire essere cacciati via dalla Federazione, essere totalmente emarginati. Per Griffith sarebbe stata la fine della carriera.

«Voglio che lo martelli finché l'arbitro non ti ferma, o finché lui non va giù! Devi martellarlo, capito?», gli disse Clancy, mentre gli passava la spugna sulla faccia. Emile annuì, ma il match si prospettava durissimo. Sputò nel secchio, gli rimisero il paradenti. La campanella suonò. L'incontro ricominciò. Alla sesta ripresa Paret sembrava prendere definitivamente il sopravvento. Voleva lasciare da campione, ed era pronto a tutto. Voleva poter raccontare all'infinito a suo figlio i momenti di quel match in cui si era confermato il numero uno, il campione del mondo. Quel figlio che si portava sempre appresso, tenendolo sulle spalle come uno zainetto che conteneva tutta la sua vita.

Paret era scatenato. Menava talmente forte che quasi buttò Griffith fuori del ring. Ma Griffith resisteva. E lo slancio di Paret, gong dopo gong, cominciò lentamente a smorzarsi. Stringendo i denti, Griffith era sempre lì, in piedi, davanti a lui. La battaglia continuava senza sosta. Interminabile. E finalmente arrivò il dodicesimo e decisivo round. I pugili erano esausti. I loro volti martoriati. Era il momento di spremere dai muscoli le ultime gocce di energia, di sputare l'anima, di raschiare la forza dalle fibre del corpo, cellula per cellula, per continuare a lottare. Il pubblico sentiva la violenza dell'incontro, sentiva che i gladiatori nell'arena ora combattevano all'ultimo sangue. L'adrenalina era al massimo, dentro e fuori il quadrato. Il fumo si addensava alto sul ring, assumendo un colore bluastro alla luce dei riflettori, come se al di sopra dei due atleti s'intravedesse uno scorcio cupo di cielo. I flash lampeggiavano tutt'intorno. La gente urlava, incitava, stringeva i pugni come se volesse salire sul ring per colpire.

Griffith, malgrado la stanchezza, ritrovò un momento di lucidità.

Forse era riuscito a tenere un mucchietto d'energia da parte per affrontare quel finale incandescente. Rispetto alla ripresa precedente, era cresciuto. Il finale sembrava suo. Strinse Paret alle corde. I due si scambiarono colpi ravvicinati, erano così addosso l'uno all'altro che sfiorarono continuamente l'ingaggio. Volò qualche testata, poi all'improvviso Griffith mise a segno un gancio destro micidiale. Il colpo era pesante. S'abbatté su Paret come una bastonata. Il cubano sbandò, per un attimo andò letteralmente in orbita e la sua guardia si allentò. Griffith si rese conto che il momento decisivo era arrivato. Cercò di colpire ancora, ma nell'enfasi dell'attacco si sbilanciò troppo. E allora ci ripensò, arretrando un po' per ritrovare il giusto assetto: bisogna saper cogliere l'attimo, ma non bisogna avere fretta. Mai.

Paret cercò di approfittare del momentano rallentamento dell'avversario, e provò ad avanzare a sua volta. Doveva assolutamente togliersi da quell'angolo, ma Griffith gli rubò il tempo e lo colpì con un montante, ancora un destro, letteralmente devastante. La schiena di Paret si curvò, il suo corpo sembrava quasi sul punto di implodere in se stesso. Aveva sentito il colpo, questa volta l'aveva sentito di brutto. Griffith lo capì, e allora attaccò senza misericordia: è la legge del ring. Un pugile che puzza di stanchezza è come un animale che puzza di sangue nella savana. È ferito, e non ha scampo: il suo destino è segnato.

L'incontro era giunto al momento della verità. Griffith chiuse nuovamente Paret all'angolo, e lo colpì con una serie di ganci destri. Paret sembrava aver perso completamente ogni capacità di reagire. Non aveva più riflessi. Continuava a rimanere in piedi, ma le gambe erano diventate molli, l'appoggio era incerto. Il montante di poco prima gli aveva spezzato il fiato. Sprecava le ultime energie cercando di non cadere, ma non si difendeva quasi più. Non ce la faceva. In realtà era evidente che non capiva più niente, perché non abbassava neanche la testa, così Griffith lo colpì a due mani, furiosamente, con una combinazione micidiale di destri e di sinistri.

Paret si aggrappò alle corde. Non oppose più alcuna resistenza, cercò solo disperatamente di rimanere in piedi. La forza di gravità in quei momenti ti schiaccia come un macigno. Il desiderio di lasciarsi andare, di abbandonarsi al riposo, a un sonno così immenso da somigliare alla morte, è irresistibile. Eppure Paret resisteva. Non cadeva. Non andava giù neanche a spararli, lo faceva per il suo onore, perché nessuno avrebbe potuto dire quella sera a suo figlio: «Tuo padre è caduto, è andato al tappeto figliolo». Perdere forse, ché anche nella sconfitta c'è gloria, ma «cadere» no. Nessuno, dopo la battaglia, doveva poter guardare con pietà la sua faccia gonfia di botte. Dovevano guardarla con ammirazione, invece: l'ammirazione che tutti dobbiamo a chi ha perso ma non si è arreso, mai. Fino all'ultimo.

Il cubano incassò più di dieci colpi al volto, uno dietro l'altro, uno più tremendo dell'altro. Colpi che non aveva schivato, dai quali non era riuscito neanche a tentare di difendersi. Era praticamente un massacro, e allora finalmente l'arbitro intervenne. Non si reggeva più. Cedeva anche la presa dei guantoni sulle corde, il suo ultimo sostegno, e l'attimo dopo scivolò lentamente sul tappeto. Quasi colò, come se il suo corpo fosse ridotto a un molle impasto di sangue e di sudore. Era riuscito a terminare in piedi l'incontro: la piccola, immensa vittoria di ogni pugile battuto. E nel suo sguardo assente c'era un minuscolo bagliore di felicità.

Lo aiutarono a distendersi. Lui si sostenne col gomito sul tappeto del ring, sembrava che si rendesse conto di quello che accadeva intorno a lui; poi all'improvviso abbandonò il capo all'indietro. Perse i sensi. La situazione era grave, il medico lo capì subito. Arrivarono i soccorsi. La gente era tutta in piedi, quelli delle prime file si sporgevano sul ring per vedere, per capire. Qualcuno aveva in mano il fazzoletto: non perché piangeva per la tragedia che si stava consumando, ma per pulirsi dagli schizzi di sangue che erano piovuti fuori dal ring.

Griffith venne assediato dai giornalisti. Per *The Kid*, invece, c'era la corsa in ospedale a sirene spiegate. Finita l'euforia, Emile apprese la gravità delle condizioni in cui versava l'avversario. Si precipitò a sua volta in ospedale, e tentò in tutti i modi di avere accesso alla camera dove si trovava colui che, fino a pochi minuti prima, era il suo «nemico», e che ora lottava tra la vita e la morte. Non glielo permisero. Paret era in coma, e già sui volti della gente Emile leggeva il sospetto, il rancore. Pensavano che sul ring fosse avvenuto qualcosa di spaventoso: un vero e proprio regolamento di conti. Una vendetta. Pensavano che lui avesse cercato intenzionalmente di uccidere il suo avversario. E che ci fosse riuscito.

Emile non si dette pace. Scese in strada e camminò a lungo, aggirandosi senza meta per la città. "Uccidere Benny...": i pensieri, i dubbi, le paure e l'angoscia lo tormentavano. Qualcuno lo riconobbe, ma le persone ora non avevano l'atteggiamento amichevole che si ha di solito quando s'incontra un campione, per di più un campione che aveva appena riconquistato il titolo mondiale. Al contrario, tutti lo guardavano con diffidenza, c'era addirittura chi lo insultava. Emile era nel marasma più totale, tutta la sua vita gli stava scorrendo davanti agli occhi. Ripensava a suo padre, immigrato dalle Virgin Islands, che faceva il tagliatore di canna da zucchero. Era poco più di uno schiavo, nell'America di quegli anni. E ripensava a se stesso, a come era tanti anni prima: un ragazzo dal fisico prestante, ma tuttavia dal carattere dolce, a volte un po' infantile. Cantava nel coro della chiesa e lavorava in una fabbrica di cappelli per signora. Le voci sulla sua omosessualità avevano cominciato a soffiare già da allora, come una brezza leggera... E adesso la gente mormorava già di cose atroci. Si parlava di «vendetta gay consumata sul quadrato». Si evocavano torbidi retroscena.

Dopo nove giorni di agonia, Billy Paret, *The Kid*, morì. L'impatto sull'opinione pubblica fu enorme. Le televisioni americane decisero di calare il sipario sulla boxe. Un interminabile silenzio stampa, che durerà dieci anni, per onorare la memoria di un uomo morto sul ring. Griffith era sconvolto. Gli sembrava di vivere un incubo. Aveva ucciso un uomo a pugni. Aveva ucciso sul ring. Non sapeva darsi pace, ma sapeva di non aver colpito con odio. Era stato il furore a trascinarlo, quel furore che viene dal profondo di noi stessi, e che si impossessa di un pugile nel momento decisivo dell'incontro. Un istinto antico, lo stesso istinto saguinario che spinge gli spettatori ad assistere col fiato sospeso alle lotte senza quartiere che avvengono sul quadrato della boxe, l'arena dei moderni gladiatori: la morte non è prevista, ma è a lei che pensano tutti.

L'anno dopo Griffith riprese ad allenarsi e passò ai pesi medi leggeri, strappando subito il titolo mondiale a Luis Rodriguez. Emile è uno dei pochissimi pugili della storia ad aver vinto il titolo mondiale in più categorie, e addirittura – sconfiggendo Dick Tiger il 25 aprile 1966 – ha conquistato anche il titolo dei pesi medi. Ma una nuova trilogia di incontri era scritta nel suo futuro di pugile. Quella che sarebbe diventata un'epopea, entrando di diritto nella storia dello sport: la triplice sfida contro Nino Benvenuti.

Entrambi i pugili avevano un passato di gloria. Benvenuti aveva vinto il titolo olimpico da dilettante, e in quell'occasione gli venne anche conferita la Coppa Val Barker, destinata al miglior pugile in assoluto dell'intero torneo: l'unico italiano, insieme a Patrizio Oliva, a conquistare quel prestigiosissimo riconoscimento. Benvenuti aveva inoltre il valore aggiunto di averla strappata all'altro candidato in lizza, l'allora mediomassimo Cassius Clay: il futuro Mohammed Ali. Passato al professionismo, Benvenuti divenne contemporaneamente campione italiano ed europeo della categoria fino a 72,2 chilogrammi e campione mondiale della categoria fino a 69,9 chilogrammi. Perso quest'ultimo titolo in un incontro, su cui si era molto polemizzato, contro il coreano Ki-Soo Kim, il pugile triestino decise di concentrarsi sul titolo mondiale dei pesi medi. Griffith non era certo da meno. Nel 1964 era stato nominato Ring Fighter of the Year. Era all'apice di quella sua tormentata carriera che lo avrebbe portato, nel 1990, a essere iscritto a pieno titolo nella Boxe Hall of Fame.

La stampa americana, quando venne combinato il primo incontro tra i due campioni, dal punto di vista del pronostico tecnico era schierata tutta dalla parte di Griffith. In conferenza stampa Benvenuti si presentò ai giornalisti con una dialettica forbita, assai inusuale per un pugile professionista: «Sono il numero uno della vecchia, colta, gloriosa Europa», disse con orgoglio. Tuttavia il giorno dopo, negli articoli dei giornali sportivi, si leggeva che Benvenuti era «molto bravo a parlare», ma che «Griffith gli avrebbe sicuramente impartito una dura lezione». In realtà, l'eventuale vittoria di Benvenuti non sarebbe stata affatto sgradita. L'America non vedeva l'ora di togliersi dai piedi quel campione di colore, gay, e di sostituirlo con uno dalla pelle bianca.

Il 17 aprile 1967 Nino ed Emile si affrontavano al Madison Square Garden, sulla distanza delle quindici riprese. L'incontro fu durissimo, e Benvenuti – capovolgendo il pronostico – ebbe la meglio. La Rai lo trasmise per radio, con un ascolto record: quasi diciotto milioni di persone. Poche settimane dopo veniva annunciata la rivincita, che avvenne il 29 settembre allo Shea Stadium. E questa volta fu Griffith a vincere. Il 4 marzo dell'anno successivo, di nuovo al Madison Square Garden si svolgeva il terzo e decisivo incontro. All'undicesimo round di un match sempre sul filo del rasoio, Griffith andò al tappeto. Si riprese, cercò nel finale di ribaltare il risultato, ma l'episodio dell'atterramento pesò in maniera decisiva nel giudizio finale dei giudici. Benvenuti vinse ai punti. Era di nuovo il campione del mondo.

La carriera di Emile Griffith era ormai finita. Ma il suo palmares raccontava la storia di un grande del ring: cinque titoli mondiali, il record imbattuto di trecentotrentanove round validi per un titolo mondiale e ottantacinque vittorie, di cui ventiquattro per ko. Dopo la terribile notte in cui aveva stroncato sul ring *The Kid*, Emile aveva vissuto nascosto, cercando di far luce dentro di sé. Non aveva voluto uccidere Paret, non c'era odio nei suoi pugni. Era questo che si ripeteva continuamente, ma non riusciva a liberarsi dal senso di colpa. Nei suoi pugni c'era stata soltanto tutta quella maledetta rabbia che tanti pugili si portano dentro, quella rabbia per cui la gente prima li ama e dopo li disprezza, a volte li odia.

Poi la campanella aveva suonato ancora, e la sua vita era ripresa. Emile aveva cominciato di nuovo a frequentare i locali di Harlem. Specie il Lennox Lounge, una discoteca dove talvolta si divertiva a esibirsi come cantante, oppure i locali gay di Chelsea. Era pericoloso fare quella vita notturna, la polizia non andava per il sottile con i gay, specie con quelli di colore. Negli anni settanta sposò una ragazza di nome Sadie. Forse lo scopo del matrimonio era solo quello di allontanare le chiacchiere della gente. In ogni caso, fu un «matrimonio bianco»: «Mi diceva che i rapporti sessuali intralciavano il suo lavoro, ora siamo soltanto amici», dichiarò Sadie dopo la separazione.

Nel 1992, mentre si trovava allo Hombre, un locale gay nel West Side, sulla Quarantunesima strada, Emile venne colto da un malore. Si sospettò che qualcuno gli avesse sciolto droga nel bicchiere. Fatto sta che il cocktail ebbe un effetto micidiale, e quando cercò di lasciare il locale ad attenderlo trovò una banda di teppisti. Dopo averlo aggredito lo trascinarono in un vicolo e lì, in angolo buio, lo massacrarono di botte. «Mi hanno preso a calci come un cane» – raccontò Emile – mi hanno colpito con mazze da baseball». Dopo il linciaggio era quasi morto, con lesioni ai reni che lo avrebbero costretto alla dialisi: ma Emile Griffith era un ex campione del mondo di pugilato, uno con la pelle più dura del cuoio. E riuscì a riprendersi.

La sua storia venne ripresa dal film *Ring of fire*, prodotto dalla Usa Network, e il giorno della prima, il 20 aprile 2005, Griffith tornò dopo anni a mostrarsi al pubblico. Con lui c'era un altro grande del pugilato, Joe Frazier. Ma fu solo un attimo. Il giorno dopo Emile se ne tornava alla sua vita di sempre insieme al figlio adottivo, Louis, e da quel momento fino al 2010 si persero di nuovo le sue tracce.

Era il suo definitivo tramonto, ma anche il momento della vita in cui venivano fuori gli amici veri. Il giornalista sportivo Ron Lipton, legato a Emile da un rapporto che durava da quarant'anni, non aveva smesso di battersi per lui: «È stato un pugile di grande classe, di grande spessore tecnico, non è stato un picchiatore», ecco le parole che ripeteva senza sosta. Ma per tanti, lui era e rimaneva il «pugile frocio che aveva ucciso il suo avversario sul ring». Il ring, un luogo che solo chi è stato iniziato a quelle battaglie da uomo contro uomo, conosce veramente. Il luogo della solitudine dei pugni, quando tutto il mondo sfuma nel buio attorno alla luce abbagliante che illumina il quadrato e hai davanti solo il tuo avversario.

Tra gli amici veri, tra gli amici che vengono fuori quando sei solo e nessun altro è disposto ad aiutarti, c'era anche qualcun altro. Il suo vecchio avversario. Il suo «nemico» di sport: Nino Benvenuti. A Natale del 2009, Nino venne a sapere che il suo vecchio rivale se la passava molto male. Non aveva denaro, era malato. E allora non ci pensò due volte, organizzò una colletta e volò negli Stati Uniti per andare a consegnare a Emile diecimila dollari e testimoniargli la solidarietà di chi lo aveva affrontato sul ring, di chi lo aveva conosciuto, lo rispettava e credeva ancora in lui. E soprattutto di chi credeva fermamente nella sua buona fede e sapeva che, quanto accadde in quell'incontro maledetto, non fu altro che una spaventosa fatalità.

Né quello di Benvenuti fu soltanto un aiuto occasionale. Organizzò nel 2010 un evento, il *Magic Round*, un tour in Italia dove lui e Griffith avrebbero incontrato il pubblico per presentare il libro fotografico curato da Mario Grimaldi, *Diari paralleli* (Il Levante Editore), facendo rivivere così quei loro leggendari trascorsi pugilistici e quel trittico di incontri che rimane scolpito nella storia della *noble art*.

Griffith accettò con entusiasmo: i due si abbracciarono e i fotografi immortalarono la scena. Sui volti di quelle facce di pugili, con il naso un po' schiacciato, le arcate sopraccigliari callose e gli zigomi sporgenti, si disegnò un sorriso. C'era una vena di malinconia per un passato che non sarebbe tornato più, ma c'era anche la luce di un entusiasmo genuino. Emile volò a Roma, con appeso alla cravatta un ciondolo d'oro, forse un po' kitsch, a forma di due guantoni.

Ed eccoli là, Emile e Nino: il pugile *maricon* e il campione senza macchia dal linguaggio forbito. Il picchiatore che impazziva per i cappellini di Jackie Kennedy e l'uomo che sapeva unire pugni e classe, forza e intelligenza. Vincitori e vinti. Uniti nell'amicizia, nell'amore per la sfida e per la vita. Uniti nella memoria, dolcissima e struggente, di leggendarie battaglie sul ring. Di un passato glorioso che non tramonterà mai nel cuore di tutti coloro che amano lo sport.

Baci e abbracci, i Giochi son gay

Lo sport è l'esperanto delle razze.

JEAN GIRAUDOUX

SPORT, MEDIA & ROCK'N ROLL

Baci festosi: Scholes e Neville

Un campo di calcio è uno sfondo insolito per un bacio sulle labbra. O forse no. Fatto sta che accade il 19 aprile del 2010, durante uno dei derby più accesi tra due squadre dell'olimpo calcistico inglese: il Manchester United allenato da Alex Ferguson e il Manchester City guidato dall'italianissimo Roberto Mancini, che forse sarà rimasto di sasso dinanzi a questa singolare usanza dei barbari d'oltremanica.

Subito dopo il gol che vale la vittoria – giunto al novantatreesimo minuto, ormai alla fine anche del recupero – l'autore della provvidenziale rete, ovvero Paul Scholes, scarica di colpo tutta la tensione, la gioia, la rabbia accumulata in quella battaglia che da sola vale più del campionato, andando a baciare le morbide labbra di un compagno: Gary Neville. Un bacio quindi che avviene tra coloro che – almeno secondo Ferguson – potranno diventare un giorno i futuri allenatori del Manchester United.

Scrive a questo proposito *Arcigay.it* commentando il fatto: «Un altro giocatore allenato al bacio gay, sempre in servizio nel Manchester United, pare fosse un certo Rooney che ad ogni gol si scaraventa su qualche compagno festante e concede quel delicato piacere. Si racconta anche di Cristiano Ronaldo che, ingaggiato nella stessa squadra, festeggiò la sua prima vittoria nella sua villa con cinque pulzelle e il compagno di squadra Anderson, dichiaratamente omosessuale e per molti bravo come Ronaldinho». Il Manchester, del resto, come ricorda più avanti la medesima fonte, è un club che ha «attuato da parecchio una politica a favore delle persone omosessuali, cercando di combattere l'omofobia nello sport».

Sarebbe sicuramente interessante, su questo argomento – e sulla possibilità di scambiarsi baci e abbracci in campo particolarmente festosi – sentire l'opinione di qualche gran sacerdote della morale e della «normalità».

Baci rifiutati: McCaw e lo steward

La questione dei baci non tocca solo il calcio. E per un bacio dato, eccone uno rifiutato. Un'accesa polemica si scatena in Nuova Zelanda, con al centro la leggenda sportiva dell'emisfero Sud (ma ormai riconosciuta come tale in tutto il mondo): gli All Blacks.

Uno spot della compagnia aerea nazionale, l'Air New Zealand, provoca infatti la rabbia delle associazioni gay e lesbiche, che hanno preteso la censura del video. Il motivo? Un bacio che uno degli All Black si rifiuta di dare allo steward omosessuale. Il video mostra alcuni giocatori (tra cui il capitano, Richie McCaw) e l'allenatore Graham Henry, a bordo di un velivolo. Insieme a steward e hostess gli All Blacks illustrano le procedure di sicurezza sui voli. Come usare le maschere d'ossigeno, come raggiungere le uscite di sicurezza, e via dicendo.

Ma lo scandalo è in agguato. E arriva al minuto 2 e 50 secondi. Subito prima dello sbarco, infatti, una hostess chiede a un giocatore di fare insieme una foto scattata con un cellulare. Lui accetta e, al momento dello scatto, la ragazza mima il gesto di dargli un bacio sulla guancia. A quel punto, alle loro spalle arriva uno steward dall'aria effeminata e chiede a sua volta di baciarlo: con molta cortesia, ma visibilmente imbarazzato, il calciatore degli All Black rifiuta e si allontana.

La comunità gay neozelandese legge questa scena come «offensiva e discriminatoria» e chiede la censura del video o, almeno, la cancellazione della scena incriminata. Una richiesta che, dopo le prime perplessità, la compagnia di volo decide di accettare, motivo per cui, adesso, il video appare orbo della scena galeotta. La decisione, tuttavia, non trova affatto tutti d'accordo. A cominciare dal protagonista stesso del filmato, lo steward (vero) Will Coxhead, che così commenta: «Sono sorpreso dalla reazione che questo video ha scatenato all'interno della comunità gay. Io sono orgoglioso di essere gay, orgoglioso di essere su un aereo neozelandese ed estremamente orgoglioso del mio ruolo nel video sulle procedure di sicurezza. Ma è stato tutto fatto per divertimento: bisognerebbe anche saper stare allo scherzo».

OLTRE LA SOLITUDINE

Un viaggio nell'anima e nel corpo

«Il mondo sarà salvato dalla bellezza», scrive Dostoevskij. E allora perché non affidare proprio alla bellezza un messaggio antirazzista, antiomofobo, antiviolenza? Non sarebbe la cosa più naturale? A un calendario, per esempio.

Dopo i risultati disastrosi della sua squadra all'inizio della stagione 2009-2010, Ewen McKenzie, ex allenatore della squadra di rugby parigina Stade Français, accusa la dirigenza di occuparsi solo del merchandising collegato al club, arrivando al punto di scegliere i giocatori da acquistare in base alla loro fotogenia, piuttosto che rispetto ai loro risultati in campo. La società reagisce sostenendo che McKenzie non ha altro a cui appigliarsi per giustificare il fatto che la squadra sia sul baratro della retrocessione.

Insomma, il problema è il calendario. Ma non quello con la cronologia delle partite di campionato, che pure è tanto spesso oggetto di furibonde controversie. No, è un altro calendario. Il leggendario, mitico calendario del club francese nato nel 2001 e divenuto un vero e proprio oggetto di culto, spopolando tra le donne ma anche – se non soprattutto – tra i gay, *Dieux du Stade*, che contiene foto di nudo o di seminudo (a seconda del mese) dei giocatori della squadra.

Pare che sia proprio quello il dettaglio che consacra definitivamente un corpo all'ammirazione del pubblico. Ci si sarebbe aspettato, se non un trionfo del fallo, almeno qualche allusione priapesca, e invece siamo al culto della bellezza vero e proprio, della bellezza in sé. A quel culto della perfezione, reso ancora più sensuale dal fatto che questa sia soltanto sfiorata. A quel culto greco della bellezza dunque, capace di evocare un profondo sentimento morale, dal quale siamo partiti al momento di intraprendere questo viaggio nell'anima e nel corpo degli atleti.

Corpi statuari, volti immobili in una fissità che sfugge al fluire del tempo, immersi in scenografie elementari eppure capaci di trasmettere una suggestione struggente. Riflessi metallici tra i chiaroscuri dei muscoli cosparsi d'olio: addominali, bicipiti, quadricipiti, deltoidi, alari e chi più ne ha più ne metta. L'immagine del rugbista che lotta in una pozza di fango, lurido e irsuto come un facocero, è tramontata. L'eroe si fa gentile: ma resta tuttavia inaccessibile. Forse ancora di più. A guardare il calendario dello Stade Français vengono alla mente certe inquadrature del capolavoro della regista tedesca Leni Riefenstahl, *Olympia*, discusso film-documentario del 1938. E il passo verso il *Discobolo* di Mirone si fa breve.

Tutti nudi per il supercalendario, Cannavaro in testa

I calendari – moda travolgente da anni – sono moltissimi. Ce ne sono a sfondo benefico, puramente pubblicitari, artistici. Recentissimo è il calendario *Wags 2010* (ovvero *wives and girlfriends*, «mogli e fidanzate» dei calciatori), ideato dalla Umbro, che ha proposto sette bellezze vestite con i colori delle divise delle Nazionali dei loro compagni di vita.

Ma gli stessi calciatori di Serie A si sono spogliati per il calendario *Freedom 2010*: tutti i protagonisti del calcio italiano, uniti attorno alla Fondazione Cannavaro Ferrara per il progetto *Sport a Scampia*, il bronx napoletano; Fabio in copertina, e poi via via, seguendo i mesi dell'anno, Di Vaio, Pazzini, Diamanti, Toni, Gilardino, Balzaretti, Cassani, Floccari, Ferrari, Mauri, Materazzi e Matri.

C'è anche il calendario alternativo, quello di nuotatori e drag queen, realizzato dal Gruppo Pesce di Roma, un'associazione nata nel 2000 e membro della Federazione italiana nuoto e dell'Unione italiana sport per tutti, che ingloba associazioni sportive composte prevalentemente, ma non esclusivamente, da persone omosessuali unite dalla passione natatoria. I proventi di questo calendario vengono devoluti alla Lila (Lega italiana per la lotta contro l'Aids), promuovendo nel contempo la pratica del nuoto agonistico master e ricreativo, senza distinzione di razza, sesso, orientamento sessuale, identità di genere e credo religioso. «Un calendario – questa l'essenza dell'iniziativa – che vuole essere un omaggio alla differenza come ricchezza e un auspicio affinché lo sport italiano non abbia paura degli sportivi Lgbt e affinché i gay e le lesbiche non siano più costretti a tacere o, peggio, a fingere per paura di essere cacciati dalle squadre professioniste».

Il sogno di un supercalendario diverso

Tuttavia ancora manca un calendario, il più importante. Un calendario dove la bellezza dell'atleta sia realmente universale e morale, come volevano i padri fondatori della nostra civiltà.

In un'intervista di qualche anno fa, Fabio Cannavaro si dichiara consapevole di rappresentare un'icona anche per il pubblico gay e di sapere che Vladimir Luxuria ha un debole per lui, ma di preferire – pur rispettando la libertà di chiunque di esprimere la propria opinione – i complimenti delle donne. Pur tornando a ribadire che «un calciatore gay creerebbe imbarazzo nella promiscuità dello spogliatoio», l'ex capitano degli Azzurri aggiunge anche – e con tutta l'autorità di un campione come lui – che «prima o poi dovrà succedere» e che «gli spogliatoi sono pieni di prodotti di bellezza», usati specialmente dai calciatori di colore. Dovremmo dunque supporre che in questo tipo di comportamento risieda l'indizio che un calciatore sia omosessuale? Sarebbe, quello messo in luce da Cannavaro, un aspetto saliente dell'identità omosessuale? Qual è il nesso tra omosessuali e prodotti di bellezza?

Forse si fa riferimento allo stereotipo dell'effeminatezza, di una «quasi donna». Tuttavia, prendiamo l'esempio di Alessandro Magno che si imbelletta e si cosparge d'olio, e corre intorno alle statue dei numi per omaggiarle, nudo, insieme agli amici più cari: possiamo definire «effeminato» quest'uomo straordinario, che dorme sonni inquieti meditando conquiste – con sotto il cuscino l'*Iliade* e un pugnale – e che è forse il più grande condottiero di ogni tempo, quello che ha impresso su un'intera età della storia il suo nome? Di certo però Alessandro non nega la propria parte femminile, che gli regala intuito, sensibilità, estro.

Associare prodotti di bellezza e omosessualità non è un po' come ripescare polverosi slogan tipo «la donna è l'angelo del focolare», oppure «è l'uomo quello che porta i pantaloni»? Proviamo ad andare oltre. A dimenticare la paura dell'altro, di ciò che è diverso da noi. Una paura che ci fa cercare nella vita schemi spesso troppo rigidi e angusti, di cui si rischia di restare inutilmente prigionieri. Proviamo ad allargare lo sguardo, a tirare un respiro profondo. Ma davvero non c'è posto per tutti? Davvero non ce n'è al di là delle «rive del campo»?

Immaginiamolo, invece, questo supercalendario. Un calendario che contenga atleti d'ogni orientamento sessuale, etnia, disciplina sportiva. Un messaggio globale, basato su nient'altro che la bellezza. Ma non una bellezza sul cui altare immolarsi, non una bellezza ineguagliabile per sognare o per sentirsi, al contrario, improponibili al cospetto di fisici perfetti. Una bellezza vera, piuttosto, quella che ci suggerisce la varietà di Madre Natura e non la gabbia dorata di un'idea. Un luogo dove trovino posto l'efebica ginnasta e il ciclista segaligno, la monumentale lanciatrice del martello e il nuotatore statuario, il pugile dal ventre tartarugato (e il naso ammaccato) e il rugbista col pettorale alla Sofia Loren (magari senza un dente), la nuotatrice di un metro e novanta con le spalle a due ante e la velocista col sedere a cocomero e senza seno. Un luogo dove trovi posto il campione, ma anche il dilettante spaurito che arranca sulla salita di quella maratona che è la vita. L'«attaccante per passione», insomma, al quale ogni tanto abbiamo accennato, facendone il simbolo di quella solitudine dell'atleta che cerca se stesso, condivisa nel silenzio da tanta gente intorno a noi. Che i campioni possano vivere la loro vita come credono, ma che possano farlo pure gli eterni panchinari dell'ultima squadra dell'ultima categoria. Una bellezza che viva delle storie della gente, per un calendario che sia un manifesto della libertà. Che tutti possano «venire allo scoperto», perché il mondo è grande e il nostro cuore può esserlo ancora di più. Dentro a questo calendario mettiamoci la bellezza, la bellezza della verità, e lasciamo che ci parli, in maniera terrena e sublime, della meravigliosa umanità di cui facciamo parte. Senza escludere nessuno.

Perché alla fine è questa la bellezza più segreta che vive nell'espressione del *Discobolo*: il suo segreto, in fondo, è alla luce del sole. Nel suo volto dall'espressione composta e assorta, vagamente onirica, c'è uno specchio per l'anima di ciascuno di noi. Nel corso di questo libro, ci siamo posti una domanda ambiziosa: la perfezione ha un sesso? Forse la risposta è più semplice di quanto immaginavamo: sì, li ha tutti. Perché la perfezione è un sogno. E vive di libertà, proprio come lo sport. Quel mondo meraviglioso che vive «al di là delle rive del campo».

SPORT SENZA FRONTIERE

Giochi gay o Olimpiadi gay?

A Roma, nel 2020, si sarebbero forse potute tenere anche le Olimpiadi gay, accanto a quelle per normodotati e alle paralimpiadi, ma la candidatura della città è stata ritirata per decisione del Governo, posto dinanzi alle ristrettezze della crisi economica globale. Questo era l'obiettivo delle associazioni di gay e lesbiche della capitale, così come era stato annunciato dal presidente dell'associazione Di'Gay Project, Imma Battaglia, durante la presentazione del secondo torneo internazionale di tennis *Uno smash per i diritti civili.*

Le Olimpiadi gay, o meglio i Gay Games, sono un evento sportivo e culturale organizzato dalla comunità gay e lesbica, sotto l'egida della Federazione dei Gay Games. La prima edizione si svolge a San Francisco nel 1982 e nasce da un'idea notevolmente lungimirante di Tom Waddell, ex atleta olimpionico, con l'intento di «promuovere lo spirito di aggregazione e di partecipazione» e «la ricerca del miglioramento personale» nell'ambito di un evento sportivo: «Lo scopo della Federazione dei Gay Games è quello di incoraggiare e aumentare l'autostima delle lesbiche e dei gay di tutto il mondo, e di stimolare l'interesse e la conoscenza di questa realtà da parte del mondo non-gay, principalmente attraverso un evento atletico e culturale, organizzato internazionalmente, da disputarsi ogni quattro anni, denominato Gay Games».

I Gay Games sono noti in precedenza come Olimpiadi gay (Gay Olympic Games), ma una causa intentata dal Comitato olimpico internazionale costringe gli organizzatori a cambiare il nome, eliminando la parola «Olympic». Il Comitato, tuttavia, autorizza altri gruppi a servirsene, e per questo motivo viene accusato di assumere un atteggiamento discriminatorio. I Gay Games posseggono comunque una caratteristica che li distingue in maniera sostanziale dai giochi olimpici. In essi non vige, in pratica, alcun tipo di criterio selettivo per l'ammissione alle gare. Sono giochi aperti a tutti, a tutti coloro che desiderino partecipare, senza badare a nulla, compreso lo stesso orientamento sessuale. Non esistono requisiti minimi di qualificazione per competervi, né di altra natura, e vi si raccolgono assieme gli atleti – ma anche gli artisti, perché si tratta di un evento sportivo e culturale insieme – provenienti da tutto il mondo, molti dei quali arrivano da nazioni in cui l'omosessualità è ancora oggi illegale e occulta. La quinta edizione dei Gay Games di Amsterdam è stata il più grande evento sportivo gay della Storia, con oltre 14.000 partecipanti impegnati in una trentina tra eventi sportivi e culturali.

In tutti gli anni in cui non si svolgono gli eventi internazionali dei Gay Games (e dei World Outgames, di cui si dirà più avanti), si tengono in Europa gli Eurogames, competizioni sportive organizzate dall'European Gay and Lesbian Sport Federation, che raggruppa le associazioni sportive gay e lesbiche del vecchio continente.

World Outgames, e lo sport è di tutti

Accanto ai Gay Games – in un dualismo simile a quello di olimpiadi e mondiali di calcio – si svolgono i World Outgames, un evento sportivo e culturale organizzato dalla Gay and Lesbian International Sport Association (Glisa). La manifestazione si svolge nell'arco di una settimana e comprende sia incontri sportivi di varie discipline, sia una serie di eventi culturali come conferenze, concerti e proiezioni di film che perseguono l'intento di sensibilizzare l'opinione pubblica sui temi dei diritti umani e dell'omofobia. Anche qui la partecipazione è ammessa a prescindere dall'orientamento sessuale e non sono richiesti requisiti sportivi minimi per prendere parte alle gare.

I World Outgames hanno origine quando si crea una spaccatura tra la Federation of Gay Games (Fgg) e la città di Montreal, che viene scelta inizialmente come sede dei Gay Games. Il comitato di Montreal sta infatti organizzando un evento che la Fgg ritiene troppo imponente e costoso e, non riuscendo ad arrivare a un accordo, il dissidio si conclude con la decisione della Fgg di spostare i Gay Games a Chicago. Montreal però non accetta di farsi da parte, e vuole comunque organizzare il proprio evento anche senza l'approvazione della Fgg. In aiuto della città intervengono la Glisa e numerosi importanti sponsor. I timori della Fgg si rivelarono tuttavia fondati, infatti l'evento canadese si conclude con un passivo di oltre cinque milioni di dollari.

La Glisa viene fondata ufficialmente a Boston nel marzo 2004 e si pone come obiettivi la crescita dello sport Lgbt, l'integrazione degli sportivi Lgbt attraverso la cooperazione con gli organismi sportivi regolari e le associazioni per i diritti civili, l'organizzazione di eventi sportivi internazionali e la professionalizzazione del movimento sportivo Lgbt. La sua nascita è dunque una diretta conseguenza delle divergenze tra la Federazione dei Gay Games e il comitato organizzativo dei Gay Games del 2006, assegnati alla città di Montreal. La Glisa è composta da associazioni e federazioni sportive Lgbt di tutto il mondo, che hanno lo *status* di membri effettivi della federazione, ed è suddivisa in cinque sezioni continentali – Africa, Asia-Pacifico, Europa, Nord America, Centro e Sud America – per un totale di circa ottanta associazioni rappresentate.

Vi sono inoltre un certo numero di altre organizzazioni di tipo culturale o di promozione dei diritti civili che aderiscono alla Glisa con lo *status* di membri associati. L'organismo decisionale è costituito dall'Assemblea dei delegati, composta dai rappresentanti dei paesi membri effettivi, mentre l'organismo esecutivo è il consiglio direttivo, eletto dall'assemblea dei delegati. A completamento dell'organizzazione sono attivi dei comitati operativi (politica generale e pianificazione; finanze; aspetti tecnico-sportivi; relazioni sociali; comunicazione; servizi; relazioni con le città che ospitano gli Outgames) che sono guidati dal consiglio direttivo e dall'assemblea dei delegati. Al febbraio del 2009 la Glisa conta circa ottanta membri effettivi nei cinque continenti.

In ogni caso, i primi World Outgames si svolgono a Montreal dal 29 luglio al 5 agosto 2006. Vi prendono parte oltre diecimila atleti e circa cinquemila volontari, che si offrono di prestare il loro aiuto durante la manifestazione. Si tratta del più grande evento internazionale tenutosi a Montreal dopo le Olimpiadi del 1976. I quattro giorni precedenti l'inaugurazione vengono dedicati alle conferenze e ai dibattiti, a cui prendono parte, tra gli altri, la tennista Martina Navratilova, il vescovo gay Gene Robinson, il sindaco di Montreal Gérald Tremblay e il campione olimpico di nuoto Mark Tewksbury, gay dichiarato. Gli incontri si concludono con la stesura della *Dichiarazione di Montreal per i diritti delle persone Lgbt*. Il documento viene letto dalla stessa Martina Navratilova e da Mark

Tewksbury durante la cerimonia di inaugurazione tenutasi allo stadio olimpico il 29 luglio, ed è poi presentata all'Onu. Sul piano sportivo, si praticano gare di trentacinque discipline, utilizzando molti degli impianti costruiti per le Olimpiadi del 1976.

Nonostante la prima edizione dei World Outgames di Montreal chiuda i battenti lasciandosi alle spalle un notevole passivo finanziario, la risposta degli atleti in termini di partecipazione è comunque ottima, e la Glisa decide che i World Outgames si svolgeranno con cadenza quadriennale, analogamente ai Gay Games. Questa decisione provoca tuttavia tensioni tra la Glisa e la Federazione dei Gay Games, soprattutto per il rischio di una clamorosa sovrapposizione tra i due eventi, com'è già avvenuto nel 2006. Tuttavia alla fine le due federazioni trovano un accordo in base al quale, da un lato si ribadisce la cadenza quadriennale per entrambi gli eventi, dall'altro si stabilisce che i Gay Games e i World Outgames si terranno a un anno di distanza l'uno dall'altro, in modo da garantire a entrambi la massima partecipazione e la migliore copertura mediatica. A sua volta, la federazione Lgbt europea, in nome dello stesso principio di non sovrapposizione, stabilisce che anche gli Eurogames non si svolgeranno in nessun caso in simultanea con i Gay Games e i World Outgames.

La seconda edizione dei World Outgames viene disputata a Copenaghen dal 25 luglio al 2 agosto 2009. Tra gli ospiti, il regista gay musulmano Parvez Sharma, la senatrice colombiana Piedad Córdoba, l'ex sindaco transgender di Carterton, Georgina Beyer, e l'ex campione Nba, John Amaechi. Le discipline sportive in programma salgono a trentotto, e gli organizzatori riescono a realizzare uno dei più importanti eventi sportivi e culturali nella storia della Danimarca. Infine, il 25 ottobre 2008, durante l'assemblea di Vancouver, la Glisa nomina Anversa sede della terza edizione dei World Outgames: lo svolgimento viene previsto dal 3 all'11 agosto 2013. Oltre ai World Outgames, che sono a livello mondiale, la Glisa promuove anche l'organizzazione degli Outgames su scala continentale, attraverso le relative strutture locali: a Calgary nel 2007 (Outgames del Nord America) e a Melbourne nel 2008 (Outgames dell'Asia-Pacifico).

Ci auguriamo che tutti questi eventi, aperti a tutti, prosperino sempre di più. Ma speriamo anche che il futuro ci regali uno sport senza confini. Perché lo sport è di tutti.

BENVENUTI RAGAZZI DEL BOGA BASKET *

Una lettera di Dino Meneghin

Dico la verità: le mie sensazioni sono contrastanti. In un paese normale una squadra di giocatori gay non dovrebbe neanche fare notizia e contemporaneamente sono contento che oggi, anche se non posso essere lì con voi, se ne parli.

Questo incontro testimonia, come se ce ne fosse ancora bisogno, che Claudio Sabatini e la sua Virtus vivono la pallacanestro come attività sociale, come momento di aggregazione e di confronto. Un confronto necessario, a questo punto, affinché quella che può sembrare l'eccezione divenga con il tempo la normalità.

La pallacanestro da sempre, soprattutto qui in Italia, è uscita sempre arricchita dai confronti, dalle diversità. Pensate solo ai giocatori di colore. Per il basket sono sempre stati un arricchimento, mentre nella vita di tutti giorni, purtroppo, mi piacerebbe poter dire che non ci sono più fenomeni di razzismo, ma non è così.

Ai ragazzi della Boga Basket dico che sono contento che amino il basket e che siano parte del nostro mondo. Considero la costituzione della squadra un deciso passo in avanti verso una società meno ipocrita, più civile e rispettosa dei singoli nell'interesse di tutti.

* *Il messaggio di Dino Meneghin, presidente della Federazione italiana Pallacanestro, è stato inviato nel settembre del 2010 alla prima squadra gay di basket, la Boga Basket di Bologna, promossa e sostenuta dalla Pallacanestro Virtus (http://www.bogasport.it/).*

BIBLIOGRAFIA ESSENZIALE *

Manuela Audisio, *Tutti i cerchi del mondo*, Mondadori, Milano 2004.

Andrea Bacci, *Lo sport nella propaganda fascista*, Bradipolibri, Torino 2002.

Lorenzo Benadusi, *Il nemico dell'uomo nuovo. L'omosessualità nell'esperimento totalitario fascista*, Feltrinelli, Milano 2005.

Eva Cantarella, *Secondo natura. La bisessualità nel mondo antico*, Rizzoli 1995.

Alessandro Cecchi Paone, *Solo per amore*, Il Saggiatore, Milano 2004.

Alessandro Cecchi Paone, *A viso aperto*, Marsilio, Venezia 2006.

Brian Clough, *Cloughie. Walking on Water*, Headline Paperbacks – Hachette Group, Londra 2003.

Antonietta Dosi, *Eros. L'amore in Roma antica*, Quasar, Roma 2008.

Claudio Ferretti, Augusto Frasca (a cura di), *Enciclopedia dello sport*, Garzanti, Milano 2008.

Stefano Jacomuzzi, *Storia delle Olimpiadi*, Einaudi, Torino 1997.

Jack Kramer, *The Game: My 40 Years in Tennis*, Putnam and Sons, New York 1979.

Lucio Lami, *Il re di maggio*, Ares, Milano 2002.

Laura Laurenzi, *Liberi di amare*, Rizzoli, Milano 2007.

Andrew Lear, Eva Cantarella, *Images of Ancient Greek Pederasty. Boys were their Gods,* Routledge, London - New York 2008.

Greg Louganis, *Breaking the Surface. A life*, a cura di Eric Marcus, Plume – Penguin Groupe, New York 1996.

Richard Moore, *In Search of Robert Millar*, HarperCollins UK, Londra 2007.

Martina Navratilova, *Martina*, Fawcett, New York 1986.

Terri O'Connell, *Dangerous Curves*, BookSurge Publishing, Charlestone 2008.

Graeme Obree, *The Flying Scotsman*, Birlinn Ltd., Edimburgo 2003.

Flavio Pagano, *Quelli che il rugby*, Manifestolibri, Roma 2005.

Flavio Pagano, *Scacco al maratoneta,* Manifestolibri, Roma 2008.

Nicola Porro, *Sociologia del calcio*, Carocci, Roma 2008.

Renée Richards, *No Way Renée. The Second Half of My Notorious Life*, Simon & Schuster, New York 2008.

Giulia Sissa, *Eros tiranno, sessualità e sensualità nel mondo antico*, Laterza, Roma-Bari 2003.

João Saldanha, *Sobre nuvens de fantasia*, Rio Arte, Rio de Janeiro 1996.

Marco Vincenti (a cura di), *Sport e doping*, Priuli & Verlucca, Scarmagno (Torino) 2009.

Patricia Nell Warren, *La corsa di Billy*, Fazi Editore, Roma 2007.

* *Da questo elenco sono escluse le fonti tratte dalla stampa periodica e dai siti internet, che sono citati soltanto nel testo.*

INDICE DEI NOMI DI PERSONA

Certificato PEFC
Questo prodotto è realizzato con materia prima da foreste gestite in maniera sostenibile e da fonti controllate
PEFC
PEFC/18-31-356
www.pefc.it

Stampato presso Giunti Industrie Grafiche S.p.A.
Stabilimento di Prato, azienda certificata PEFC™